灌阳宅首土话

闫顺英◎著

光明日报出版社

图书在版编目（CIP）数据

灌阳宅首土话 / 闫顺英著 . -- 北京：光明日报出
版社，2024. 6. -- ISBN 978-7-5194-8050-9

Ⅰ. H174

中国国家版本馆 CIP 数据核字第 2024ZQ8669 号

灌阳宅首土话

GUANYANG ZHAISHOU TUHUA

著　　者：闫顺英

责任编辑：李　晶　　　　　　　　责任校对：郭玫君　温美静
封面设计：中联华文　　　　　　　责任印制：曹　净

出版发行：光明日报出版社

地　　址：北京市西城区永安路 106 号，100050

电　　话：010-63169890（咨询），010-63131930（邮购）

传　　真：010-63131930

网　　址：http://book.gmw.cn

E - mail：gmrbcbs@gmw.cn

法律顾问：北京市兰台律师事务所龚柳方律师

印　　刷：三河市华东印刷有限公司

装　　订：三河市华东印刷有限公司

本书如有破损、缺页、装订错误，请与本社联系调换，电话：010-63131930

开　　本：170mm × 240mm

字　　数：299 千字　　　　　　　印　　张：19

版　　次：2024 年 6 月第 1 版　　　印　　次：2024 年 6 月第 1 次印刷

书　　号：ISBN 978-7-5194-8050-9

定　　价：98.00 元

目　录
CONTENTS

第一章 导言

第一节 灌阳县及其文市镇地理位置、历史沿革

一、广西灌阳县的地理位置、历史沿革

灌阳县位于广西壮族自治区东北的湘桂交界之地，东面以都庞岭与湖南省的道县、江永县交界；西面和北面与兴安、全州县相邻；南面与恭城县相接，西南与灵川县毗邻。县城距桂林市159千米。全县总面积1863平方千米。

夏、商、周时属荆州之地，春秋战国时期为楚南裔境。秦朝属长沙郡，西汉时期，属桂阳郡观阳县，东汉时期，属荆州刺史部零陵郡观阳县。三国、晋，属吴荆州零陵郡观阳县。隋开皇时期（582—600），观阳县废，属湘州零陵郡湘源县；隋大业时期（605—618），折湘源复置为灌阳县，属湘州零陵郡灌阳县。唐朝先属江南西道永州湘源县，后置灌阳县。五代十国先后属永州清湘县、全州清湘县。宋朝属荆湖南路全州灌阳县。元朝属湖广行省全州路灌阳县。明初属湖广布政使司永州府灌阳县，后属广西布政使司桂林府灌阳县。清朝属广西布政使司桂林府灌阳县。民国二年（1913），属广西省桂林道灌阳县；民国十七年（1928），属广西第八行政区灌阳县。1949年12月，属桂林专区灌阳县。

二、文市镇的地理位置、人口、历史沿革

本书所调查的宅首，在灌阳县文市镇东北角，接近全州县域。

　　文市镇位于灌阳县东北部，处湘桂边界两省（区）三县相邻的中心地带，介于东经111°08′31″~111°18′47″、北纬25°37′54″~25°45′34″之间，东与湖南道县交界，西、北与全州县接壤，南与水车镇、新圩镇相邻，总面积154平方千米。

　　1949年12月设置桂林专区时设立文市区政府。1950年3月，增加水车区、新圩区。1952年8月，文市区改称为第六区人民政府。1954年8月，改为第六区公所。1957年12月，分文市为文市乡和桂岩乡，1958年8月，又合并成立文市人民公社。1961年7月，再分为文市、桂岩两个公社，1962年7月，又合并为文市区公所。1968年4月，改称为文市区革命委员会。1968年11月，改为文市公社革委会。1971—1998年，属桂林地区灌阳县。1980年8月，改为文市公社管委会。1984年6月，改为文市乡人民政府；同年9月改称为文市镇人民政府。截至2019年年末，文市镇下辖21个行政村。截至2018年年末，文市镇总人口38741人。

三、灌阳县境内方言的复杂性

　　灌阳的汉语方言情况较为复杂，主要有官话、新方话和土话3种。灌阳官话的分布以县城所在地——灌阳镇为中心，全县通行。官话又分为上乡话和下乡话。上乡话主要分布在红旗乡、新街乡、西山瑶族乡、灌阳镇、黄关镇等5个乡镇；下乡话主要分布在新圩乡、水车乡、文市镇等3个乡镇。上乡话和下乡话在语法结构上基本一致，所不同的就是少数字词在语音上有所差异。洞井瑶族乡的鲁塘及西山瑶族乡的鹰咀山、灵地、北江、江尾、大坪、盐塘、茶源等地区操湖南新化、溆浦方言土话，俗称新方话，相当于新方言的意思。观音阁乡和洞井瑶族乡的部分村屯还会讲一种土语，俗称观音阁土话。县内部分毗邻全州、兴安两县的地方，说的是湘南土话。毗邻湖南道县、江永县的地方，其方言与道县、江永话接近。县内还有少数民族语言分布，主要为瑶语。瑶语分布的地区散见于西山瑶族乡、洞井瑶族乡和水车乡、黄关镇、红旗乡及新圩乡的部分村屯。我们调查的宅首土话，本地人称为"土话"，近于其所毗邻的全州县域里所见的"湘南土话"。这里的土话与灌阳县域里其他土话不同。

除了域内方言种类多之外，灌阳方言的复杂性还表现在这些方言的来源和接触上。以我们调查的宅首土话为例，这个方言社区有五个自然村、蒋姓李姓两个族群，蒋姓族谱记载祖上宋代自河南来，李姓长者称祖上来自陕西。入灌阳后，政治、文化受县城影响大，而上集赶圩等寻常商贸活动活跃于全州县域土话区。现存土话，主体是在湘桂毗邻地区广为分布的"湘南土话"，其间也有源自中原官话音变而来的因素，还有灌阳官话的间入。

代与代之间语用选择上的差异，也是灌阳方言复杂性的一个方面。在宅首这个方言社区里，土话只有60岁以上的少数老年人使用，他们日常也多用灌阳官话；四五十岁的人日常说灌阳官话和桂林话，已经很少说土话；40岁以下的中青年人，只能勉强说几个土话词语，日常话语，也经常在灌阳官话与桂林话之间随意切换，主要看会话伙伴当时的语用选择。青少年群体日常交流则多在普通话和桂林话之间自由切换。

宅首土话是一种濒危方言。族内仍能用土话交流的长者、在外工作且有一定社会地位的公务员、教师群体，对土话有很深的感情，视其为族源文化，有强烈的抢救、保护自己的土话的情结。我们去调查时，他们向我们提出了两个愿望：一个是协助他们向县里申请专项经费，在村前勒石记录其土话里的常用词汇、常用句子。二是我们的调查报告出版后，赠送一本给他们，连同其族谱一并传给后代。2020年，勒石记录其土话词语、句子的工作已经完成。

第二节　桂北平话研究现状

一、"平话"名称

桂北平话各地自称不一。临桂、灵川、桂林市郊多称"平话"，阳朔称"平声"，平乐称"白声""本地话"或"土话"，永福一带称"平话"或"土话"，资源称"直话"或"土话"，全州、兴安、灌阳称"土话"，贺州、富川称"都话"等。

梁金荣（2005）在《临桂两江平话研究》中指出："平话是一个通称，不同区域的居民根据所属的区域分别有'渡头话''苏桥话''龙江话'等不同的表述……各地虽有差异，但互相通话并不困难，同时均不拒绝'平话'的称谓。"周本良（2005）在《临桂义宁平话研究》中提出："义宁话因流行于旧义宁县境内而得名，当地人通常使用这一名称。也有称它为平话或土话的，平话取的是'平民百姓的话'的意思，是相对于官话来说的。"

肖万萍（2005）在《永福塘堡平话研究》中提到："说平话的人把他们所说的话称为'土话''平话'，称官话为'官话''官语'。"梁福根在《阳朔葡萄平话研究》中提及，"阳朔的平话分两大片'一是白沙镇北部及葡萄镇说的平声话葡萄话。二是白沙、福利、阳朔镇周边村落普遍讲的平话。一般称为'阳朔话'，也有人叫平话"。邓玉荣（2005）的《富川秀水九都话研究》中写道，"都话当地又称为民家话或百姓话"。"平话"得名之由来，说法不一。据梁金荣的《桂北平话语音研究》推测有以下四种可能：一是从地理角度考虑，谓当地土著人居山岭，而南迁客人多居平地，故名"平话"，即平地之话；二是从语言角度考虑，与周边民族语言的歜舌之音相比，自感母语平白易懂，故名"平话"；三是从来源角度考虑，平话可能与中原汉族居民多次南下"平乱"相关，"平"指"平乱"之意；四是可能与宋元时期的一种文学形式"平话"相关，或许广西境内的这一汉语方言与其说唱形式相近，故亦用"平话"称之。鉴于"平话"的命名不是本书讨论的重点，在此只援引了梁金荣先生的一些看法予以介绍，本书不做深入考究。

二、"平话"研究现状

新编《中国语言地图集》将其暂时列为汉语十大方言区之一。是这样表述的："平话是广西汉语第四大方言，使用人口二百多万，平话比较集中地分布在交通要道附近。从桂林以北的灵川向南，沿铁路（古官道路线）到南宁形成主轴线，柳州以下为南段，鹿寨以上为北段。北段从桂林分出一支，经阳朔、平乐到钟山、富川、贺县（今贺州市），是为北片。南段北端从柳州分出一支，沿融江到达融水、融安；南端从南宁由水路分出三支，右江支到百色，左江支到龙州，岜江支到横县，是为南片。融江一支在地理位置上属于桂北，从语言特点上来看属于桂南平话。南北两片差别相当大。两片的共同特点是古全浊音今读塞音、塞擦音时一般不送气，与粤语勾漏片相同。"

关于平话的研究在20世纪40年代就已经开始，李方桂在《龙州土语》中提出过一些土话的语音现象，但之后的一段时间里，学界对土话研究涉及较少，1960年广西师范大学中文系（当时是广西师范学院中文系）编写了《广西汉语方言概要》，比较全面地介绍了桂北平话的研究成果，就平话的名称由来、分布，桂北平话形成的原因、桂南和桂北平话的区别进行了研究，并对一些平话的音系（如南宁亭子平话和灵川三街平话）、词汇和语法进行了研究。书中首次提出"桂北平话"的名目，并对桂南、桂北平话的差异做了说明。该书认为桂南平话与粤语有着较多的相似之处，桂北平话与官话、粤语差别都比较大，但由于桂北平话处在西南官话的包围之中，相比粤语更接近于官话，因此这种差异应是所在地区不同的缘故。但该书未对平话的称呼及来历下结论。1985年，杨焕典、梁振仕、李普英、刘村汉的《广西的汉语方言（稿）》将平话与官话、湘语、粤语等方言进行比较，同时还将灵川三街平话与南宁亭子平话的语音特点进行了比较，认为桂北平话、桂南平话有很大的区别，并主张将平话从大方言区分离出来，成为一个独立的方言区。20世纪50年代中期，平话才开始正式进入学者的视野。进入21世纪后，学术界对平话的研究进入一个繁荣时期，这个时期关于平话的论文和著作日益丰富，对平话的研究也越来越细化。

（一）语音研究

首先语音上，有一些单点的同音字汇材料：白云（2005）的《灵川县大圩镇毛村话语音》，关英伟（2005）的《广西恭城直话音系》，李军（2005）的《桂北全州（黄沙河）土话音系特点》，唐昌曼（2005）的《全州文桥土话同音字汇》，周本良（2005）的《临桂县义宁话同音字汇》，张桂权（2005）的《桂北资源延东土话的语音系统》，李军（2006）的《桂北全州黄沙河土话同音字汇》，张秀珍（2006）的《贺州灵凤都话同音字汇》，朱富林（2007）的《桂林潜经土话音系》，黄启良（2008）的《广西灌阳观音阁土话音系》，周本良（2008）的《广西临桂县义宁话的音系及其归属》，麦耘（2008）的《广西八步鹅塘八都话音系》，杨希英（2009）的《桂林市西村平话音系》，黄启良（2011）的《广西灌阳话音系》等。这些文章分别对桂北平话的各个点的音系做了详细的描写，为我们了解桂北平话提供了翔实可靠的参考资料。此外，还出现了一批对桂北平话各个方言点的一些特殊语音现象做出分析的文章，例如，梁敏、张均如（2006）的《桂北平话语音演变的一些遗迹》，杨针（2006）的《广西灵川县三街平话阳声韵尾的演变》，吕泉（2007）的《桂北平话果假二摄的层次及合流性质》，王莉宁（2007）的《桂北方言帮、端母的次浊化现象》，黄启良（2008）的《观音阁土话古知澄见晓匣云以母字读音》，郭晓芹（2009）的《桂北平话及其相关土话鼻韵尾演变探究》，杨希英（2011）的《古入声字在桂北（西村）平话中的演变》，欧阳国亮（2012）的《古入声在湘南桂阳土话中的分化》，覃远雄（2013）的《桂北平话古上声字的今读》，王丽莎、关英伟（2013）的《广西灵川县灵田土话元音格局》，赵媛（2015）的《桂北平话、湘南土话、粤北土话古上声字的今读》，覃远雄（2016）的《桂北平话古全浊声母的今读》《桂北平话的声调及其演变》，徐国莉、庄初升（2017）的《临桂县六塘土话的阳平分韵现象》。上述文章对桂北平话的声母、韵母和声调的一些特殊的演变现象进行了分析，为我们考察桂北平话的复杂现象提供了一些可资借鉴的线索。

同时，还有相当一批硕博士学位论文对桂北平话语音做了相关的专题研究，主要有：郭玉贤（2000）的《桂林市穿山乡平话》，杨希英（2000）的《桂林市朝阳（西村）平话音系》，李雄燕（2002）的《广西全州文桥土话音系》，刘祥友（2002）的《广西灌阳方言音系特点及其归属》，彭新凡（2005）的《广西富川土话音韵比较研究》，明茂修（2006）的《灵川县青狮潭（岩山）土话语音研究》，粟晓明（2008）的《灌阳县文市土话语音研究》，姚建伟（2008）的《灵川县定江土话语音研究》，吕泉（2009）的《桂北平话阴声韵的演变研究》，李赛（2012）的《桂北平话塞音演变研究》，黄双进（2012）的《桂北平话古入声韵的演变研究》，赵媛（2012）的《桂北平话和桂南平话语音比较研究》，李彦湄（2015）的《桂林平山土话语音研究》，陆干婷（2019）的《广西平乐县船民话音韵研究》，陈海婷（2022）的《桂林市城区土话语音研究》，戴玉敏（2022）的《贺州黄田九都话与钟山公安土话比较研究》，龙柏翔（2022）的《兴安高尚土话和全州石塘土话语音词汇比较研究》，李泓颖（2022）的《广西灵川公平话研究》，姚璐燕（2022）的《阳朔燕村土话与平乐阳安土话语音词汇比较研究》等。这些学位论文主要对桂北各地平话土话的音系做出描写并对其中一些特殊的语音现象做出分析，同时对这些地区的土话、平话的归属问题提出了观点和看法，为我们进一步了解桂北地区平话土话的语音面貌提供了丰富的语言材料。此外还有关于桂北平话实验语音学方面的考察，例如，莫水艳、唐七元（2014）的《资源话单字调声学实验研究》。还有关于类型学方面的研究，例如，孙立新（2015）的《桂北平话代词系统声调感染的类型学考察》，覃远雄（2018）的《两种作为声调特征的非线性成分——以桂北土话两个方言为例》也值得一提。同时也有从方言语音与普通话学习结合分析的，例如，白云（2007）的《方言区人普通话声调的学习——以广西桂北平话区人为例》，还有把不同方言语音进行比较研究的，如杨希英（2017）的《桂北土话与粤西勾漏片粤语语音比较研究》等。

（二）词汇研究

关于桂北平话词汇的研究主要侧重四方面，一是词汇描写，二是本字考，三是词法研究，四是通过词汇比较确定系属。

研究词汇描写的有：王定康（2008）的《灵川县大圩镇高桥平话的词汇特点》，孟繁颖（2010）的《双洲土话语音词汇研究》，彭福希（2013）的《桂北平话核心词研究》，杨丕芳（2014）的《阳朔忠南村方言词汇》，曾达之（2017）的《广西湘语的通用量词考察》等。研究本字考的有：周本良、唐昌曼（2000）的《全州文桥土话本字考》，罗黎丽（2005）的《高尚土话本字考》，黄启良（2008）的《灌阳观音阁土话本字考》，周本良（2009）的《广西临桂县义宁平话本字考》等相关文章。关于词法研究的有：张桂权（2003）的《资源延东土话中的名词附缀》主要描写了延东土话的名词附缀。梁福根（2006）的《阳朔葡萄平声话定用词缀》介绍和分析了葡萄平声话丰富的定用词缀的性质和用法。莫水艳（2015）的《桂北平话名词后缀研究》利用前人调查的桂北平话词汇材料，描写桂北平话名词后缀形式、构词和语义特点，并根据数量统计数据来探讨方言点间的亲疏关系。此外还有张桂权（2004）的《资源延东土话的动态助词》《资源延东土话的文白异读》《湘南、桂北土话部分语素考察》、刘凤丽（2009）的《广西桂北平话及相关土话的名词重叠探究》，张惠英（2010）的《桂北平话和量词词缀》，莫水艳（2015）的《桂北平话名词后缀研究》等。通过词汇比较确定系属的有：李冬香（2004）的《从特色词看平话、湘南土话和粤北土话的关系》比较分析平话、湘南和粤北土话的古汉语传承词、古越语低层词等特色词汇，发现它们在历史上有过密切联系。罗黎丽（2005）的《从词汇比较的角度看桂北高尚土话的归属》对比分析了桂北高尚土话和湘南东安土话词汇的异同，认为两者关系密切，桂北高尚土话应同东安土话划分为湘语。刘响平（2007）的《桂北、湘南土话词汇比较研究》选取桂北平话和湘南土话代表方言点的词汇，通过现代计算机技术和统计方法，探究二者的异同与亲疏关系。此外还有刘志华（2008）的《桂北平话内部分片探讨》等。

（三）语法研究

桂北平话的语法研究主要集中于单点的语法专题。例如，黄启良（2004）的《观音阁土话语法三则》主要研究了观音阁土话的词缀、代词和副词的语法功能。张桂权（2005）的《资源延东土话的否定副词及其对句法结构的影响》主要阐述延东土话中的5个否定副词的使用对句法结构所产生的影响。周乃刚（2009）的《桂北平话被动标记与处置标记研究》从语法化和语言类型学角度研究了桂北平话的被动标记和处置标记。陈志娟（2012）的《平乐土话语法专题研究》主要从共时和历时的角度描写平乐土话的量词、副词、构词法、特殊句式等。桂北平话其他的语法研究还有：李连进（1998）的《平话人称代词的单复数形式》，刘群秀（2007）的《全州话疑问句的几种特殊形式》，王赢君（2008）的《广西灌阳话的持续体标记研究》，周乃刚、吕泉、朱晶晶（2008）的《桂北平话处置标记的语义类型及语法化》，黄启良（2009）的《广西灌阳话几个语法现象》，刘群秀（2009）的《全州话与普通话主要语法差异研究》，谢静（2009）的《广西桂北平话与汉语普通话中被字句的时间关系比较》，欧阳澜（2009）的《广西桂北平话及相关土话持续标记的类型研究》等。

（四）语言接触研究

方言接触研究是方言学界研究的热点之一，从方言接触的角度研究土话的形成原因。主要有谭晓平（2008）的《江永勉语与汉语的接触与演变》，唐玉萍（2008）的《从语言接触看岚角山土话的衰变》，谭晓平（2010）的《湘南江永勉语中的湘语、湘南土话借词》，李如龙（2012）的《论混合型方言——兼谈湘粤桂土语群的性质》，叶桂郴、李星辉（2012）的《从量词"粒"看江华土话与瑶语的接触影响》，罗昕如、刘宗艳（2013）的《方言接触中的语序个案考察——以桂北湘语为例》，胡乘玲（2017）的《从语言接触看东安新圩江土话的否定范畴》，曾达之（2018）的《方言接触背景下的广西湘语声调考察》。研究桂北土话只有零星几篇，罗昕如、龚娜（2010）的《湘语在广西境内的接触与演变个案研究——以广西资源话为例》，赵敏兰（2016）的《周边汉语土话对标敏瑶语的影响》。

（五）综合研究

除了上面所介绍的，广西师范大学中文系（1960）还编写了《广西汉语方言概要》，杨焕典、梁振仕、李普英、刘村汉（1985）的《广西的汉语方言（稿）》，还有李连进（2001）的《平话音韵研究》描写了 17 个平话方言点的音系，分别阐述桂北、桂南平话的语音特征并提出自己对平话内部分片的看法。郑作广、林亦（2005）主编的《桂北平话与推广普通话研究丛书》精选全州文桥、兴安高尚、资源延东、灌阳观音阁、临桂义宁、临桂两江、永福塘堡、阳朔葡萄、钟山、贺州担石、富川秀水 11 个方言点的平话（土话）进行考察，并结合不同方言点的地理交通、历史沿革、人口和风俗等因素，揭示方言的面貌，对方言点中的语音、词汇、语法系统进行细致描写，提供了珍贵的语料。谢建猷（2007）的《广西汉语方言研究》搜集了42个方言点的资料，包括平话、粤语、西南官话等音系，以客观的方式反映了广西汉语的发展状况，并对其渊源进行了探讨。余瑾（2016）的《广西平话研究》以前人调查所得的音系材料为基础，综合性探究了广西平话（包括桂北、桂南平话）的语音、词汇、语法特点及人文历史。随着研究的深入，学者对桂北平话的系属讨论逐渐增多。目前学界对于桂北平话系属问题的争议总结起来主要有以下几种观点。

1. 梁金荣（1997）在其论文《桂北平话的语音研究》中选取桂北平话7个具有代表性的方言点，分别是灵川甘棠、桂林雁山、阳朔葡萄、临桂五通、临桂两江、永福堡里以及平乐阳安，从语音特征的角度将桂北平话与周边方言尤其是粤方言进行比较，并结合词汇、语法特征和人文历史背景分析，主张把桂北平话与粤方言合成一体，看作一种方言。随后又在《桂北平话语音的一致性与差异性》（1988）和《从语音特征看桂北平话与粤方言的关系》（2001）中都论证了其桂北平话属于粤语的观点。詹伯慧在《广西"平话"问题刍议》（2001）中认为桂北平话以及桂南平话都应该归属为粤方言系列，不应该作为一种独立的方言。覃远雄（2019）的《广西平乐、钟山"本地话"的性质》指出平乐、钟山本地话与粤语（以及桂南平话）的相同点远多于跟桂北平话的相同点，认为它们是跟平桂、八步、昭平地区方言同为一类的勾漏片粤语。

2. 与桂南平话同属于一种独立的方言

李连进（1999）在《平话是独立方言还是属于粤方言》一文中通过比较语音特征和人称代词、亲属称谓、人体器官称谓等核心词汇，证明平话和粤方言是各自独立的姐妹方言。后又在《平话的分布，内部分区及系属问题》（2007）一文中提出"桂北，桂南平话不能分开；平话与湘南土话，粤北土话，勾漏片方言同是一种方言；平话应成为独立的大方言"的观点。李小凡（2011）的《两广毗邻地区汉语方言的归属》一文则根据古全浊声母今读不送气这一语音特征判断桂南平话与桂北平话在早期曾经是同一种方言。

3. 桂北平话属于湘语

韦树关（1999）在《桂北平话的质疑》一文中通过把桂北平话与桂南平话、融柳平话的语音特征进行共时的比较分析，发现桂北平话只具备古全浊声母今读塞音、塞擦音时，不论平仄今读不送气清音的平话特征，因此得出桂北平话应该归入湘语，把湘语称为平话是因为文化认同的结论。张桂权（2002）的《资源全州土话初探》从语音、词汇和语法三方面进行分析，认为资源土话和全州土话虽然存在较大差异，但还是可以把资源全州土话划分为湘方言。罗昕如、龚娜（2010）的《广西资源话与相关方言的比较——兼论资源话的系属》认为资源话是具有明显西南官话特征的湘语。

4. 桂北平话属于湘桂土话

詹伯慧（2002）在《略论广西"平话"》中谈到"把桂北平话的归属和湘桂土话的归属并到一起考虑，这不失为一种新的思路。"谢建猷（2007）在《广西汉语方言研究》一书中调查了21个广西平话的方言点，详细介绍了广西平话的情况，并从语音特征、词汇和语法的角度比较分析广西平话与湖南道县土话、广州与广南粤语的语料，提出不宜排除湘南土语单独讨论桂北土话，可以设想桂北土话是湘南土话延伸或浸濡的结果的观点。

5. 搁置争议，暂不处理

王福堂（2001）在《平话、湘南土话和粤北土话的归属》中认为湘粤桂土话现在已经发展成为一种弱势方言，不再适宜作为一种方言与吴、湘、赣、客、粤、闽等大方言并列，可以考虑将其作为各大方言以外的一种土话处理，同时注意其发展演变，以后再做处理。杨希英（2009）的《从粤西粤语与桂北（西村）平话语音特点比较看桂北平话的系属》也主张对桂北平话诸方言点事物系属问题做进一步研究后再做定论。

以上讨论已经明确：原来统称的桂北平话里，实际上包含两个有差别的方言，一个近于粤语，一个近于湘南土话。我们认为，桂北地处湘桂走廊，其间近于湘南土话的方言系经走廊移民带入；而漓江水系与珠江水系贯通，有不少经珠江、柳江溯流而上的移民定居此地。桂北实际上是经由湘桂走廊的南下移民和经由珠江、柳江的北上移民的汇聚之地。所以可见此不同二系移民的方言特点：或基本同于湘南土话，或基本近于粤语。我们主张近于粤语的，沿用平话名称，与桂南平话联系，以见粤语进入粤西后的变化。而基本同于湘南土话的，则沿用"土话"之名，以明其来源、系属，并与北上移民之"平话"区别开来，消除以往研究"土话"亦称为"桂北平话"的弊病。

本书所调查、考察的宅首方言大体属湘南土话，我们统一以"土话"名之。

三、研究对象、意义、研究方法和材料来源

（一）研究对象

本书主要调查了文市镇的同仁行政村。同仁行政村有5个自然村：同仁村（李姓）、宅首屯（蒋姓）、宅塘屯（蒋姓）、祖山屯（李姓）和大冲屯（李姓），

各屯之间都通土话，能够用土话进行交流，本地人认为他们说的土话并无差别。

（二）研究意义

经过走访和调查发现，这个土话方言族群的官话认同意识很强，60岁以上的老人的语言面貌是官话、土话双语，50岁以下的人普遍使用官话，对土话的知会和使用程度已经很低。在调查的过程中发现年轻人只能说简单的土话词语。如果老年人用土话与年轻人交流，年轻人根本听不懂，属于自然传承中日渐式微的濒危方言，亟须抢救性记录与保护。

（三）研究方法

1. 田野调查法：笔者到宅首村进行实地调查时，所用调查文案，在方言调查表的基础上，根据桂北土话的实际情况增加、调整了一些调查的词目。一般采用"实物""事项"等贴近日常生活场景的话语询问发音合作人，来激发发音人的土话记忆；力避直接用字表等文本询问，以防发音人用其熟悉的官话字音发音。采用国际音标记录。使用录音软件辅助校验、核对记音和分析语音。

2. 描写法：对调查所获得的语言材料做如实详细的描写，并通过整理，归纳出宅首土话的语言特点，对特殊语言现象进行分析、说明。

3. 比较法：在对调查的一手材料进行核实、整理的基础上，将宅首土话语音与中古音进行历时比较，归纳出宅首土话的语音特点；将宅首土话与普通话进行共时比较，以反映二者的差异；注重比照灌阳官话，揭示宅首土话在与其接触中呈现的特点。

四、材料来源、发音合作人简介

宅首的材料为笔者田野调查所得的第一手材料。发音人：蒋喜生，男，1939年生，灌阳县文市镇同仁宅首屯人，中专学历，退休前为小学老师，主要说灌阳官话、同仁土话；蒋香生，男，1944年生，灌阳县文市镇同仁宅首屯人，初中学历，务农在家，主要说灌阳官话、同仁土话。调查时间：2018年7月10日至12月10日。复核时间：2019年8月10日至8月16日；2020年7月12日至7月20日；2021年7月18日至7月22日；2020年8月26日至8月30日。

第二章　灌阳宅首土话音系

第一节　声、韵、调分析

一、声母

声母共25个（包括零声母）：

p 八兵飞笔	pʻ 派片蜂跑	b 爬病饭扶	m 麦墨问蜜			
t 多东带中	tʻ 讨遏天剔	d 毒柱甜台	n 南蓝年认	l 恼老路累		
ts 资早酒装	tsʻ 刺草抄春	dz 贼朝茶事			s 丝三酸想	z 字祠床船
tɕ 租争主九	tɕʻ 清拆车轻	dʑ 茄及裙锄			ɕ 书响媳升	ʑ 茶权旧实
k 高广工公	kʻ 刻块科颗	g 共扛拳柜			x 风副开县	ɣ 还汗横喉
∅ 味热熬月						

说明：

1. [tɕ]［tɕʻ]［dʑ][ɕ][ʑ]实际音值更接近舌叶音［tʃ]［tʃʻ]［dʒ][ʃ][ʒ]。

2. [x]在合口呼前实际音值是［∅]。

3. [n]与[l]不分，呈自由条件分布，如南 = 蓝［nɤŋ²¹²]，恼 = 老［ləu⁵³]，料 = 尿［liəu²²]。

4. 浊塞音［dz]与浊擦音［z]从多数情况看，需要分立，但有时又带有自由变体色彩。如：

事 dzai²²/zai²²`　　锄 dʑiau²¹²/ʑiau²¹²

仇 dzei²¹²/zei²¹²　　茶 dza²¹²/ʑia²¹²

二、韵母

韵母共有46个（包括自成音节 ŋ）：

ɿ 师丝十试	i 戏米急节	u 苦薄膏篙	y 雨出锤脐
a 加杷鸭旱	ia 茶牙痧渣	ua 瓦画话法	
e 介街嗝结	ie 排代鞋八		ye 快刮坏滑
ɔ 答谭喝蚕			
o 歌坐过活	io 咬簸饱岳		
ai 再刻北得		uai 骨缺	
ei 背猪鳖膊	iei 油游求	uei 岁雪肺立	
au 豆走兜毫	iau 嗽赌肚路		
əu 桃作凿老	iəu 逃笑桥出		
ã 冷ᵧ横ᵧ杆ᵧ	iã 铠ᵧ生ᵧ斩ᵧ	uã 犯ᵧ帆ᵧ	
æ̃ 山ᵧ烂ᵧ苋ᵧ斑ᵧ		uæ̃ 顽ᵧ	
	iẽ 偏ᵧ声ᵧ零ᵧ垫ᵧ		
ɔ̃ 卵ᵧ乱ᵧ温ᵧ网ᵧ	iɔ̃ 凉ᵧ两ᵧ		
ãŋ 芒灯东肯	iãŋ 弄撑根点	uãŋ 帆ᵧ犯ᵧ矿光	
æ̃ŋ 弹寒散炭	iæ̃ŋ 拌	uæ̃ŋ 棺完万	
ẽŋ 跟闷神	iẽŋ 青甜尖亲	uẽŋ 船转	yẽŋ 全圆元
õŋ 蚣篷同拢	iõŋ 穷熊虫聋		
ɔ̃ŋ 广江般钻	iɔ̃ŋ 棒撞浆	uɔ̃ŋ 按案安	
ŋ 五伍			

说明：

1.［i］［u］［y］的实际音值为［ɪ］［ʊ］［ʏ］。

2.［ŋ］在［e］后的实际音值发音位置靠前，接近［ɲ］。

3. ［ãŋ］中［ã］的实际音值发音位置靠后。

4. 鼻化韵后面接鼻音韵尾这样的韵母，在一般自然语言里，是没有这样的现象的，但是在语言接触过程中，由于仿拟官话中的鼻音韵，在鼻化韵后面带上一个鼻音韵尾，有时硬实，有时虚一些，不是很稳定。我们觉得这些细节上的特色反映了接触过程中的语音现象，就据实记录下来了。

三、声调

声调6个：

阴平35［˧˥］：东、该、灯、风、通、开、天、春

阳平212［˨˩˨］：门、龙、牛、油、铜、皮、糖、红

阴上44［˦˦］：懂、古、鬼、九、统、苦、讨、草

阳上53［˥˧］：买、老、五、有、动、罪、近、后｜谷、百、搭、节、急、哭、拍、塔、切、刻

阴去51［˥˩］：冻、怪、半、四、痛、快、寸、去

阳去22［˨˨］：卖、路、硬、乱、洞、地、饭、树｜六、麦、叶、月、毒、白、盒、罚

说明：

1. 阳去，有的字有微升，实际音值为23˨。

2. 有些阴平字的调值近似212˨，如"之、芝"。

阳去、阴平调字的这类异形调，是仿拟灌阳官话的去声、阴平调而又往土话里有的调值上靠的缘故。这是方言接触过程中的一种移接现象。

3. 受官话的影响，有的阴去和浊上字直接读成35˥调，如"至、醮、瓮"和"舵、夏"。与1、2合并观之，可见土话仿拟灌阳官话的不同形式，反映出土话人接受官话时的差异。

4. 受普通话的影响，有的阳上调字读成51˥˩调，如"象、痔"。

土话调值的这些特殊表现，反映出土话受强势方言影响的状态：灌阳官话的影响是土话社区人自然习的结果，往往是仅在声调上仿拟官话，声母、韵母尚用土话，跟土话尚有明显联系，跟官话在声母、韵母上还有较大差别。普通话方面的影响，源自文教，其间不再有土话的痕迹。

第二节　连读变调

一、两字组连读变调

灌阳宅首土话两字组连读变调规律见表2–1。表左栏是前字调类和调值，表上横栏是后字的调类和调值，"–"表示无变调现象。

2–1　两字组连读变调

前字 ＼ 后字			阴平35	阳平212	阴上44	阳上53	阴去51	阳去22
阴平35			–	–	–	–	–	–
阳平212			–	12+21	–	12+53	–	–
阴上44			–	–	44+35	35+53	–	35+22
阳上53			–	53+21	53+35	53+44	–	53+12
阴去51			–	–	44+44	–	–	44+22
阳去22	全浊去22		12+44	12+21	12+44	12+53	12+51	12+22
	浊入22	全浊入	22+44	22+21	22+43	–	22+53	22+21
		次浊入	–	–	22+35	–	–	22+21

具体举例如下：

（一）阴平做后字时往往发生变调，调值由35变为44，如：

1. 阳去 + 阴平

电灯 diẽŋ^{12}dãŋ^{44}　　病根 biẽŋ^{12}tɕiãŋ^{44}　　地方 dei^{12}ɕio^{44}　　背书 bei^{12}ɕy^{44}

蜜蜂 mei^{22}p'ãŋ^{44}　　　药膏 iəu^{22}ku^{44}　　　六斤 lei^{22}tɕiẽŋ^{44}

（二）阳平作前字或者后字时的变调，前字调值由212变读为12，后字调值由212变为21，如：

1. 阳平 + 阳平
羊毛 iɔ̃ŋ^{12}mio^{21}　　　羊皮 iɔ̃ŋ^{12}bei^{21}　　　茶壶 dza^{12}ɣu^{21}

2. 阳平 + 阳上
茶碗 dza^{12}ɔ̃ŋ^{53}

3. 阳上 + 阳平
后门 ɣau^{53}mãŋ^{21}　　　鲫鱼 tsuai^{53}y^{21}　　　铁门 t'i^{53}mãŋ^{21}　　　一年 i^{53}niẽŋ^{21}
铁皮 t'i^{53}bei^{21}

4. 阳去 + 阳平
渡船 diau^{12}suẽŋ^{21}　　　杂粮 zia^{22}niɔ̃ŋ^{21}　　　十年 zɿ^{22}niẽŋ^{21}　　　药房 iəu^{22}ɣɔ̃ŋ^{21}
六条 lei^{22}diəu^{21}　　　六年 lei^{22}niẽŋ^{21}

（三）阴上做后字的变调，有4种类型

1. 阴上 + 阴上，后字变读，由44变为35
手表 sei^{44}pio^{35}　　　举手 tɕy^{44}sei^{35}　　　打滚 ta^{44}kuãŋ^{35}

2. 阳上 + 阴上，后字变读，由44变为35
野草 ie^{53}ts'əu^{35}　　　养狗 iɔ̃ŋ^{53}kau^{35}　　　五本 ŋ^{53}pãŋ^{35}　　　屋顶 u^{53}tiẽŋ^{35}
出丑 tɕ'y^{53}ts'ei^{35}　　　一点 i^{53}tiã^{35}

3. 阳去 + 阴上，主要有两种情况，在中古全浊入后面变为43，在浊去后面变为35

（1）全浊入 + 阴上，后字变调，调值由44变为43
白果 ba^{22}ko^{43}　　　罚酒 ɕye^{22}tsei^{43}　　　十本 zɿ^{22}pãŋ^{43}

（2）浊去 + 阴上，后字变读，由44变为35
木板 mu^{22}pæ̃ŋ^{35}　　　落水 ləu^{22}suei^{35}　　　六本 lei^{22}pãŋ^{35}

（四）阴上做前字的变调，有两种类型

1. 阴上 + 阳上，前字变读，由44变为35

粉笔 xuaŋ³⁵pei⁵³　　打铁 ta³⁵t'i⁵³

2. 阴上 + 阳去，前字变读，由44变为35

草药 ts'əu³⁵iəu²²　　九日 tɕiei³⁵luei²²

（五）阳上做后字时的变调，调值由53变为44

黑马 xai⁵³ma⁴⁴　　发冷 ɕye⁵³nãŋ⁴⁴　　一里 i⁵³luei⁴⁴

（六）阴去做前字发生的变调，有2种类型

1. 阴去 + 阴上，前字由51变为44

要紧 iəu⁴⁴tɕiẽŋ⁴⁴　　倒水 təu⁴⁴suei⁴⁴

2. 阴去 + 阳去，前字有的由51变为44，如：

做梦 tso⁴⁴mãŋ²²

（七）阴去做后字时有时发生变调，调值由51变为53

阳去 + 阴去：

学费 ɕio²²xuei⁵³　　白菜 ba²²tɕ'ie⁵³　　十块 ʑ̩²²k'ye⁵³

（八）阳去做前字发生的变调，调值由22变为12

1. 阳去 + 阴平

电灯 diẽŋ¹²dãŋ⁴⁴　　病根 biẽŋ¹²tɕiãŋ⁴⁴　　地方 dei¹²ɕio⁴⁴　　背书 bei¹²ɕy⁴⁴

2. 阳去 + 阳平

坏人 ɕye¹²ŋ²¹　　地名 dei¹²miẽŋ²¹　　豆油 dau¹²iei²¹　　大门 da¹²mãŋ²¹

渡船 diau¹²suẽŋ²¹　　害虫 ɣai¹²zõŋ²¹

3. 阳去 + 阳上：

地主 dei¹²tsu⁴⁴　　地板 dei¹²pæŋ⁴⁴　　大雨 da¹²y⁵³　　大米 da¹²mi⁵³

定罪 diẽŋ¹²zuei⁵³　　大雪 da¹²suei⁵³

4. 阳去 + 阴去

旧货 ʑiei¹²xo⁵¹　　大炮 da¹²pio⁵¹

5. 阳去 + 阳去

大路 da¹²liau²²　　顺路 zõŋ¹²liau²²　　地洞 dei¹²dãŋ²²　　大会 da¹²ɣuei²²

治病 zai²²biẽŋ²²

（九）阳去做后字时有时会发生变调

1. 阳上＋阳去，调值由22变为12

出汗 tɕ'y^{53}ɣuɔŋ^{12}　　铁路 t'i^{53}liau^{12}　　　出路 tɕ'y^{53}liau^{12}　　　出面 tɕ'y^{53}miẽ^{12}

2. 阳去＋阳去，调值由22变为21

绿豆 lei^{22}dau^{21}　　六号 lei^{22}xau^{21}　　　白露 ba^{22}liau^{21}

二、名词后缀"儿"尾的变调

宅首土话"儿"尾为［lie^{212}］，但是因为受当地官话"子"尾"子"字音的影响，［lie^{212}］变读为［lie^{53}］，这类"儿"尾在字面上我们标记为"子"尾。

1. 读［lie^{53}］

星子	ɕiẽ^{35}lie^{53}	米头子	mi^{53}dau^{212}lie^{53}
洲子	tsei^{35}lie^{53}	沙子	ɕia^{35}lie^{53}
闹子	ləu^{22}lie^{53}	日子	luei^{22}lie^{53}
禾子	ɣo^{212}lie^{53}	谷子	ku^{53}lie^{53}
拽子	tɕye^{53}lie^{53}	麦子	ma^{22}lie^{53}
禾秆子	ɣo^{212}kæ̃ŋ^{44}lie^{53}	锯屑子	tɕy^{51}ɕy^{53}lie^{53}
锅煤子	ko^{35}mei^{22}lie^{53}	牛络子	iau^{212}luei^{35}lie^{53}

2. ［lie^{212}］

白麻儿	ba^{22}ma^{212}lie^{212}	黑麻儿	xai^{53}ma^{212}lie^{212}
藤儿	dãŋ^{212}lie^{212}	野鸭儿	ie^{53}a^{53}lie^{212}
水鸭儿	suei^{44}a53lie^{212}	帐儿	tiɔŋ^{51}lie^{212}
被窝壳儿	bei^{53}xo^{35}ɕio^{53}lie^{212}	金戒儿	tɕiẽ^{35}ke^{51}lie^{212}
装样儿	tsɔ̃ŋ^{35}iɔ̃ŋ^{22}lie^{212}	雹儿	bu^{53}lie^{212}

此外，人称代词"你""我""其（他）"的调值趋同，都读44调值，"你"读［ni^{44}］，"我"读［na^{44}］，"其"读［tɕie^{44}］。

第三章　灌阳宅首声韵调配合关系、音系特点

第一节　声韵配合关系

宅首土话的声韵配合关系如表3-1。表中把韵母分成开、齐、合、撮四类，声母分成六组。空格表示无此类声韵配合。

表3-1　声韵配合关系表

声母　韵母	开口呼	齐齿呼	合口呼	撮口呼
p p‘ b m	笔蜂被密	秕跑瓢买	斧铺蒲木	
t t‘ d n l	猪汤柱 轮留	帐 铁 虫 耳 料	堆 腿 队 礼	旅
ts ts‘ dz s z	烛 侧 朝 色 从		转 刺 膝 随	
tɕ tɕ‘ dʑ ɕ ʑ		肿 称 茄 伸 柴		追 吹 除 书 锤
k k‘ g x ɣ	供 掐 空 有	很 嫌	规 窥 柜 去 符	怪 缺 县
Ø	鸭	游	位	玉

从表中可以看出各组声母和韵母的配合关系有以下特点：

1. ［p、p‘、b、m］只拼开口呼、齐齿呼和合口呼三呼，不拼撮口呼。唇

20

音声母所拼的合口呼韵母，仅有［u］韵母。

2.［t、t'、d、n］拼开口呼、齐齿呼和合口呼，［l］拼开口呼、齐齿呼、合口呼和撮口呼。

3.［ts、ts'、dz、s、z］只拼开口呼和合口呼，不拼齐齿呼和撮口呼。

4.［tɕ、tɕ'、dʑ、n、ɕ、ʑ］只拼齐齿呼和撮口呼，不拼开口呼和合口呼。

5.［k、k'、g、x、ɣ］拼开口呼、齐齿呼、合口呼和撮口呼。［x、ɣ］拼齐齿呼仅限于韵母［iẽŋ］，［x］拼撮口呼仅限于韵母［yẽŋ］。

第二节　声韵调配合表

宅首土话的声韵配合关系如下表。表中同一横行表示声母相同，同一竖行表示韵母和声调相同。空格表示没有声韵调配合关系。有意义而无适当字可写的，表里用□表示，并在表下加注。另有一些需要说明的字也在表下加注。

表3-2　声韵调配合表

声母	ɿ						i						u						y					
	阴平 ˥	阳平 ˩	阴上 ˦	阳上 ˥	阴去 ˩	阳去 ˩	阴平 ˥	阳平 ˩	阴上 ˦	阳上 ˥	阴去 ˩	阳去 ˩	阴平 ˥	阳平 ˩	阴上 ˦	阳上 ˥	阴去 ˩	阳去 ˩	阴平 ˥	阳平 ˩	阴上 ˦	阳上 ˥	阴去 ˩	阳去 ˩
p										瘪	闭				宝	腹	布							
p'							批		劈	屁			铺		扑	铺								
b								脾	别					菩	部		暴							
m								迷	米		谜		毛		母		帽							
t							低	抵		帝														
t'							梯			屉														

声母	ɿ 阴平 ˧	ɿ 阳平 ˩	ɿ 阴上 ˥	ɿ 阳上 ˩	ɿ 阴去 ˥	ɿ 阳去 ˩	i 阴平 ˧	i 阳平 ˩	i 阴上 ˥	i 阳上 ˩	i 阴去 ˥	i 阳去 ˩	u 阴平 ˧	u 阳平 ˩	u 阴上 ˥	u 阳上 ˩	u 阴去 ˥	u 阳去 ˩	y 阴平 ˧	y 阳平 ˩	y 阴上 ˥	y 阳上 ˩	y 阴去 ˥	y 阳去 ˩
d								提		弟		递												
n								泥	你		□	捏												
l								犁	李		历												旅	
ts															主									
tsʻ																								
dz																								
s															树	诉								
z																	赎							
tɕ							鸡		几	结	际								珠		举			句
tɕʻ							企		戚		气								区		取	出		处
dʑ												及							除					
ç							西		洗	歇	世								书		许	畜		术
ʑ								齐	徛		食								捶					入
k													高		古	谷	告							
kʻ													枯		考		库							
g																								
x													蒿	胡	好	妇	去							
γ														胡										
∅							衣	疑	椅	噎	艺	叶	熬	吴	午		务		淤	余	与			芋

1.□，ni⁵¹，小。2.铺，pʻu³⁵，～设；pʻu⁵¹，店～。3.入，ni²²，～下去。又有 nie²²、ni²²、luei²² 三个又音。

表3-3　声韵调配合表

声母	a						ia						ua						e					
	阴平	阳平	阴上	阳上	阴去	阳去	阴平	阳平	阴上	阳上	阴去	阳去	阴平	阳平	阴上	阳上	阴去	阳去	阴平	阳平	阴上	阳上	阴去	阳去
p	粑		把	<u>八</u>	坝																			
p'			拍	帕		<u>撇</u>																		
b		杷			<u>白</u>																			
m		麻	马		<u>麦</u>																			
t		打							<u>点</u>															
t'																								
d				大																				
n			我							拿														
l			落	燎								茶												
ts													抓		蚱									
ts'																								
dz		<u>茶</u>																						
s			萨																					
z																								
tɕ							渣		摘	榨														
tɕ'							差		拆	岔														
dʑ								枷																
ɕ								瘂																
ʑ									<u>茶</u>			宅												

声母	a 阴平 ˥	a 阳平 ˩	a 阴上 ˦	a 阳上 ˨	a 阴去 ˥	a 阳去 ˩	ia 阴平 ˥	ia 阳平 ˩	ia 阴上 ˦	ia 阳上 ˨	ia 阴去 ˥	ia 阳去 ˩	ua 阴平 ˥	ua 阳平 ˩	ua 阴上 ˦	ua 阳上 ˨	ua 阴去 ˥	ua 阳去 ˩	e 阴平 ˥	e 阳平 ˩	e 阴上 ˦	e 阳上 ˨	e 阴去 ˥	e 阳去 ˩
k	加		假	隔	价								瓜		寡	<u>刮</u>	卦		街		解	嗝	介	
k'			□	客	咳																			
g																								
x	虾	咸		<u>下</u>									花	划										
γ				夏										华	法	化	话							
Ø	丫	人	哑		压										瓦									

1. □，k'a⁴⁴，面：一~旗子。2. 人，γa²¹²，女人，又有 niẽ²¹²、ŋ²¹² 两个又音。
3. 点，tia⁴⁴，差点□ka⁵³，文 <u>tiãŋ</u>⁴⁴，白 <u>tiẽ</u>⁴⁴，白 <u>tiã</u>⁴⁴，白 tei⁴⁴。

表3-4　声韵调配合表

声母	ie 阴平 ˥	ie 阳平 ˩	ie 阴上 ˦	ie 阳上 ˨	ie 阴去 ˥	ie 阳去 ˩	ye 阴平 ˥	ye 阳平 ˩	ye 阴上 ˦	ye 阳上 ˨	ye 阴去 ˥	ye 阳去 ˩	ɔ 阴平 ˥	ɔ 阳平 ˩	ɔ 阴上 ˦	ɔ 阳上 ˨	ɔ 阴去 ˥	ɔ 阳去 ˩	o 阴平 ˥	o 阳平 ˩	o 阴上 ˦	o 阳上 ˨	o 阴去 ˥	o 阳去 ˩
p	鳖		摆	壁	拜														波		拨			
p'		<u>劈</u>			派																			破
b		牌				败														婆				钹
m		咩	买		卖														摸	磨				磨
t	爹	□			带											答			多		朵		剁	
t'	胎		舔	遏	<u>太</u>														拖				脱	
d		台	待		代								谭							驮	舵			沓

声母	ie阴平	ie阳平	ie阴上	ie阳上	ie阴去	ie阳去	ye阴平	ye阳平	ye阴上	ye阳上	ye阴去	ye阳去	ɔ阴平	ɔ阳平	ɔ阴上	ɔ阳上	ɔ阴去	ɔ阳去	o阴平	o阳平	o阴上	o阳上	o阴去	o阳去
n			奶	赖																				糯
l	来		里	利	耐															骡				腊
ts																					左	捉	罩	
ts'																			搓		吵	戳	锉	
dz																								
s																			唆		锁	索	溮	
z														蚕		昨						坐		座
tɕ	斋	其	姐	□	借				爪	啄														
tɕ'	差		擦		菜																			
dʑ		茄										拽												
ç	筛		写	湿	晒						发	坏												
ʑ	柴		社		射							拽												
k	揩								拐	刮	怪								锅		果		割	过
k'											块										颗		课	
g																								
x				发															楔	河	火	喝	货	贺
γ		鞋														盒		喝			合	祸		活
∅			矮				歪		挖			滑							窝	鹅	握		恶	饿

　　1. 利，lie⁵¹，声调读成51调值，这是受普通话影响，白读音调值为22。
　　2. □，tie⁴⁴，~鼓皮：打呼。　3. 茄，dʑie²¹²，又ʑie²¹²。4. 拽，dʐye²²，~子：

稻穗，又 zye²²，一 ~ 葡萄。5.蚕，zɔ²¹²，又 zõŋ²¹²，又 dzãŋ²¹²。6.盒，xɔ²²，又 ɣɔ²²，又 ɣo²¹²。7.磨，mo²¹²，~ 刀石；mo²²，~ 盘。8.恶，o⁵¹，厌 ~；又 o⁵³，~ 心。

表3-5　声韵调配合表

声母	io						ai						uai						ei					
	阴平˥	阳平˩	阴上˦	阳上˥	阴去˅	阳去˩	阴平˥	阳平˩	阴上˦	阳上˥	阴去˅	阳去˩	阴平˥	阳平˩	阴上˦	阳上˥	阴去˅	阳去˩	阴平˥	阳平˩	阴上˦	阳上˥	阴去˅	阳去˩
p	包		饱	剥	簸						北								杯		比	膊	辈	
p'	抛		跑	漂															坏				屁	
b		瓢				饭													胚		卜		避	蜜
m		茅			庙							墨								枚	每			蜜
t							东				得								猪		抵	竹	对	
t'												太												
d																				蹄	柱			载
n																								
l								来	奶		爛									留	里			六
ts							崽		折		再				挤	鲫			洲		酒	粥	鬓	
ts'											侧								抽		丑		臭	
dz												在												就
s								师	使		塞								收		手	熄	絮	
z												贼								仇				熟
tɕ	交		饺	角	觉																			
tɕ'	敲		巧																					
dʑ																								

续表

声母	io						ai						uai						ei					
	阴平	阳平	阴上	阳上	阴去	阳去	阴平	阳平	阴上	阳上	阴去	阳去	阴平	阳平	阴上	阳上	阴去	阳去	阴平	阳平	阴上	阳上	阴去	阳去
ç	方		壳		孝	学																		
ʑ																								
k							改		格		盖												骨	
kʻ									刻														缺	
g																								
x							开	还	海		黑												窟	
ɣ										喉		害												
ø				咬		弱																		

1. 角，文读 tɕio^{53}，一～钱；白读 ko^{53}。2. 方，ɕio^{35}，又 xɤŋ^{35}。3. 学，ɕio^{22}，又 io^{22}。4. 侧，tsʻai^{53}，～着入，又 tsai^{53}。5. 在，文读 tsai^{53}；白读 die^{53}。6. 师，白读 sai^{35}，～公，文读 sɻ^{35}。7. □，ai^{22}：喊、呼。8. 缺，kʻuai^{53}，～牙子：豁牙子，又 kʻye^{53}。9. 猪，白读 tei^{35}；文读 tɕy^{35}。10. 抵，白读 tei^{44}；文读 ti^{44}。11. 对，白读 tei^{51}，～襟；文读 tuei^{51}。12. 里，lei^{53}，街～；又 luei^{53}。13. 就，dzei^{22}，又 zei^{22}。

表3-6　声韵调配合表

声母	iei						uei						au						iau					
	阴平	阳平	阴上	阳上	阴去	阳去	阴平	阳平	阴上	阳上	阴去	阳去	阴平	阳平	阴上	阳上	阴去	阳去	阴平	阳平	阴上	阳上	阴去	阳去
p													苞								表			
pʻ													飘								瞟			
b																								雹

声母	iei						uei						au						iau					
	阴平	阳平	阴上	阳上	阴去	阳去	阴平	阳平	阴上	阳上	阴去	阳去	阴平	阳平	阴上	阳上	阴去	阳去	阴平	阳平	阴上	阳上	阴去	阳去
m																	冇		猫					
t							堆				碓		兜		蚪		斗				赌	鸟		
t'							推		腿		退		偷				透							跳
d												队		萄				痘		徒		肚		度
n																								
l		篱		礼	擂									楼		篓		漏		炉		鲁		路
ts									姊		醉				走									
ts'		秋							七		脆						凑							
dz													朝											
s									鼠	雪	碎		筲				嗽							
z								随		罪		绝												
tɕ			九		救														租		祖	脚	皱	
tɕ'																			初				醋	
dʑ		仇																		锄				
ɕ			朽		锈															搜	数		瘦	熟
ʑ		求		舅	旧															朝				助
k							归		鬼	橘	桂		勾		狗		够							
k'							亏						抠				扣							
g										跪		柜												
x							灰	肥			肺	会	毫		口	有		号						
ɣ								回						毫		厚								
∅		油			柚		威	围		尾	喂	味	瓯					沤		摇				

1. 仇，dʑiei²¹²，又 ʐei²¹²。2. 舅，白读 ʑiei⁵³；文 ʑiəu⁵³。3. 回，白读 ɣuei²¹²；文读 xuei²¹²。4. 姊，白读 tsuei⁴⁴；文读 tsʅ⁴⁴。5. 尾，文读 uei⁵³；白读 mei⁵³。6. 苞，文读 pau³⁵；白读 pio³⁵。7. 毫，白读 ɣau²¹²；文读 xau²¹²。8. 有，xau⁵³，又 ɣau⁵³。9. 篑，sau³⁵，又 so³⁵。10. 嗽，sau⁵¹，又 ɕiau⁵¹。11. 表，文读 piau⁴⁴，~ 兄；白读 pio⁴⁴。12. 飘，文读 piau³⁵；白读 pio³⁵。13. 跳，文读 t'iau⁵¹；白读 t'iəu⁵¹。

表3-7　声韵调配合表

声母	əu						iəu						ã						iã					
	阴平	阳平	阴上	阳上	阴去	阳去	阴平	阳平	阴上	阳上	阴去	阳去	阴平	阳平	阴上	阳上	阴去	阳去	阴平	阳平	阴上	阳上	阴去	阳去
	丨	⅃	˥	丫	╲	丄	丨	⅃	˥	丫	╲	丄	丨	⅃	˥	丫	╲	丄	丨	⅃	˥	丫	╲	丄
p																								
p'																								
b							瓢																	
m							苗				庙				猛									
t	刀		倒		到		雕	斲	鸟		吊										点			
t'			讨		套		挑				跳													
d		桃	豆					逃				着												
n																冷								
l	捞		恼		闹		撩		了		料													
ts	糟		早	作	灶																			
ts'	粗		草		糙																			
dz																								
s	骚		嫂	索	哨																			

续表

声母	əu 阴平	əu 阳平	əu 阴上	əu 阳上	əu 阴去	əu 阳去	iəu 阴平	iəu 阳平	iəu 阴上	iəu 阳上	iəu 阴去	iəu 阳去	ã 阴平	ã 阳平	ã 阴上	ã 阳上	ã 阴去	ã 阳去	iã 阴平	iã 阳平	iã 阴上	iã 阳上	iã 阴去	iã 阳去
z	槽				造																			
tɕ							焦		缴	脚	叫										斩			
tɕʻ								锹			出	翘									铠		衬	
dʑ																								
ɕ							烧		少	削	笑										生			
ʑ							荞			舅		嚼												
k	高				构									干		梗	幹（干）							
kʻ																								
g																								
x																	旱							
ɣ	猴													咸			旱							
∅			藕				妖		窑	舀	要	药											岩	

1. 豆，文读 dəu²²；白读 dau²²。2. 高，kəu³⁵，又 ku³⁵。3. 粗，tsʻəu³⁵，～心，又 tɕʻiau³⁵。4. 瓢，biəu²¹²，一～汤，又 bio²¹²。5. 庙，miəu²²，又 mio²²。6. 鸟，tiəu⁵³，～崽，阳～：布谷鸟；～子：男阴，又 liau⁵³，又 tiau⁵³。7. 出，tɕʻiəu⁵³，～去，又 tɕʻy⁵³。8. 旱，xã²²，天～；文读 ɣaŋ²²；白读 ɣã²²。9. 点，tiã⁴⁴，大～□ka⁵³，有～；文读 tiãŋ⁴⁴；白读 tie⁴⁴；白读 tei⁴⁴。

表3-8 声韵调配合表

声母	uã						æ̃						uæ̃						iẽ					
	阴平 ˥	阳平 ˩	阴上 ˦	阳上 ˧	阴去 ˅	阳去 ˩	阴平 ˥	阳平 ˩	阴上 ˦	阳上 ˧	阴去 ˅	阳去 ˩	阴平 ˥	阳平 ˩	阴上 ˦	阳上 ˧	阴去 ˅	阳去 ˩	阴平 ˥	阳平 ˩	阴上 ˦	阳上 ˧	阴去 ˅	阳去 ˩
p							斑		板		绊								边		匾			
p'											胖								偏					
b																								
m								蛮				慢												
t											担										点			
t'													天											
d																						簟		垫
n								难	懒		烂									零				念
l																								
ts																								
ts'																								
dz																								
s							山																	
z																								
tç																					剪			
tç'																					浅			
dʑ																								
ç																			心				扇	
ʑ																				钱				
k							秆																	

续表

声母	uã						æ̃						uæ̃						iẽ					
	阴平	阳平	阴上	阳上	阴去	阳去	阴平	阳平	阴上	阳上	阴去	阳去	阴平	阳平	阴上	阳上	阴去	阳去	阴平	阳平	阴上	阳上	阴去	阳去
k'																								
g																								
x			犯										苋	还										
ɣ		横																						
∅															顽									

1. 横，ɣuã²¹²，~直，又ɣæ̃²¹²，又ɣuẽ²²。2. 秆，kæ̃³⁵，禾~子、麦~子、高~~子、豆~，又kã⁴⁴。3. 还，ɣuæ̃²¹²，~价，又ɣuẽ²¹²。4. 边，piẽ³⁵，又piẽŋ³⁵。

表3-9　声韵调配合表

声母	ɔ̃						iɔ̃						ãŋ						iãŋ					
	阴平	阳平	阴上	阳上	阴去	阳去	阴平	阳平	阴上	阳上	阴去	阳去	阴平	阳平	阴上	阳上	阴去	阳去	阴平	阳平	阴上	阳上	阴去	阳去
p							枫		<u>本</u>								份	崩						畚
p'							蜂		捧															
b								盆								棒								拌
m					望		蚊								<u>满</u>			梦	眠					
t							灯		等				□				当		<u>中</u>		<u>点</u>			
t'							贪		桶										天					
d								藤								动		邓						
n			暖	乱	凉				两					廊			嫩		聋					弄

声母	ɔ̃						iɔ̃						ãŋ						iãŋ					
	阴平	阳平	阴上	阳上	阴去	阳去	阴平	阳平	阴上	阳上	阴去	阳去	阴平	阳平	阴上	阳上	阴去	阳去	阴平	阳平	阴上	阳上	阴去	阳去
l																								
ts	桩												棕		掌		综							
ts'													葱				寸							
dz															蚕	嗓								
s													甥				送							
z																								
tɕ																			争		奖		虹	
tɕ'																			掺					
dʑ																								
ɕ																			兄					
ʑ																								站
k							缸																	
k'																								
g																								
x													糠		肯		空							
ɣ														寒		昂								
∅	嗯																		应		岸	萤	养	

1. □，tãŋ⁵³，~子：打铁时垫铁块用。2. 当，tãŋ⁵¹，~铺，又 tɔ̃³⁵。3. 桶，t'ãŋ⁴⁴，又 t'ɔ̃⁴⁴。4. 蚕，dzɔ̃²¹²，~豆粉，又 zɔ̃²¹²，又 zɔ̃²¹²。5. 岸，ãŋ²²，~鹰婆，又 ɔ̃⁵¹。6. 中，tiãŋ³⁵，~心；文读 tsɔ̃³⁵。7. 点，文读 tiãŋ⁴⁴，一点□ ka⁵³；白读 tiã⁴⁴；白读 tiẽ⁴⁴；白读 tei⁴⁴。8. 天，t'iãŋ³⁵，秋~，冬~；白读 t'iẽ³⁵；白读 t'iẽŋ³⁵。9. 站，ʑiãŋ⁵¹，又 ʑiæ̃ŋ⁵¹。10. 养，文读 iãŋ⁵³，童~媳；白读 iɔ̃⁵³。

表3-10　声韵调配合表

声母	uãŋ						æŋ						iæŋ						uæŋ					
	阴平 ˥	阳平 ˧	阴上 ˩	阳上 ˥	阴去 ˥	阳去 ˧	阴平 ˥	阳平 ˧	阴上 ˩	阳上 ˥	阴去 ˥	阳去 ˧	阴平 ˥	阳平 ˧	阴上 ˩	阳上 ˥	阴去 ˥	阳去 ˧	阴平 ˥	阳平 ˧	阴上 ˩	阳上 ˥	阴去 ˥	阳去 ˧
p							班		反								拌							
p'										判														
b											办													
m								瞒																
t							单				颤													
t'							瘫				叹													
d		团									弹													
n								拦																
l																								
ts									攒		灒													
ts'							掺		铲															
dz																								
s									伞		散								栓					
z											赚													
tɕ																								
tɕ'																								
dʑ																								
ɕ																								
ʐ																		站						
k	光		矿		惯		间												关		滚		掼	

续表

声母	uãŋ						æ̃ŋ						iæ̃ŋ						uæ̃ŋ					
	阴平	阳平	阴上	阳上	阴去	阳去	阴平	阳平	阴上	阳上	阴去	阳去	阴平	阳平	阴上	阳上	阴去	阳去	阴平	阳平	阴上	阳上	阴去	阳去
k'			款																					
g																								
x		帆	粉																	顽				
ɣ		黄							寒		晏													
ø	温		碗																冤	园	远			万

　　1. 团，文读 duãŋ²¹²，一~；白读 dɔ̃ŋ²¹²。2. 光，文读 kuãŋ³⁵，白读 kɔ̃ŋ³⁵。3. 惯，文读 kuãŋ⁵¹；白读 kuæ̃ŋ⁵¹。4. 粉，白读 xuãŋ⁴⁴；文读 xuæ̃ŋ⁴⁴。5. 黄，文读 ɣuãŋ²¹²；白读 ɣɔ̃ŋ²¹²。6. 伞，白读 sæ̃ŋ⁴⁴；文读 sãŋ⁴⁴。7. 寒，白读 ɣæ̃ŋ²¹²；文读 ɣãŋ²¹²。8. 拌，piæ̃ŋ⁵³，又 biæ̃ŋ⁵³。9. 站，ʑiæ̃ŋ²²，又 ʑiæ̃ŋ²²。10. 滚，kuæ̃ŋ⁴⁴，~桌子：圆桌子；~凳：圆凳。11. 顽，xuæ̃ŋ²¹²，硬。12. 远，uæ̃ŋ⁵³，跳~，又 uẽŋ⁵³。

表3-11　声韵调配合表

声母	ẽŋ						iẽŋ						uẽŋ						yẽŋ					
	阴平	阳平	阴上	阳上	阴去	阳去	阴平	阳平	阴上	阳上	阴去	阳去	阴平	阳平	阴上	阳上	阴去	阳去	阴平	阳平	阴上	阳上	阴去	阳去
p			本				兵		匾		变													
p'	拼			喷							骗													
b								评		辩		病												
m		门			闷			明		免		面												
t									钉	顶	订													
t'									厅															
d								廷	重															

声母	ẽŋ 阴平	ẽŋ 阳平	ẽŋ 阴上	ẽŋ 阳上	ẽŋ 阴去	ẽŋ 阳去	iẽŋ 阴平	iẽŋ 阳平	iẽŋ 阴上	iẽŋ 阳上	iẽŋ 阴去	iẽŋ 阳去	uẽŋ 阴平	uẽŋ 阳平	uẽŋ 阴上	uẽŋ 阳上	uẽŋ 阴去	uẽŋ 阳去	yẽŋ 阴平	yẽŋ 阳平	yẽŋ 阴上	yẽŋ 阳上	yẽŋ 阴去	yẽŋ 阳去
n		轮						林	领		链													
l								夵																
ts					□								砖		转									
ts'													穿				串							
dz																								
s	生														选									
z		神												船				贱						
tɕ							京		井		正													
tɕ'							青		请		秤													
dʑ																						裙		
ɕ							星	嫌	闪		姓													
ʑ								成		鳝		阵										全		剩
k	跟													棍	滚		桊						劝	
k'																								
g														拳										
x							盐	很					分		粉		粪							
γ								很						魂				愿						县
ø							鹰	壬	魇	眼	印	任	瘟	文	稳	远		院		元				

1.本，文读 pẽŋ⁴⁴，~地人；白读 pãŋ⁴⁴。2.喷，p'ẽŋ⁵¹（臻合三去问滂），又 xuẽŋ³⁵（臻合一平魂滂）。3.门，mẽŋ²¹²；白读 miẽŋ²¹²；白读 mãŋ²¹²。4.□，tsẽŋ⁵¹，走一□：走一趟。5.生，文读 sẽŋ³⁵，~豆：花生，先生；白读 ɕiã³⁵。6.跟，文读 kẽŋ³⁵，白读 tɕiãŋ³⁵。7.□，xẽŋ⁵³，打：□球，□屁股，□腰鼓。8.顶，

文读 tieŋ^{44}；白读 tiẽ^{44}；白读 ti^{44}，～时：中午。9. 重，白读 diẽ^{53}，～病；文读 zõŋ^{53}。10. 盐，白读 xiẽ^{212}；文读 iẽ^{212}。11. 很，文读 xiẽ^{53}；白读 ɣiẽ^{53}。12. 请，文读 tɕ'ieŋ^{44}；白读 tɕ'iẽ^{44}；白读 tɕ'i^{44}。13. 滚，文读 kuẽ^{44}；白读 kuãŋ^{44}。14. 剩，ʐyẽ^{22}，～二月：十二月。

表3-12 声韵调配合表

	õŋ						iõŋ						ɔ̃ŋ						iɔ̃ŋ					
	阴平	阳平	阴上	阳上	阴去	阳去	阴平	阳平	阴上	阳上	阴去	阳去	阴平	阳平	阴上	阳上	阴去	阳去	阴平	阳平	阴上	阳上	阴去	阳去
p													般		绑		半						□	
p'																								
b		篷												旁		伴		傍				棒		
m																		忘						
t	冬												端		胆		断		张		涨		胀	
t'	通												摊		桶		烫							
d		童								虫				坛				淡		长		丈		
n		龙		拢										男		卵				梁		两		亮
l																								
ts	终				中								装		准		钻							
ts'	冲				铳								窗											
dz																								
s	松		笋										酸		爽		蒜							
z		丛		重		顺								藏		鲞		顺						
tɕ																			樟		讲		战	

续表

	õŋ						iõŋ						ɔ̃ŋ						iɔ̃ŋ					
	阴平	阳平	阴上	阳上	阴去	阳去	阴平	阳平	阴上	阳上	阴去	阳去	阴平	阳平	阴上	阳上	阴去	阳去	阴平	阳平	阴上	阳上	阴去	阳去
tɕ'																			枪		抢		唱	
dʑ																						仗		
ç								熊											熏	裳	享		向	
ʑ							肫	裙											肫	穷		上		撞
k	工		拱	供											广		杠							
k'																								
g				共																				
x	疯			哄	放	缝							荒	烦	妨									
ɣ		红												房										
∅	拥			网				绒				晕	温	王	碗				崖	秧	云	蛹		让

1.冬，文读 tõŋ^{35}；白读 tãŋ^{35}。2.通，文读 t'õŋ^{35}；白读 t'ãŋ^{35}。3.红，文读 ɣõŋ^{212}，~薯酒；白读 ɣõŋ^{212}。4.中（通合三去送知），文读 tsõŋ^{51}，射~；白读 tiõŋ^{35}。5.钻（山合一去换精）。6.笋，sõŋ^{44}，~子、冬笋~、~壳子，又 sõŋ^{44}。7.顺,zõŋ^{22}，~着，又 zõŋ^{22}。8.虫,diõŋ^{212}，~牙，又 diẽŋ^{53}，又 zõŋ^{212}。9.肫，ʑiõŋ^{35}，鸡~，又 ʑiɔ̃ŋ^{35}。10.裙，白读 ʑiõŋ^{212}；文读 dzyẽŋ^{212}。11.晕（臻合三去问云），iõŋ^{22}，又 iɔ̃ŋ^{22}。12.摊,t'õŋ^{35}，摆~子，又 t'æ̃ŋ^{35}。13.桶,t'õŋ^{44}，浆~：灰兜子，又 t'ãŋ^{44}。14.卵，nõŋ^{53}，鹅~石，又 nõ^{53}。15.放，文读 xõŋ^{51}，放~；白读 põŋ^{51}。16.缝，xõŋ^{22}，一条~；又 xõŋ^{212}。17.□，piõŋ^{51}，~秧：拔秧。18.棒，白读 biõŋ^{53}，挂~：中式拐杖；文读 bãŋ^{53}。19.长（宕开三平阳澄），diõŋ^{212}，又 diõŋ^{212}。20.两，niõŋ^{53}，二~，又 niõ^{53}。21.裳，ʑiõŋ^{212}，（一箱子）衣~，又 ʑiẽŋ^{212}，ʑiõŋ^{212}。22.温，õŋ^{35}，~懒水，又 uãŋ^{35}。23.王，白读 õŋ^{212}；

文读 uɔ̃ŋ[212]。24.碗，白读 ɔ̃ŋ[44]；文读 uãŋ[44]。25.岸，白读 ɔ̃ŋ[22]；文读 ãŋ[22]。

表3-13　声韵调配合表

	uɔ̃ŋ						yɔ̃ŋ						ŋ					
	阴平 ˦	阳平 ┘	阴上 ┤	阳上 ˦	阴去 ╲	阳去 ┘	阴平 ˦	阳平 ┘	阴上 ┤	阳上 ˦	阴去 ╲	阳去 ┘	阴平 ˦	阳平 ┘	阴上 ┤	阳上 ˦	阴去 ╲	阳去 ┘
p																		
pʻ																		
b																		
m																		
t																		
tʻ																		
d																		
n																		
l																		
ts																		
tsʻ																		
dz																		
s																		
z																		
tɕ																		
tɕʻ										唱								
dʑ																		
ɕ																		
ʑ																		
k					□													

续表

	uõŋ						yõŋ						ŋ					
	阴平 ˥	阳平 ˩	阴上 ˦	阳上 ˧	阴去 ˅	阳去 ˨	阴平 ˥	阳平 ˩	阴上 ˦	阳上 ˧	阴去 ˅	阳去 ˨	阴平 ˥	阳平 ˩	阴上 ˦	阳上 ˧	阴去 ˅	阳去 ˨
k'																		
g																		
x																		
ɣ			纺		汗													
∅	安	王			按	望								人		五		

1. □ kuõŋ⁵¹, ~年：去年。2. 望 õŋ²²，又 mõŋ²²。

第三节　音系特点

一、声母

（一）系统保留全浊音，浊塞音擦化的多

"避"读［bei²²］，"调"读［diəu²¹²］，"茶"读［dza²¹²］，"随"读［zuei²¹²］，"柴"读［ʑie²¹²］，"神"读［zẽ²¹²］，"匠"读［ʑiõŋ²²］，"柜"读［guei²²］，"横"读［ɣuã²²］；但是全浊音声母有清化的趋势，如："竖"读［ɕy⁵³］，"树"读［su⁵³］，"船"读［suẽŋ²¹²］，"熟"读［ɕiau²²］，"会"读［xuei²²］，"哄"读［xõŋ⁴⁴］，"术"读［ɕy²²］，"萤"读［iã²¹²］，"胡""壶"读［xu²¹²］，"划"读［xua²¹²］，"怀""槐"读［ɕye²¹²］，"钝"读［tã⁵¹］，"浑"读［xõŋ²¹²］，"魂"读［xuẽŋ²¹²］，"完"读［uẽŋ²¹²］，"坏"读［ɕye²²］。有的字有浊音和清音两读，如：匣母字"红"读［ɣõŋ²¹²］和［xõŋ²¹²］，"胡"有［xu²¹²］和［ɣu²¹²］两读。

（二）古非组声母和晓母合流，在洪音前面读［x］，在细音前读［ɕ］；部分非组字尚存重唇声母，读同帮组

"风"读［xõŋ³⁵］，"虚"读［ɕy³⁵］，"法"读［xua⁵³］，"发"读［ɕye⁵³］；微母一般读成零声母，有一些非组字读成［p］组声母，如："枫"读［pãŋ³⁵］，"扶"读［bu²¹²］，"问"读［mãŋ²²］，"饭"读［bai²²］，"斧"读［pu⁴⁴］。

（三）古知、庄、章、精组合流，在洪音前读成［ts］组声母，在细音前读成［tɕ］组声母；部分知组字读同端组字声母

洪音前读成［ts］组声母，如："桩"读［tsõŋ³⁵］，"酒"读［tsei⁴⁴］；"抓"读［tsua³⁵］，"愁"读［zei²¹²］，"镯"读［zo²²］；"终"读［tsõŋ³⁵］，"煮"读［tsei⁴⁴］，"赎"读［zu²²］；"鳅"读［tsʻei³⁵］，"嫂"读［səu⁴⁴］，"在"读［dzai²²］，"座"读［zo²²］。细音前读［tɕ］组声母，如："追"读［tɕy³⁵］，"撑"读［tɕʻiãŋ⁵¹］，"撞"读［ʑiõŋ²²］；"斋"读［tɕie³⁵］，"锄"读［dʑiau²¹²］，"柴"读［ʑie²¹²］；"吹"读［tɕʻy³⁵］，"捶"读［ʑy²¹²］；"精"读［tɕiẽŋ³⁵］，"截"读［dʑi²²］，"墙"读［ʑiõŋ²¹²］。有些古知组字读［t］组声母，如："砧"读［tiẽŋ³⁵］，"竹"读［tei⁵³］，"帐"读［tiõŋ⁵¹］，"沉"读［diẽŋ²¹²］，"柱"读［dei⁵³］。

（四）古泥母（娘母）字、来母字读［n］或［l］

"男"读［nõŋ²¹²］，"恼"读［ləu⁵³］，"泥"读［li²¹²］，"粘"读［lie²¹²］，"鸟"读［liəu⁵³］，"尿"读［liəu²²］；"轮"读［nẽŋ²¹²］，"离"读［lei²¹²］，"李"读［luei⁵³］，"邻"读［niẽŋ²¹²］，"流"读［liəu²¹²］。［n］与［l］不分，呈自由条件分布，如：

南＝蓝［nõŋ］　　恼＝老［ləu］　料＝尿［liəu］

年＝连［niẽŋ］　泥＝李［li］　　梁＝娘［niõŋ］

（五）古日母字读［n］、［l］或零声母

"耳"读［ni⁵³］，"热"读［nie²²］，"认"读［niẽŋ²²］，"儿"读［luei²¹²］，"仁"读［iẽŋ²¹²］，"二"读［luei²²］，"让"读［iõŋ²²］。

（六）部分溪母字读［x］

"去"读［xu⁵¹］，"哭"读［xu⁵³］，"阔"读［xo⁵³］，"窟"读［xuai⁵³］，"棵"

读［xo³⁵］，"空"读［xã ŋ⁵¹］。

（七）疑母字读［n］或零声母的范围跟北京话不同

"研"读［niẽ ŋ²¹²］，"孽"读［nie²²］，"砚"读［niẽ ŋ²²］，"牛"读［iau²¹²］。

二、韵母

阳声韵里的韵类，大体以等呼类聚，多跨摄类聚现象。阴声韵里，也大体以等呼类聚。流摄、效摄为摄内类聚。蟹摄和止摄、遇摄和止摄都有穿插类聚。

入声韵里，江、宕摄不混，江摄入声与咸、山二摄入声聚合，读"a"、"o"类韵母，宕摄入声大体独立，洪音读"au"类韵母，细音读" əu"类韵母；曾、梗二摄入声不混，梗摄入声与臻、深、咸、山聚合，读"e"类韵母，有"e""ie""ue""ye""i""y"，曾摄入声与通摄和臻摄合口聚合，读［ai］、［ei］、［uei］。

（一）深摄、臻摄开口三等、曾摄开口三等、梗摄开口三等、开口四等、山摄开口三等、开口四等和咸摄开口三等、开口四等读音合流为［iẽ ŋ］

针＝巾＝蒸＝正＝煎＝尖［tɕiẽ ŋ³⁵］；阴＝姻＝鹰＝烟［iẽ ŋ³⁵］。

（二）通摄，臻摄合口一等、合口三等（唇音）、曾摄开口一等、开口三等洪音、梗摄开口二等、合口三等、合口四等合流为［ã ŋ］［iã ŋ］［uã ŋ］

冬＝东＝墩＝灯＝［tã ŋ³⁵］；枫［pã ŋ³⁵］；蚊［mã ŋ²¹²］；甥［sã ŋ³⁵］；争［tɕiã ŋ³⁵］；兄［ɕiã ŋ³⁵］；萤［iã ŋ²¹²］；滚［kuã ŋ⁴⁴］；粉［xuã ŋ⁴⁴］。通摄还有一部分字与江摄、宕摄合流，洪音为［ɔ ŋ］，细音为［iɔ ŋ］，如：双＝丧＝霜＝［sɔ ŋ³⁵］；烘＝锋＝荒＝糠＝［xɔ ŋ³⁵］；公＝扛＝缸＝［kɔ ŋ³⁵］；穷＝墙＝［ziɔ ŋ²¹²］；江＝樟＝［tɕiɔ ŋ³⁵］。

（三）流摄开口一等读音为［au］，开口三等读音有两个层次，分别为［au、iau］和［ei、iei］

一等"钩"读［kau³⁵］，"瓯"读［au³⁵］，"头"读［dau²¹²］，"走"读［tsau⁴⁴］，"后"读［ɣau⁵³］，"凑"读［tsʻau⁵¹］。

三等 "阄" 读［kau³⁵］，"周" 读［tɕiau³⁵］，"刘" 读［liau²¹²］，"瘦" 读［ɕiau⁵¹］，"牛" 读［iau²¹²］。

"洲" 读［tsei³⁵］，"抽" 读［tsʻei³⁵］，"仇" 读［zei²¹²］，"酒" 读［tsei⁴⁴］，"绣" 读［sei²²］，"留" 读［lei²¹²］；"九" 读［tɕiei⁴⁴］，"朽" 读［ɕiei⁴⁴］，"右" 读［iei²²］。

（四）效摄洪音读音为［u、əu］，细音为［iəu］

洪音与 "p" "k" 类声母、［ø］相拼读音为［u］："保" 读［pu⁴⁴］，"膏" 读［ku³⁵］，"熬" 读［u³⁵］，与 "t" "ts" 类声母和［l］声母相拼读音为［əu］，如："刀" 读［təu³⁵］，"糟" 读［tsəu³⁵］，"骚" 读［səu³⁵］，"捞" 读［ləu²¹²］。细音如："茭" 读［tɕiəu³⁵］，"照" 读［tɕiəu⁵¹］，"要" 读［iəu⁵¹］，"鸟" 读［tiəu⁴⁴］，"浇" 读［tɕiəu³⁵］，"晓" 读［ɕiəu⁴⁴］。

（五）蟹摄开口一等读成齐齿呼［ie］，开口二等读音为［e、ie］

"栽" 读［tɕie³⁵］，"腮" 读［ɕie³⁵］，"柴" 读［zie²¹²］，"胎" 读［tʻie³⁵］。

"街" 读［ke³⁵］，"界" 读［ke⁵¹］，"拜" 读［pie⁵¹］，"揩" 读［kie³⁵］，"斋" 读［tɕie³⁵］，"筛" 读［ɕie³⁵］，"晒" 读［ɕie⁵¹］，"矮" 读［ie⁴⁴］。

（六）遇摄合口一等读音［iau］

"租" 读［tɕiau³⁵］，"赌" 读［tiau⁴⁴］，"涂" 读［diau²¹²］，"奴" 读［liau²¹²］。合口三等读音：［ei、uei、iau］，如："煮" 读［tsei⁴⁴］，"须" 读［sei³⁵］，"柱" 读［dei⁵³］，"住" 读［dei²²］；"鼠" 读［suei⁴⁴］，"遇" 读［uei²²］；"初" 读［tɕʻiau³⁵］，"梳" 读［ɕiau³⁵］，"锄" 读［ziau²¹²］，"助" 读［ziau²²］。

（七）止摄开口三等读音：［ɿ］［i］［ie］［ei］［uei］［ai］

"芝" 读［tsɿ³⁵］，"是" 读［zɿ⁵³］；"机" 读［tɕi³⁵］，"痔" 读［tɕi⁵³］，"脾" 读［bi²¹²］，"已" 读［i⁵³］，"你" 读［ni⁴⁴］；"其" 读［tɕie²¹²］，"翅" 读［tɕʻie⁵¹］，"筛" 读［ɕie³⁵］；"碑" 读［pei³⁵］，"皮" 读［bei²¹²］，"霉" 读［mei²¹²］，"离" 读［lei²¹²］；"里 ～头" 读［lei⁵³］；"刺" 读［tsʻuei⁵¹］，"四" 读［suei⁵¹］，"篱" 读［luei²¹²］，"贰" 读［luei²²］，"梨" 读［luei²¹²］；"籽" 读［tsai⁴⁴］，"仔" 读［tsai⁴⁴］，"治" 读［zai²²］，"使" 读［sai⁴⁴］。

果摄白读和假摄有合流现象，如"我"读［na⁴⁴］、"架"读［ka⁵¹］；文读不混，如"多"读"［to³⁵］"，"茶"读［dza²¹²］。

（八）入声梗开二、咸开二合流，读"a"类韵母

"白"读［ba²²］，"麦"读［ma²²］，"格"读［ka⁵³］，"吓"读［xa⁵³］，"轭"读［a⁵³］，"蚱"读［tɕia⁵³］，"拆"读［tɕʻia⁵³］，"甲"读［ka⁵³］/［tɕia⁵³］，"眨"读［tɕia⁵³］。

（九）入声咸摄一等、山摄合口一等和开口一牙喉音、江摄开口二等合流，读"o"类韵母

"搭"读［to⁵³］，"喝""合"读［xo⁵³］，"割"读［ko⁵³］，"喝"读［xo⁵³］，"拨"读［po⁵³］，"脱"读［tʻo⁵³］，"撮"读［tso⁵³］，"阔"读［xo⁵³］，"活"读［ɣo²²］、"雹剥"读［pio⁵³］，"角"读［tɕio⁵³］，"壳"读［ɕio⁵³］，"学"读［io²²］/［ɕio²²］。

（十）入声梗开口三四等、深摄三等、山摄开口二等和一等舌齿音、山摄合口二三四等、臻摄合口三等合流，读"e""y"类韵母；咸山摄开口三四等读"i"类韵母

"人"读［nie²²］/［ni²²］/［ʐy²²］，"壁"读［pie⁵³］，"劈"读［pʻie⁵³］，"踢"读［tʻie⁵³］，"历"读［lie²²ɣ］，"脊"读［tɕie⁵³］，"戚"读［tɕʻie⁵³］，"锡"读［ɕie⁵³］，"石"读［ʑie²²］，"擦"读［tɕʻie⁵³］，"八"读［pie⁵³］，"杀瞎"读［ɕie⁵³］，"刮"读［kue⁵³］/［kye⁵³］，"发"读［xie⁵³/ɕye⁵³］，"袜"读［mie²²］，"雪"读［ɕye⁵³］，"缺"读［kʻye⁵³］，"月"读［y²²］，"血"读［ɕy⁵³］，"越"读［y²²］，"出"读［tɕʻy⁵³］，"术"读［ɕy⁵³］。

"接"读［tɕi⁵³］，"折""劫"读［tɕi⁵³］，"叶"读［i²²］，"别""憋"读［pi⁵³］，"撇"读［pʻi⁵³］，"节"读［tɕi⁵³］，"舌"读［ʑi²²］，"结"读［tɕi⁵³］，"歇"读［ɕi⁵³］。

（十一）入声宕开一，宕开三合流，读əu类韵母，宕摄合口一，三等读au类韵母

"落""络"读［ləu²²］，"作"读［tsəu⁵³］，"嚼"读［ʑiəu²²］，"着"读

[tiəu⁵³]，"勺"读[ʑiəu²²]，"弱"读[iəu²²]，"脚"读[tɕiəu⁵³]，"药"读[iəu²²]。

"毒"读[diau²²]，"绿""六"读[liau²²]，"叔"读[ɕiau²²]。

（十二）入声曾开二，臻合一合流，读"ai"类韵母，曾开三，臻开三合三，通摄一三等合流，读"ei"类韵母

"北"读[pai⁵³]，"墨"读[mai²²]，"得"读[tai⁵³]，"塞"读[sai⁵³]，"贼"读[zai²²]，"刻"读[k'ai⁵³]，"黑"读[xai⁵³]，"骨"读[kuai⁵³]，"窟"读[xuai⁵³]。

"膊"读[pei⁵³]，"逼"读[pei⁵³]，"力"读[luei²²]，"息""熄"读[sei⁵³]，"鲫"读[tsuai⁵³]，"色"读[sai⁵³]，"笔"读[pei⁵³]，"蜜"读[mei²²]，"侄"读[duei²²]，"日"读[luei²²]，"卜"读[pei⁵³]，"绿""六"读[lei²²]，"竹"读[tei⁵³]，"熟"读[zei²²]，"叔"读[sei⁵³]，"橘"读[kuei⁵³]。

三、声调

宅首土话的声调，与声母清浊的对应齐整，尚存系统性关联：平、上、去三声各因声母来源上的清浊而有阴、阳二调之别。入声也以清浊两分，分别派入阳上、阳去。

第四节　文白异读

宅首土话文白异读现象比较突出，如果声母有文白之分，韵母也会不同，或者声调不同，或者韵母和声调都不同。鉴于土话文白读在词目上的对应不像大的方言那么整齐，我们在系统考察了文白读的声母、韵母、声调系统之后，再来确认其中的文白读现象。也就是说，例字文读的声韵调与白读系统不相容，白读的声韵调也与文读系统不相容。比如，微母字中的"文""蚊"，文读、白读分别为[uəŋ²¹²]和[mãŋ²¹²]，这两读之间声母的差别，尽管现在土话族群"蚊"只用白读、"文"只用文读，并无文白二读并用现象。我们认为，这

恰恰是土话里文、白读存现的特点，亦即土话族群的语用特点。一般说来，土话族群的人们在吸收官话词汇时，很少能够像客家人一样依据通语词汇所用之字改用自己的字音来读，而是直接袭用官话的读音。文白异读的类型大致如下。

一、声母的文白异读

1. 非母

中古非母文读为［x］，白读为［p］。

例字	放	腹	飞	分
文读	$x\tilde{ɔ}ŋ^{51}$	xu^{53}	$xuei^{35}$	$xu\tilde{e}ŋ^{212}$
白读	$p\tilde{ɔ}ŋ^{51}$	pu^{53}	pei^{35}	$p\tilde{a}ŋ^{35}$

2. 敷母

中古敷母文读为［x］，白读为［pʻ］。

例字	蜂	锋	孵	讣
文读	$x\tilde{ɔ}ŋ^{35}$	$x\tilde{ɔ}ŋ^{35}$	—	xu^{51}
白读	$pʻ\tilde{a}ŋ^{35}$		$pʻu^{35}$	

3. 奉母

中古非母文读为［x］，白读为［b］或者［ɣ］，读成［ɕ］当是［x］颚化后的读音。

例字	妇	扶	缝	罚	肥
文读	xu^{53}		$x\tilde{ɔ}ŋ^{212}$	$ɕye^{22}$	$xuei^{212}$
白读	bei^{53}	$bu^{212}/ɣu^{212}$			$ɣuei^{212}$

4. 微母

中古微母文读为零声母，白读为［m］。

例字	尾	袜	文	蚊	望
文读	uei^{53}		$u\tilde{e}ŋ^{212}$		$\tilde{ɔ}ŋ^{22}$
白读	mei^{53}	mie^{22}		$m\tilde{a}ŋ^{212}$	$m\tilde{ɔ}ŋ^{22}$

5. 泥母

中古泥母文读为 [n]，白读为 [l]。

例字	尿	奶	耐	嫩
文读	niəu²²	nie⁵³		nãŋ²²
白读	liəu²²	lai⁵³	lie²²	

6. 来母

中古来母文读为 [l]，白读为 [n]。

例字	连	撩	梨	龙
文读		liəu²¹²	luei²¹²	
白读	niẽŋ²¹²			nɔ̃ŋ²¹²

7. 知母

中古知母文读为 [ts]，白读为 [t] 或者 [tɕ]，读成 [t] 是保留古音层次，而读成 [tɕ] 是因为与读成 [ts] 有不同的语音演变趋势，应该比 [t] 晚，比 [ts] 早。

例字	拄	中	猪	竹	帐	账
文读	tsuai⁴⁴	tsɔ̃ŋ³⁵				
白读	tɕy⁴⁴	tiɔ̃ŋ³⁵	tei³⁵/ tɕy³⁵	tei⁵³	tiɔ̃ŋ⁵¹	tɕiɔ̃ŋ⁵¹

8. 彻母

中古彻母文读为 [tsʻ]，白读为 [tɕʻ]。

例字	戳	撑		椿	丑	撤	拆
文读	tsʻo⁵³			tsʻɔ̃ŋ³⁵	tsʻei⁴⁴		
白读		tɕʻiãŋ⁵¹				tɕʻia⁵³	tɕʻia⁵³

9. 澄母

中古澄母文读为 [z]、[ts] 和 [dz]，白读为 [ʐ]、[tɕ] 和 [d]。读成 [d] 是保留古音层次，而读成 [tɕ] 和 [ʐ] 是因为与读成 [z]、[ts] 和 [dz] 有不同的语音演变趋势。

例字	侄	丈	仗	痔	重	厨	茶
文读	zʅ²²			tsʅ⁵³	zõŋ⁵³		dza²¹²
白读	duei²²	diõŋ⁵³	tɕiõŋ⁵³	tɕi⁵³	diẽŋ⁵³	zy²¹²	zia²¹²

10. 庄母

中古庄母文读为〔ts〕，白读为〔tɕ〕。

例字	皱	爪	盏	争
文读	tso⁴⁴		tsãŋ⁴⁴	
白读	tɕiau⁵¹	tɕye⁴⁴		tɕiãŋ³⁵

11. 初母

中古初母文读为〔ts'〕，白读为〔tɕ'〕。

例字	窗	铛	疮	搋	插	吵	初
文读	ts'ɔŋ³⁵		ts'ɔŋ³⁵			ts'o⁴⁴	
白读		tɕ'iã³⁵		tɕ'iau³⁵	tɕ'ie⁵³		tɕ'iau³⁵

12. 崇母

中古崇母文读为〔z〕、〔dz〕，白读为〔ʑ〕。

例字	事	愁	寨	锄	镯	状
文读	zʅ²²/ dzai²²	zei²¹²			zo²²	zɔŋ²²
白读			ʑia²²	ʑiau²¹²		

13. 生母

中古生母文读为〔s〕，白读为〔ɕ〕。

例字	数	生	筛
文读	səu⁵¹	sẽŋ³⁵	ɕie³⁵
白读	ɕiəu⁵¹	ɕiãŋ³⁵	

14. 章母

中古章母文读为 [ts]，白读为 [tɕ]。

例字	种	只	颤	主
文读	tsõŋ⁴⁴	tsʅ⁴⁴		tsu⁴⁴
白读	tɕiẽŋ⁴⁴	tɕie⁴⁴	tæ̃ŋ⁵¹	tɕy⁴⁴

15. 昌母

中古昌母文读为 [ts‘]，白读为 [tɕ‘]。

例字	齿	秤	春	吹
文读	ts‘ʅ⁴⁴		ts‘õŋ³⁵	
白读		tɕ‘iẽŋ⁵¹		tɕ‘y³⁵

16. 船母

中古船母文读为 [z]，白读为 [ʑ]。

例字	船	术	实
文读	zuẽŋ²¹²		zʅ²¹²
白读		ɕy²²	ʑi²²

17. 书母

中古书母文读为 [s]，白读为 [ɕ]。

例字	手	升	鼠	书
文读	sei⁴⁴		suei⁴⁴	
白读		ɕiẽŋ³⁵		ɕy³⁵

18. 禅母

中古禅母文读为 [z] 或者 [s]，白读为 [ʑ] 或者 [ɕ]。

例字	时	城	熟	石	树	竖
文读	zʅ²¹²	zẽŋ²¹²	zei²²		su⁵³	
白读	ʑi²¹²	ʑiẽŋ³⁵	ɕiau²²	ʑie²²		ɕy⁵³

19. 日母

中古日母止摄开口三等文读零声母，白读为［n］和［l］，非止摄开口三等文读为［z］，白读为零声母。

例字	润	耳	二	染	壬
文读	zuẽŋ²²	ə⁵³			
白读	iõŋ²²	ni⁵³	ni²²/luei²²	niẽŋ⁵³	iẽŋ²¹²

20. 精母

中古精母洪音文读为［ts］，白读为［tɕ］，细音文读为［tɕ］，白读为［ts］。

例字	栽	租	祖	酒	接	将
文读		tsəu⁴⁴			tɕi⁵³	tɕiõŋ⁵¹
白读	tɕie³⁵	tɕiau³⁵	tɕiau⁴⁴	tsei⁴⁴		

21. 清母

中古清母洪音文读为［ts‘］，白读为［tɕ］，细音文读为［tɕ‘］，白读为［ts‘］。

例字	掺	锹	错	醋	粗	仓	猜
文读	ts‘æ̃ŋ³⁵	tɕ‘iəu³⁵	ts‘əu⁵¹		ts‘əu³⁵	tsõŋ³⁵	
白读	tɕ‘iãŋ³⁵			tɕ‘iau⁵¹	tɕ‘iau³⁵		tɕ‘iei³⁵

22. 从母

中古从母洪音、止摄开口三等文读为［z］［dz］，白读为［ʑ］，细音文读为［ʑ］，白读为［z］。

例字	绝	自	蚕	在	杂	就
文读		ʑɿ²²	zõŋ²¹²	dzaɿ²²	zo²²	zei²²
白读	zuei²²				ʑia²²	dei²²

23. 心母

中古心母洪音、止摄开口三等文读为［s］，白读为［ɕ］，细音文读为［ɕ］，白读为［s］。

例字	膝	絮	死	息	熄	腮	嗽	雪
文读		suei⁵¹	sʅ⁴⁴/ suei⁴⁴	ɕi⁵³			sau⁵¹	ɕye⁵³
白读	suei⁵³				sei⁵³	ɕie³⁵	ɕiau⁵¹	suei⁵³

24. 邪母

中古邪母除止摄开口三等字外，文读为〔ɕ〕、〔ʑ〕，白读为〔z〕。

例字	祠	谢	旋	袖
文读	zʅ²¹²	ʑie²²		
白读			zuẽŋ²²	zei²²

25. 见母

中古见母开口二等、三等和四等文读为〔tɕ〕，白读为〔k〕、〔x〕，开口一等文读为〔k〕，白读为〔tɕ〕。

例字	结	甲	阄	姜	跟	搅
文读	tɕi⁵³	tɕia⁵³			keŋ³⁵	tɕio⁴⁴
白读	ke⁵³	ka⁵³	kau³⁵	tɕiãŋ³⁵	tɕiãŋ³⁵	xau⁴⁴

26. 溪母

中古溪母开口二等、三等和四等文读为〔tɕ'〕，白读为〔k'〕、〔x〕，开口一等文读为〔k'〕，白读为〔tɕ'〕。

例字	起	去	缺	揩	靠	契
文读	tɕ'i⁴⁴				k'u⁵¹	tɕ'i⁵¹
白读	xi⁴⁴	xu⁵¹	k'uai⁵³/k'ye⁵³	k'a⁵³		

27. 群母

中古群母非止摄字文读〔ʑ〕、〔dʑ〕，白读〔g〕、〔dz〕。

例字	舅	拳	仇	荞	茄
文读				ʑiəu²¹²	dʑie²¹²/ ʑie²¹²
白读	ziei²²	guẽŋ²¹²	dzei²¹²		

28. 疑母

中古疑母一般文读为零声母，白读为 [n]、[ɣ]，但是"牛"等字普通话声母为 [n]，土话为零声母，"凝""孽"土话声母也为 [n]，跟普通话一样。

例字	我	饿	语	砚	银	牛	愿
文读		o²²	y⁵³		iẽŋ²¹²		uæ̃ŋ²²
白读	na⁴⁴			niẽŋ²²		iau²¹²	ɣuẽŋ²²

29. 晓母

中古晓母细音文读为 [ɕ]，白读为 [x]。

例字	喜	戏	歇	虾
文读		ɕi⁵¹	ɕi⁵³	
白读	xi⁴⁴	xi⁵³		xa³⁵

30. 匣母

匣母开口二等、开口四等文读为 [ɕ]，白读为 [ɣ]、[x]，合口二等文读为 [ɣ]、[x]，白读为 [ɕ]。

例字	咸	嫌	糊	槐	夏
文读		ɕiẽŋ²¹²	xu²¹²		ɕia³⁵
白读	ɣãŋ²¹²	ɣiẽŋ²¹²	ɣu²¹²	ɕye²¹²	ɣa⁵³

二、韵母的文白异读

1. 假摄

开口二等非见组文读 [a]，白读 [ia]、[o]，见组文读 [ia]，白读 [a]、[io]。

例字	茶	拿	架	夏	哈
文读	dza²¹²			ɕia³⁵	xa³⁵
白读	ʑia²¹²	nia²¹²	ka⁵¹/tɕio⁵¹		xo³⁵

2. 遇摄

一等文读 [u]，白读 [iau]、[əu]、[iəu]；三等文读 [y]，白读 [ei]、[uei]。

例字	露	诉	徒	肚	猪	主	遇	雨
文读	lu³⁵	su⁵¹			tɕy⁴⁴	tɕy⁴⁴		y⁵³
白读	liau⁴⁴	səu⁵¹	diau²¹²/diəu²¹²	tiau⁴⁴/təu⁴⁴	tei³⁵		uei²²	

3. 蟹摄

开口一等、二等文读 [ai]，白读 [ie]、[ei]；合口二等文读 [ua]，白读 [ye]；开口三等、四等文读 [i]、[ɿ]，白读 [ei]、[uei]。

例字	太	载	奶	买	挂	蹄	誓	礼
文读	t'ai⁵¹		lai⁵³		kua⁵¹	di²¹²	zɿ²²	
白读	t'ie⁵¹	tei⁴⁴	nie⁵³	mie⁵³	kye⁵¹	dei²¹²		luei⁵³

4. 止摄

开口三等文读 [i]、[ɿ]，白读 [ei]、[ie]、[uei]、[ai]；合口三等文读非唇音文读 [uei]，白读 [ei]。

例字	师	痔	儿	鼻	醉	嘴	飞
文读	sɿ³⁵	tsɿ⁵³			tsuei⁵¹		pei³⁵
白读	sai³⁵	tɕi⁵³	lie²¹²/luei²¹²	bei²¹²		tsei⁴⁴	xuei³⁵

5. 效摄

开口一等、二等非见系文读 [au]，白读 [əu]、[u]，二等见系、三等、四等文读 [iau]，白读 [iəu]。

例字	道	高	胶	教	条	朝
文读	dau⁵³		tɕiau³⁵		diau²¹²	dzau²¹²
白读	dəu⁵³	kəu³⁵/ku³⁵		tɕiəu⁵¹	diəu²¹²	ʑiəu²¹²

6. 流摄

一等文读 [əu]，白读 [au]；三等文读 [iəu]，白读 [iau]、[ei]、[uei]。

例字	豆	嗷	秋	肘	洲	周
文读	dəu^{22}		tɕ'iəu^{35}	tsəu^{44}		
白读	dau^{22}	sau^{51}/ɕiau^{51}	ts'ei^{35}/ts'uei^{35}		tsei^{35}	tɕiau^{35}

7. 咸摄

开口一等舒声文读 [ãŋ]，白读 [ɔ̃ŋ]；二等牙喉音舒声文读 [iãŋ]，白读 [ãŋ]，非牙喉音文读 [ãŋ]，白读 [iãŋ]；三等舒声文读 [iãŋ]，白读 [iẽŋ]；入声二等牙喉音文读为 [ia]，白读为 [a]；三等四等牙喉音文读为 [ie]，白读为 [i]。

例字	篮	甘	咸	站	点	尖	甲	叶
文读	nãŋ^{212}	kãŋ^{35}	ɣãŋ^{212}	ʑiãŋ^{22}	tiãŋ^{44}		tɕia^{53}	ie^{22}
白读	nɔ̃ŋ^{212}	kɔ̃ŋ^{35}		ʑiæ̃ŋ^{22}	tiẽŋ^{44}	tɕiẽŋ^{35}	ka^{53}	i^{22}

8. 深摄

舒声文读为 [iẽŋ]，白读为 [i]；入声非见组文读 [ɿ]，白读 [i]、[y]、[ie]、[uei]。

例字	汁	湿	今	入	立
文读	tsɿ^{53}		tɕiẽŋ^{35}		
白读		ɕie^{53}	tɕi^{35}	zy^{22}/ni^{22}/nie^{22}	luei^{22}

9. 山摄

开口一等、二等舒声等文读 [ãŋ]，白读 [æ̃ŋ]，合口一等、二等舒声文读 [uãŋ]，白读 [uæ̃ŋ]、[ɔ̃ŋ]；开口三等、四等舒声文读 [iãŋ]，白读 [iẽŋ]；合口三等、四等舒声文读 [uẽŋ]，白读 [yẽŋ]；开口一等、二等入声文读为 [a]，白读为 [ia]、[ie]；开口三等、四等入声文读 [ie]，白读 [i]、[ia]；合口二等入声文读为 [ua]，白读为 [ue]、[ye]；合口三等、四等入声牙喉音文读为 [ye]，白读为 [uei]、[y]。

例字	秆	款	棺	盏	莲	全	萨
文读	kãŋ⁴⁴	kʻuãŋ⁴⁴		tsãŋ⁴⁴			sa⁵³
白读	kæ̃ŋ⁴⁴	kʻuæ̃ŋ⁴⁴	kuæ̃ŋ³⁵/kõŋ³⁵	tsæ̃ŋ⁴⁴	niẽŋ²¹²	ʐyẽŋ²¹²	
例字	擦	八	撒	节	刮	雪	血
文读		pa⁵³	pʻie⁵³	tɕie⁵³	kua⁵³	ɕye⁵³	
白读	tɕʻie⁵³	pie⁵³	pʻi⁵³/ pʻia⁵³	tɕi⁵³	kue⁵³/kye⁵³	suei⁵³	ɕy⁵³

10. 臻摄

合口一等舒声文读 [ẽŋ]、[uẽŋ]，白读 [ãŋ]、[uãŋ]，合口三等舒声文读 [ẽŋ]、[uẽŋ]、[yẽŋ]，白读 [õŋ]、[iõŋ]、[õŋ]、[iõŋ]；开口三等入声文读 [i]、[ɿ]，白读 [ei]、[uei]、[ie]；合口三等、四等非牙喉音文读为 [u]；白读为 [y]、[iəu]，牙喉音为 [uei]。

例字	跟	本	滚	粉	春	润	实
文读	kẽŋ³⁵	pẽŋ⁴⁴	kuẽŋ⁴⁴	xuẽŋ⁴⁴	tsʻuẽŋ³⁵	zuẽŋ²²	ʐɿ²²
白读	tɕiãŋ³⁵	pãŋ⁴⁴	kuãŋ⁴⁴	xuãŋ⁴⁴	tsʻõŋ³⁵	iõŋ²²/iõŋ²²	ʐi²²
例字	侄	栗	笔	一	不	出	橘
文读	ʐɿ²²			i⁵³	pu⁵³		
白读	duei²²	lie²²	pei⁵³			tɕʻy⁵³/ tɕʻiəu⁵³	kuei⁵³

11. 宕摄

开口一等舒声文读 [ãŋ]，白读 [õŋ]，合口一等舒声 [uãŋ]，白读 [õŋ]；开口三等舒声文读 [iãŋ]，白读 [iõŋ]、[iõŋ]；开口三等入声文读 [iau]，白读 [iəu]。

例字	汤	光	粮	掌	长	脚	纺	忘
文读	tʻãŋ³⁵	kuãŋ³⁵	niãŋ²¹²	tsãŋ⁴⁴		tɕiau⁵³	xuãŋ⁴⁴	
白读	tʻõŋ³⁵	kõŋ³⁵	niõŋ²¹²	tɕiõŋ⁴⁴	diõŋ⁵³/diõŋ⁵³	tɕiəu⁵³		mõŋ²²

12. 江摄

开口二等舒声非牙喉音文读 [ãŋ]，白读 [ɔ̃ŋ]、[iɔ̃ŋ]，牙喉音文读为 iãŋ，白读为 [ɔ̃ŋ]、[iɔ̃ŋ]；入声非见组文读为 [o]，白读为 [io]、[yo]，见组文读为 [io]，白读为 [o]，入声的 [io]、[yo] 和 [o]、[yo] 属于不同的白读层。

例字	降	棒	双	剥	桌	啄	角	壳
文读	tɕiãŋ⁵¹	bãŋ⁵³			tso⁵³		tɕio⁵³	ɕio⁵³
白读	tɕiɔ̃ŋ⁵	biɔ̃ŋ⁵³	sɔ̃ŋ³⁵	pio⁵³		tɕyo⁵³	ko⁵³	ɕyo⁵³

13. 梗摄

开口二等舒声文读 [ẽŋ]、[iẽŋ]，白读 [ãŋ]、[ã]、[iãŋ]；开口三等、四等入声文读 [i]，白读 [ie]。

例字	橙	撑	生	劈	脊
文读	zẽŋ²¹²		sẽŋ³⁵	p'i⁵³	tɕi⁵³
白读		tɕ'iãŋ³⁵	ɕiãŋ³⁵/ɕiã³⁵	p'ie⁵³	tɕie⁵³

14. 通摄

舒声文读 [õŋ]、[iõŋ]，白读 [ɔ̃ŋ]、[ãŋ]、[iãŋ]、[iẽŋ]、[iɔ̃ŋ]、[ai]，入声文读 [u]，白读 [ei]、[iau]。

例字	同	东	笼	中	种	用	梦	赎	竹	熟
文读	dõŋ²¹²		nõŋ²¹²	tsõŋ³⁵	tsõŋ⁴⁴	iõŋ²²		zu²²		
白读	dõŋ²¹²	tãŋ³⁵/tai³⁵	nãŋ²¹²	tiɔ̃ŋ³⁵	tɕiẽŋ⁴⁴	iɔ̃ŋ²²	mãŋ²²		tei⁵³	zei²²/ɕiau²²

三、声调的文白异读

宅首土话族群在接触官话过程中，有在土话中植入官话的声母、韵母或者声调的，有些是借用官话时袭用土话声调的。这是土话族群接受官话的情形。我们没有发现单独在声调上构成文白对应的现象。

第四章　灌阳宅首土话同音字表

　　本字汇收录宅首方言常用字，包括《方言调查字表（修订本）》中宅首方言口语用字；宅首方言口语常用的《方言调查字表》未收，但见于《广韵》或《集韵》的字。一些写不出字形的音节，用方框"□"表示并加以注释。有文、白异读的分别在字下加"＿""＿"表示，文白异读和又音在下标说明另一读，分别用"文""白""又"表示。例词中的"～"代表本字。字表按照韵母、声母和声调顺序排列。

ɿ

ts [35] 支芝之 [44] 脂手～头，白tɕie^{44} 止趾脚～头 子白tsai^{44} 指白tɕi^{44} 姊白tsuei^{44} 只～有，白tɕie^{44} 纸紫 [53] 蛰汁织 [51] 痔～疮，白tɕi^{51} 志～向 痣

ts' [44] 齿

s [35] 司丝撕尸师砌墙～傅；厨～，白sai^{35} 狮蛳 [44] 屎死白suei^{44} [51] 试

z [212] 词祠辞慈鹚时白zi^{212} 蒔池匙汤～迟瓷～器 糍 [53] 市是 [22] 事喜～酒，白zai^{22} 食白zi^{22}，白ie^{22} 十值自寺字牸实白zi^{22} 侄白duei^{22} 豉豆 □苦扁～：小鱼

ə

[35] 阿 [53] 耳～门，白ni^{53} [22] 二～号，白luei^{22}，白ni^{22}

i

p [53] 瘪～谷子 秕～谷 憋闭，合也，塞也，又pei^{53} [51] 闭箅甑～子，炉～子

p' [53] 批劈撇～开 [51] 屁～股，白p'ei^{51}

b [212] 脾 [53] 别分～，区～

m [212] 谜眉蛾～豆，文mei^{212} [53] 米 [22] 汤篾

t [35] 低 [44] 抵~针鼻：顶针儿，白 tei^{44} 底点顶~时饭，文 tiẽŋ^{44}，白 tiẽ^{44} [53] 弟滴跌 [51] 帝

t' [35] 梯 [53] 涕帖~~药贴铁 [51] 剃涕替屉

d [212] 提题蹄白 dei^{212} [53] 弟兄~媳妇 [22] 递第笛

l [212] 犁厘二~，两~ [53] 李行~，白 luei^{53} [22] 历楝

tɕ [35] 鸡今~晡：今天，文 tɕiẽŋ^{35} 机基皂~箕扫~、撮~：撮垃圾用、簸~：盛粮食用、筲箕：簸箕形的指纹肢吱 [44] 几~个纪指脚~甲，文 tsɿ^{44} [53] 脊~梁骨，白 tɕie^{53} 结疖节着顺~（这条大路一直走），又 tiəu^{53} 劫接棘痔掉□痔头：脱肛，文 tsɿ^{51} 记渍急 [51] 际祭记寄厕氹~，又 tɕie^{51}

tɕ' [44] 起企请~客，下~子：下请帖，白 tɕiẽ^{44}，文 tɕiẽŋ^{44} [53] 戚切 [51] 契砌气汽

ɕ [35] 西稀身嘻 [44] 洗起醒文 ɕiẽŋ^{44} [53] 婿歇又 xi^{53} 息媳□大~：大家 [51] 世细婿戏□大~：大家 [22] 兮

dʑ [22] 及截

n [35] 捏 [212] 泥犁 [53] 你耳~痂，文 ə^{53} [ni51] □小 [22] 入~下去，又 nie^{22}，又 luei22，又 ʑy^{22} 日~头，又 luei^{22} 二文 ə^{22}，白 luei^{22}

ʑ [212] 齐前~晡，文 ʑiẽŋ^{212} 棋旗时文 zɿ^{212} 骑 [53] 脐腹~窟：肚脐徛 [22] 誓席实文 zɿ^{22} 食文 zɿ^{22}

d [22] □~着过：找着了

x [44] 起喜 [53] 歇~背，又 ɕi^{53} 弃

∅ [35] 衣依医 [212] 疑移姨 [44] 椅 [53] 噎亿已以一医~生 [51] 艺液精~意义易白 i^{22} [22] 舌易文 i^{51}

u

p [44] 宝保补斧煲；[53] 暴抱晡今~，昨~，前~，每~黑底，白 pei^{53} 腹不 [51] 布散~，宣~

p' [35] 铺~设孵 [53] 伏扑 [51] 铺店~

b [212] 菩葡蒲扶 [53] 雹部簿 [22] 薄~荷、厚~抱步孵

m [212] 毛模 [53] 母牡亩拇满~月、~分，文 mãŋ^{53} 午木白 mu^{22} [22] 帽木~匠，文 mu^{51}

ts ［44］主~家、~意，白tɕy^{44}

s ［53］树 ［51］近告~，白sou^{51}

z ［22］赎

k ［35］高膏牙~、~药蒿姑箍估 ［44］篙估古股牯晒衣竹~鼓 ［53］谷 ［51］告顾雇

k' ［35］枯 ［44］考苦 ［51］库裤靠

ɣ ［212］胡~椒，文xu^{212}葫糊米~涂：用米磨成的粉做的糊状食物，文xu^{212}扶芙符服

x ［35］蒿薅夫 ［212］胡白yu^{212}壶糊浆~，白yu^{212}夫姐~、屠~牯子 ［44］好虎 ［53］铺妇兄弟媳~，白bei^{53}福哭副~眼镜 ［51］去入下~、出~、趷出~：撑出~、面皮转过~：脸转过~讣 ［22］部伏起~、~天、初~傅砌墙师~

Ø ［35］熬乌污 ［212］吴蜈~蚣 ［53］午屋武侮舞捂 ［22］务雾

y

l ［53］旅吕

tɕ ［35］车珠追 ［44］猪~栏：猪圈，~槽，又tei^{35}举矩主文tsu^{44}拄 ［51］句锯

tɕ' ［35］区躯吹 ［44］取 ［53］出~疹子、~血，又tɕ'iəu^{53} ［51］处

dʑ ［212］除

ɕ ［35］书虚输荽 ［212］槌锤 ［44］许 ［53］畜蓄屑血暑竖 ［22］术

ʑ ［212］捶锤 ［22］入又nie^{22}，又ni^{22}，又luei^{22}脐菊

Ø ［35］淤 ［212］拳余鱼馀□~子，拳头 ［53］与语雨 ［22］芋驭月越玉

a

p ［35］披粑□提 ［53］伯八算~字，白pie^{53}□熊~：熊 ［51］坝把□~禾：稻子脱粒

p' ［53］拍 ［51］帕怕

b ［212］杷枇~爬钯耙 ［22］□祖父、祖母白

m ［212］麻痲蟆妈 ［53］马码 ［22］麦

t ［35］大~暑，读书音 ［44］打哪哪个

d ［22］大荙

n ［44］我

l ［22］落~过，~脱过：因忘而把东西遗放在某处，文 lau²² 捹一~

dz ［212］茶

s ［53］萨菩~臭：狐臭~ka⁵³：明天

k ［35］加枷痂耳~家［44］寡假桛减［53］隔嗝膈夹挟甲□sa⁵³~：明天 □一点~：一点儿，大点~：大一些 ［51］价嫁□哪~时候：什么时候

k' ［44］□面：一~旗子［53］客揩文 tɕ'ia⁵³ ~一些［22］咳咳嗽

x ［35］虾哈［212］咸［53］下吓呈颈~，白 ɣā²²，文 ɣāŋ²²

ɣ ［53］下~露水夏~天［22］下乡~、一~子、等~、上~

∅ ［35］阿丫鸦桠瓮~子：坛子［212］人女~，又 nieŋ²²，又 ŋ²²［44］哑［53］轧压押鸭轧哇

ia

p' ［53］撇

t ［44］点文 tiāŋ⁴⁴，白 tie⁴⁴，又 tia⁴⁴

l ［53］燎［22］茶

tɕ ［35］渣［212］枷［53］摘窄眨甲扎札［51］榨炸

tɕ' ［35］差叉杈□骂［53］□斜拆撤坼破揩白 k'a⁵³［51］岔炸

ʐ ［212］茶查［22］宅寨又 zye²²杂又 zo²²□~脚：跺脚

ɕ ［35］痧沙纱砂杉夏夏至，官话音

n ［53］拿~…叫：有些地方拿白薯叫山药

∅ ［212］牙芽衙□张，~嘴［22］额

ua

ts ［35］抓［44］蚱

k ［35］瓜［44］寡□~开眼睛：睁眼［53］刮［51］卦挂白 kye⁵¹褂

x ［35］花［212］划［53］法［51］化画白 ɣua²²

ɣ ［51］华［22］话画文 xua⁵¹

∅ ［53］瓦

e

k ［35］街［44］解［53］嗝结［51］介戒芥届界

ie

p ［35］蹩~脚［44］摆扁又piě⁴⁴，又piěŋ⁴⁴［53］壁壁八文pa⁵³［51］拜

p' ［53］劈撇［51］派

b ［212］牌排平~铛，文biěn²¹²［22］稗败

m ［212］咩［53］买［22］莫文mo²²卖袜

k ［35］揩

x ［53］发

ɣ ［212］鞋

t ［35］爹［44］□~鼓皮:打呼［51］带戴

t' ［35］胎［44］舔［53］遏剔［51］太文t'ai⁵¹

d ［212］台抬苔［53］待~客［22］在代袋

l ［212］来文lai²¹²黏粘~起儿，又luei²¹²□到:扔~水里［53］里［51］利又lie²²赖~孵［22］耐肋边~骨辣邋癞历利又lie⁵¹栗赖

tɕ ［35］斋遮栽［212］其［44］姐只__~［53］扎眷屋~，文tɕi⁵³只炙节洁［51］借蔗厕又tɕi⁵¹

tɕ' ［35］差车猜［53］擦插尺斥赤翅~骨:翅膀□斜［51］菜蔡

dʑ ［212］茄

n ［53］奶吃~，文nai⁵³入~觉，又ni²²，又luei²²，又zy²²［22］赖奈孽热

ʐ ［212］茄柴豺蛇柴木~栽财［53］社［22］射谢石席

ç ［35］筛赊腮鳃［44］舍写［53］湿锡杀瞎［51］晒泻卸

∅ ［22］食文zɿ²²，白zi²²

ye

k ［44］□腹~［53］刮合二~［51］怪挂~钯:钉钯，文kua⁵¹

k' ［53］块~钱筷使~子缺又k'uai⁵³［51］块快筷

tɕ ［53］啄爪［51］拽~子:稻穗，又zye²²

ç ［212］怀槐［53］发［22］坏罚

ʑ ［22］拽—葡萄，又 tɕye⁵¹ 寨又 zia²²

Ø ［35］歪［53］挖［22］滑

o

p ［35］波菠［53］拨钵

p' ［51］破

b ［212］婆［22］钹

m ［35］摸摩擎，用手~猫背［212］磨~刀石［51］莫白mie²²［22］磨~盘、~把、~心

t ［35］多［44］朵躲［53］搭［51］剁

t' ［35］拖［53］脱

d ［35］舵又do⁴⁴［212］砣驮驼［22］舵又do³⁵埵沓

n ［22］糯

l ［212］朒骡螺罗萝锣箩挪［22］腊蜡

k ［35］锅哥歌［44］果裹［53］割葛角~尺，文tɕio⁵³［51］过个

k' ［44］颗［51］课

x ［35］棵窝［212］和何河［44］火伙腑［53］喝阔［51］货呵［22］贺

ɣ ［212］合盒烟~子：装香烟的金属盒，有的还带打火机，白ɣo²²［22］祸盒墨~，文ɣo²¹²活

ts ［35］撮［44］爪［53］捉桌笮［51］罩鸡~

ts' ［35］搓抄［44］吵炒［53］戳［51］锉错白ts'əu⁵¹

z ［53］坐皂［22］座—~屋镯杂~碎，又zia²²

s ［35］唆梭蓑筲又sau³⁵［44］锁扫［53］索［51］潲

Ø ［35］窝屙［212］鹅蛾［53］恶握［22］饿肉

□~个月：这个月，~垱：这里，~掐：这些

io

p ［35］膘包苞花~~，文pau³⁵胞［44］饱表手~，文piau⁴⁴婊［53］剥［51］簸

p' ［35］飘文p'iau³⁵抛脬［44］跑［51］漂泡鱼~、~茶炮火~票

62

b ［212］瓢_{水~}，又 biəu²¹² 铇刨

m ［212］毛猫茅 ［22］庙_{又 miəu}²²

tɕ ［35］交 ［44］饺搅 ［53］角_{~~钱，白 ko}⁵³ 觉_{顶时~} ［51］架觉教窖

tɕ' ［35］敲 ［44］巧

ɕ ［35］方_{地~}，又 xɔŋ³⁵ ［53］啄壳_{笋~子} ［51］孝 ［22］学_{又 io}²²

Ø ［53］咬 ［22］弱学_{又 ɕio}²² 岳_{~父}

ɔ

t ［53］答拓

d ［22］谭

x ［53］喝 ［22］盒

z ［212］蚕_{又 zɔŋ}²¹²，又 dzãn²¹²

ai

p ［53］北百；

b ［22］白饭

m ［22］墨_{~盘、~斗线}麦脉抹_{~桌布}

t ［35］东_野~西（野兽），又 tãn³⁵ ［53］得的

t' ［51］太_{白 t'ie}⁵¹

l ［212］来_{十~个，白 lie}²¹² ［53］奶_{~~，白 nie}⁵³ ［22］爛

k ［44］改 ［53］格结 ［51］盖_{瓶~}

k' ［53］刻

ɣ ［212］喉 ［22］害

x ［35］开 ［212］还 ［44］海垲 ［53］黑蟹

ts ［44］崽仔子_{文 tsɿ}⁴⁴ 籽_{菜~油} ［53］崽_{男~伙、怀爷~：怀孕了}折侧_{又 ts'ai}⁵³ ［51］再

ts' ［53］侧_{~着人，又 tsai}⁵³

dz ［22］在

z ［22］贼事_{话梦~；做~；家务~，文 zɿ}²² 治

s ［35］师_{~公，文 sɿ}³⁵ ［44］爽_{蚕~利}使 ［53］塞色虱是

63

ø［22］□喊、呼

uai

k　［53］骨□lau³⁵ □~子：疥疮

k'　［53］缺又k'ye⁵³

x　［53］窟

ts　［44］挤［53］拄鲫

ei

p　［35］杯飞~婆仔：灯蛾、蝴蝶，文xuei³⁵ 碑鍪~刀布［44］比［53］背歇~：歇歇，休息一会儿膊逼笔晡上~：上午，下~：下午，文pu⁵³ 憋又pi⁵³［51］背辈

p'　［35］坏［51］屁放~虫

b　［212］胚胖~陪培赔便~利：价钱便宜鳖毛~：牛虻皮枇［53］卜憋妇新~妇：儿之妻，文xu⁵³ 被~窝倍［22］鍪被鼻针~：顶针儿篦避

m　［212］枚梅媒煤眉白mi²¹² 霉［53］每蚂尾文uei⁵³ 密［22］妹~郎蜜

t　［35］猪又tɕy³⁵［44］点好~了(好一些)抵爬~来：爬起来，文ti⁴⁴ 载~满［53］竹□片，一~肉［51］对文tuei⁵¹

d　［212］蹄文di²¹²［53］柱［22］就住地又duei²²

l　［212］留离［53］女子~，又luei⁵³ 里街，又luei⁵³［22］六绿~豆，又liau²²

ts　［35］洲［44］丑酒煮嘴~皮［53］粥烛［51］鬈~子

ts'　［35］抽秋鳅蛆［44］丑瞅［51］臭菩萨~、狐~

dz［212］仇

s　［35］收须［44］手黍首［53］须熄粟［51］絮

z　［212］仇愁［53］就受难~［22］熟袖薯

iei

tɕ　［44］九久韭［51］救

ʑ　［212］求球［53］舅文ziou⁵³［22］旧

ç　［44］朽

Ø ［212］油游［22］柚釉右

uei

t ［35］堆［51］对_{白 tei51}碓褪兑

t' ［35］推颓_{流：~眼泪水}［44］腿_{大巴~：大腿}［51］退

d ［22］队地_{又，dei22}侄_{~儿，文 zɿ22}

l ［35］络［212］儿_{侄~，又 lie212}篱梨雷笠［53］礼软女_{猫~，又 lei53}李_{~子里二~，又 lie53}理鲤垒偏［22］擂_{~台}累立酿力二_{文 ȵ22，白 ni22}贰泪利日<sub>一~，又 ni22入_{~来，又 nie22，又 ni22，又 zy22}

k ［35］归规龟［44］鬼轨［53］橘［51］鳜桂贵；

k' ［35］魁亏窥

g ［53］跪［22］柜

ɣ ［212］回肥_{猪~、牛~，又 xuei212}

x ［35］灰飞_{又 pei35}［212］肥_{又 uei212}回［51］肺废费［22］会

ts ［35］催秋［44］姊_{文 tsɿ44}［51］醉

ts' ［53］七［51］脆翠刺

z ［212］随［53］罪［22］绝

s ［44］鼠水死_{文 sɿ44}［53］雪膝［51］碎税岁四_{白 sɿ51}肆_{白 sɿ51}

Ø ［35］威［212］围危为［53］尾_{白 mei53}［51］外_{~公}味遇位为喂

au

p ［35］苞_{~谷，白 pio35}

m ［53］冇

t ［35］兜蔸［44］抖_{□ni44 —脚：抖腿}陡蚪斗［51］到斗

t' ［35］偷［51］透

d ［35］逗［212］萄头［53］道［22］豆_{文 dau22}痘

l ［35］□_{~kuai53子：疥疮}［212］楼［53］老_{白 lau53}篓［22］漏涝蹂

k ［35］勾沟钩阄［44］狗_{天~食日头，天~吃月亮}［51］够

k' ［35］抠［44］叩［51］扣

γ ［212］毫又xau²¹²［53］后~门厚有

x ［212］毫~子，又γau²¹²［44］口搅［53］有［44］号候

ts ［44］走

ts' ［51］凑

ʥ ［212］朝

s ［35］筲又so³⁵［51］嗽白ɕiau⁵¹

Ø ［35］瓯坳［51］沤怄

iau

p ［44］表~兄，白pio⁴⁴

p' ［35］雹雪~飘白p'io³⁵［44］瞟

m ［212］猫

t ［44］赌肚泻~子，又tau⁴⁴［53］鸟嗯声~仔:鹌鹑，又liau⁵³，又tiəu⁵³

t' ［51］跳白t'iau⁵¹

d ［212］徒~弟，又diəu²¹²涂条白diəu²¹²屠［22］度渡毒独读

l ［212］炉鸬奴獠刘［53］了白liəu⁵³鲁［22］路露绿又lei²²爛又lai²²

tɕ ［35］租教周椒白tɕiəu⁵³□蹲［44］祖又tsəu⁴⁴［53］跤跌~过脚白tɕiəu⁵³［51］皱

tɕ' ［35］粗~细，又tsəu³⁵初搊［51］醋

ʐ ［212］锄~头［22］助

ɕ ［35］搜馊梳［44］数［51］瘦校嗽咳~，文sau⁵¹［22］熟

Ø ［212］摇牛

əu

t ［35］刀［44］肚帖巴~子，又tiau⁴⁴倒［51］到倒~车

t' ［44］讨［51］套

d ［212］桃淘绸［22］豆白dau²²逗道

l ［212］捞牢痨芦［53］老文lau⁵³恼脑［22］闹落文la²²

k ［35］高［51］构

ɣ［212］猴

ts［35］糟［44］早枣蚤澡肘祖~宗，又tɕiau⁴⁴□污~：垃圾［53］作［51］灶

tsʻ［35］粗~心，又tɕʻiau³⁵［44］草［51］错有~：颇好之意，文tsʻo⁵¹糙

s［35］骚臊叔［44］嫂［53］索缩［51］扫近文su⁵¹哨数又ɕiau⁵¹

z［212］槽［22］凿造

ø［53］藕

iəu

b［212］瓢又bio²¹² 一~汤

m［212］苗［22］庙又mio²²

t［35］雕［44］鸟~崽，阳~：布谷鸟，又liau⁵³，又tiau⁵³［53］着入~过了：睡着了，又tɕi⁵³□女阴［51］著吊钓掉

tʻ［35］挑［51］跳文tʻiau⁵¹

d［212］逃徒又diau²¹²条文diau²¹²［22］着~急

l［212］撩流榴［53］了文liau⁵³鸟~~，又tiau⁵³，又ɕiau⁵³［22］料廖尿

tɕ［35］椒文tɕiau³⁵焦浇茭胶醮［44］缴绞［53］脚文tɕiau⁵³撅［51］教叫照吊

tɕʻ［35］锹觎［53］出~去，又tɕʻy⁵³［51］翘撬

ɕ［35］烧消宵硝［44］少小晓［53］削［51］笑又səu⁵¹数千~个

ʑ［212］荞桥朝揉［53］舅白ʑiei⁵³［22］嚼轿勺

n［22］尿

ø［35］妖腰邀又官话［212］窑［53］舀［51］要［22］鹞药

ã

n［53］冷有点~，~水田：水冷得彻骨，农作物难长好，~饭

k［35］干杆秤~，文kãŋ³⁵，白kæ³⁵秆麻~子，又kæ⁴⁴

x［22］晕天~，文ɣãŋ²²，白ɣa²²

ɣ［212］咸文ɣãŋ²¹²横~条，文ɣuẽŋ²¹²白ua²¹²

iã

t〔44〕点_{大~□ka⁵³，文 tiãŋ⁴⁴，白 tiɐ̃⁴⁴，又 tia⁴⁴}

tɕ〔44〕斩_{~头骨}

tɕ'〔35〕锅_{饭~：饭锅，水~：水锅，大~：大锅，平~：平锅，}呛_{又 tɕ'iɔ̃⁵¹}〔51〕衬

ɕ〔35〕生_{月亮~毛：月晕，~爷崽：生孩子，接~，~疖子，~病，~疮，~气，做~日，文 sẽŋ³⁵}

Ø〔212〕岩

uã

x〔212〕帆〔22〕犯

ɣ〔22〕横_{~直，又 ɣã²²，又 ɣuẽŋ²²}

æ̃

p〔35〕斑_{~鸡：斑鸠，白 pæ̃³⁵}〔44〕板_{石~，~子（戒尺），又 pæ̃⁴⁴}

p'〔51〕□_{~瓶（瓦罐）}

m〔212〕蛮忙〔22〕慢

t〔51〕担_{~脚：脚夫，又 tɔ̃⁵¹}

n〔212〕难_{又 næ̃²¹²}〔53〕懒_{~腰}〔22〕烂_{~泥}

s〔35〕山_{~地，~腰，~脚，~顶，又 sæ̃³⁵}

k〔35〕秆_{禾~子，麦~子，高~秆子，豆~，又 kã⁴⁴}杆_{翅~：翅膀，文 kãŋ³⁵，白 kã³⁵}

x〔22〕苋_{~菜}

uæ̃

x〔212〕还_{~价，又 ɣuẽŋ²¹²}

Ø〔212〕顽_{~皮}

iɐ̃

p〔35〕边_{又 piẽŋ³⁵}〔44〕區扁_{又 piɐ⁴⁴，又 piẽŋ⁴⁴}

p'〔35〕偏_{型，又 p'iẽŋ³⁵}

m〔22〕面_{~皮：脸，~条，~粉，又 miẽŋ²²}命_{好得要~，文 miẽŋ²²}

t　[44]　点~灯，文tiã^{44}，白tiã^{44}　顶 文tiẽ^{44}，白ti^{44}

t'　[35]　天阴~，白t'iẽ^{35}，文t'iã^{35}

d　[22]　垫 文diẽ^{22}

ɣ　[212]　嫌 又ɣiẽ^{212}

tɕ　[44]　颈~骨，又tɕiẽ^{44}　剪~刀　[51]　进

tɕ'　[44]　请~帖，文tɕ'iẽ^{44}，白tɕ'ie^{44}　浅

n　[212]　零~工，~碎客：小贩，文niẽ^{212} 拈~药：抓药（中药），文niẽ^{212}　[22]　念~经，又niẽ^{22} 认~得，文niẽ^{22}

ʑ　[212]　钱铜~，文ziẽ^{212}，又zyẽ^{212}

ɕ　[35]　心 文ɕiẽ^{35} 声嗯~鸟崽：鹌鹑，文ɕiẽ^{35}　[51]　扇 又ɕiẽ^{51}

õ

m　[22]　望~一下

n　[53]　卵下~，鸡~，又nõ^{212} 暖~和　[22]　乱~说，眼睛~转

k　[35]　缸~~水，文kã^{35}

ts　[35]　桩 又tsõ^{35}

iõ

n　[212]　凉 又niõ^{212}　[53]　两~公婆，我~个，又niõ^{53}

ãŋ

p　[35]　枫蜂 又p'ãŋ^{35} 分　[44]　本 文pẽ^{44} 榜　[22]　份

p'　[35]　蜂~子，又pãŋ^{35}　[44]　捧

b　[212]　螃盆　[22]　棒 白biõ^{53}

m　[212]　樠门~头：门楼儿，正~，后~，~栓，~背底：门后，一扇~，文mẽ^{212}，白miẽ^{212} 蚊　[53]　猛满小~，白mu^{53} 嫚　[22]　梦问

t　[35]　灯东 又tai^{35} 冬 文tõ^{35} 裆汰 白tã^{51} 墩　[44]　等挡　[53]　簟口~子：打铁时垫铁块用　[51]　当~铺 汰~厕，文tã^{35} 凳钝顿冻痛

t'　[35]　贪汤 白t'õ^{35}　[44]　桶 又t'õ^{44}

d [212] 藤桐~油木、~油仔仔，文 dõŋ^{212} 铜~钱，文 dõŋ^{212} 筒水烟~：铜制的、笔~牯：笔筒，文 dõŋ^{212} [53] 动 [22] 邓蛋洞

n [212] 笼筷~、蒸~，文 nõŋ^{212} 篮花~，白 nõŋ^{212} 廊囊 [22] 嫩

k [35] 缸酲~菌，白 kɔ^{35} 甘白 kõŋ^{35} 杆白 kæ^{35}, kã^{35} [44] 梗 [51] 干

ɣ [212] 寒~毛，白 ɣæŋ^{212} 行咸白 ɣã^{212} [22] 呈~土，白 ɣã^{22}，白 xã^{22}

x [35] 糠白 xõŋ^{35} [44] 肯 [51] 空

ts [35] 棕~粑章奖~张 [44] 掌脚~，白 tɕiõŋ^{44} [51] 综粽甑

ts' [35] 葱聪 [51] 寸

dz [212] 蚕~豆粉

z [212] 层

s [35] 甥桑孙 [44] 榫伞白 sæŋ^{44} [53] 嗓 [51] 送

Ø [35] 应 [22] 岸~鹰婆，又 ɔŋ^{51}

iãŋ

p [35] 崩 [51] 畚

b [53] 拌又 biæŋ^{53}

m [212] 棉~花，白 miêŋ^{212} 眠

t [35] 癫羊~疯，白 diêŋ^{35} 中~心，文 tsõŋ^{35} [44] 点一~□ka^{53}，白 tiã^{44}，白 tiê^{44}

t' [35] 天秋~、冬~，白 t'iê、白 t'iêŋ^{35}

tɕ [35] 争根木柴~、竹~老鼠，大叶子~：大舌头（口齿不清）跟脚~，文 kêŋ^{35} 刚踭 [44] 奖~章 [51] 虹降霜~，白 tɕiõŋ^{51}

tɕ' [35] 掺~水，又 ts'æŋ^{35} [51] 撑

n [212] 聋又 niõŋ^{212} 莲~藕、~花，白 niêŋ^{212} 粮白 niõŋ^{212} 娘舅~，白 niõŋ^{212}，白 niêŋ^{212} [22] 弄

ʐ [22] 站又 ziæŋ^{51}

Ø [212] 阳~鸟：布谷鸟，白 iõŋ^{212} 萤蚌□~刚：不大不小、~合适 [53] 养童~媳，白 iõŋ^{53}

uãŋ

d [212] 团一~，白 dõŋ^{212}

k [35] 光白 kõŋ^{35} [44] 矿滚~水，文 kuêŋ^{44} [51] 惯罐打火~，白 kõŋ^{51} 灌~汁，又 kõŋ^{51}

k' ［53］款

x ［212］帆 ［44］粉_文 xuẽ⁴⁴ ［53］犯

ɣ ［212］黄_白 ɣɔŋ²¹²

Ø ［35］温_又 ɔŋ³⁵ ［44］碗_一~饭,白 ɔŋ⁴⁴

æ̃ŋ

p ［35］扳班斑_白 pæ³⁵ ［44］反板_楼~,床~,砧~,开泥~,又 pæ⁴⁴ ［51］绊

p' ［51］襻判叛胖

b ［22］办

m ［212］瞒

t ［35］单 ［51］颤

t' ［35］摊_又 t'ɔŋ³⁵ 滩_又 t'ɔŋ³⁵ 瘫 ［51］叹炭

d ［212］弹

n ［212］拦栏难_又 næ²¹² 南_~瓜糖,…以~

k ［35］间

ɣ ［212］寒_文 ɣãŋ²¹²

ts ［44］攒 ［51］灒□_鸡~:未成年的小母鸡

ts' ［35］掺_又 tɕ'iãŋ³⁵ ［44］铲

z ［22］赚

s ［35］山_~羊,又 sæ³⁵ ［44］伞_文 sãŋ⁴⁴ 散想 ［53］撒 ［51］散

Ø ［51］晏

iæ̃ŋ

b ［53］拌_又 biãŋ⁵³

ʑ ［22］站_又 ʑiãŋ²²

uæ̃ŋ

s ［35］栓

k ［35］棺_又 kõŋ³⁵ 关 ［44］滚_~桌子:圆桌子,~凳:圆凳,又 kuãŋ⁴⁴:~水,文 kuẽ⁴⁴ ［51］掼惯

x　［212］□硬

Ø　［35］冤弯　［212］完园源　［53］远跳~，又 uẽŋ⁵³　［22］万愿

ẽŋ

p　［44］本~地人，白 pãn⁴⁴

p'　［35］拼　［51］喷

m　［212］门白 miẽŋ²¹²，白 mãŋ²¹²　［22］闷

n　［212］轮

ts　［51］□走一~：走一趟

s　［35］生~豆：花生，先~白 ɕiã³⁵

z　［212］橙城~门，白 ziẽŋ²¹² 神橡又 zuẽŋ²¹²

k　［35］跟白，tɕiã³⁵

x　［53］□打：~球，~屁股，~腰鼓

iẽŋ

p　［35］兵冰编边又 piẽ³⁵　［44］匾扁~子（扁担），又 piẽ⁴⁴，又 pie⁴⁴　［53］辫　［51］变殡

p'　［35］偏~心，又 p'iẽ³⁵　［51］骗片

b　［212］平又 bie²¹² 评坪苹屏瓶萍　［53］辨病　［22］

m　［212］明门囡~，文 mẽŋ²¹²，白 mãŋ²¹² 名棉文 miãŋ²¹²　［53］免　［22］面又 mie²² 命~命，白 mie²²

t　［35］钉癫文 tiãŋ³⁵ 叮砧　［44］顶白 tie⁴⁴，白 ti⁴⁴　［51］订钉

t'　［35］厅听添天~气，伏~，~旱，白 t'iẽ³⁵，文 t'iãŋ³⁵

d　［212］廷亭庭停蜓甜田填虫又 diõŋ²¹²，又 diẽŋ²¹² 沉　［53］簟重~病，又 zõŋ⁵³　［22］电垫白 diẽ²² 靛店

x　［212］盐又 ɣiẽŋ²¹² 檐　［53］很又 ɣiẽŋ⁵³

ɣ　［212］赢盐又 xiẽŋ²¹² 檐嫌又 yiẽ²¹² 行　［53］很又 xiẽŋ⁵³

tɕ　［35］京荆惊粳晴精正燕全~年，白 tɕiẽ³⁵ 金襟针君煎尖斤筋巾真　［44］井颈后~窝（颈后凹处），又 tɕie⁴⁴ 肿种~tsõŋ⁴⁴ 剪紧　［51］正镜禁箭见占

tɕ' ［35］青蜻轻清称千牵签亲抻［44］请_{白 tɕ'iɛ⁴⁴, 白 tɕ'i⁴⁴}［51］秤嵌欠亲

ɕ ［35］星猩腥声_{白 ɕiɛ³⁵}升深心_{白 ɕiɛ³⁵}芯扇仙先鲜伸身辛新现［212］嫌
又 yiɛŋ²¹², 又 yiɛ²¹²［44］醒闪婶［51］姓扇_{又 ɕiɛ⁵¹}线信囟锈

n ［212］夵林淋拎伶灵铃零_{~食, 白 niɛ²¹²}龄拈_{~狗屎、~牛屎, 文 niɛ²¹²}鲇_{白 niɛ²¹²}连联
燃莲_{文 niãŋ²¹²}年研镰娘_{女~, 文 niãŋ²¹², 白 niãŋ²¹²}邻鳞人_{老~家、老女~、乡下~, 又 ŋ²¹², 又 a²¹²}
凝口_{口 tiɛŋ⁵³: 脾}［53］领岭碾染忍［22］念_{又 niɛ²²}链炼砚认_{~亲、~字, 白 niɛ²²}

ʑ ［212］成诚城_{文 zɛŋ²¹²}情晴盛橙裳_{长衣 ~, 又 ɕiɛŋ²¹², 又 ɕiɛŋ²¹²}琴
钱_{~包、~纸、工~、本~、赚~、花~, 白 ziɛ²¹², 又 zyɛŋ²¹²}前_{面~, 白 zi²¹²}钳芹勤尘陈［53］
鳝近［22］阵

Ø ［35］鹰腌阉燕烟阴音姻［212］壬仁银寅鲇_{文 niɛŋ²¹²}阎檐［44］魇瘾影
［53］眼演引［51］印燕咽［22］任

uɛŋ

k ［35］棍［44］滚_{白 kuɛ̃⁴⁴, 又 kuɛ̃⁴⁴, ~桌子: 圆桌子、~凳: 圆凳, 又 kuɛ̃⁴⁴, ~水桼}

k' ［51］劝_{~酒, 又 k'yɛŋ⁵¹}

g ［212］拳

x ［35］喷分昏荤［44］粉_{~笔, 白 xuɛ̃⁴⁴}［51］粪

ɣ ［212］横_{一~, 白 uã²¹², 白 yã²¹²}魂还_{还~愿, 又 xuɛ²¹²}［22］愿

ts ［35］砖［51］转

ts' ［35］春穿［51］串

s ［44］选

z ［212］船缠传椽_{又 zɛŋ²¹²}旋［22］贱旋润_{~疮: 癣}

Ø ［35］瘟韫［212］完_{又 uɛ̃ŋ²¹²}文闻［44］稳［53］远_{又 uɛ̃ŋ⁵³}［22］院

yɛŋ

k' ［51］劝_{又 k'uɛŋ⁵¹}

ɣ ［22］县

dʑ ［212］裙_{围~, 白 ziõŋ²¹², 白 ziõŋ²¹²}

ʑ ［212］钱_{麻~: 荸荠}全［22］剩_{二月、十二月}

Ø［212］圆~桌 元芫

õŋ

b［212］篷棚

t［35］冬白tǎŋ³⁵

t'［35］通白t'õŋ³⁵

d［212］同白dõŋ²¹² 桐白dǎŋ²¹² 铜白dǎŋ²¹² 童瞳筒

n［212］笼白nǎŋ²¹² 龙浓［53］笼拢

k［35］工弓公蚣躬供~应［44］拱~手［51］供上~

g［22］共

ɣ［212］红~薯酒，白ɣõŋ²¹² 洪

x［35］风白xõŋ³⁵ 疯烘［22］哄

ts［35］中~人（介绍佣人、奶妈等的人），白tiõŋ³⁵、tiǎŋ³⁵ 终钟锺~情［44］种白tɕiõŋ⁴⁴［51］中~射

ts'［35］冲［51］铳

s［35］松~香，白sõŋ³⁵［44］笋~子、冬~、~壳子，又sǎŋ⁴⁴

z［212］虫又diõŋ²¹²，又diǒŋ²¹²，又dzõŋ²¹² 丛从［53］重好~，又diǒŋ⁵³［22］顺~着，又zõŋ²² 鋆~子□掉~痔头：脱肛

Ø［44］拥

iõŋ

d［212］虫~牙，又diǒŋ⁵³，又zõŋ²¹² 长~脚蚊子，又diõŋ²¹²

ʑ［35］肫鸡~，又ziõŋ³⁵［212］穷裙文dzyēŋ²¹²，白ziõŋ²¹²

ɕ［212］熊

Ø［212］绒营［22］晕运又iõŋ²² 用冇~：不顶事，白iõŋ²² 闰又iõŋ²² 润又iõŋ²²，又zuēŋ²²

ɔ̃ŋ

p［35］般搬帮［44］绑［51］半放~屎虫：臭大姐，~疹、~学、~假、~火炮，文xɔ̃ŋ⁵¹［22］□地~：门槛

b［212］旁盘［53］伴［22］傍磅

m ［22］忘

t ［35］端耽当［44］胆短［51］担~子，又t'ɛn^{51} 断

t' ［35］通~条：通炉子的，文t'oŋ^{35} 摊摆~子，又t'ɛn^{35} 滩沙~，又t'ɛn^{35} 汤米~，文t'aŋ^{35}［44］桶浆~：灰兜子，又t'aŋ^{44}［51］烫

d ［212］同~姓人：同宗同姓的，文doŋ^{212} 坛团~鱼，文duan^{212} 谈痰潭唐堂塘糖［22］淡

n ［212］篮男~人，~客，~伯伯：伯父 南打~闪，又nɛŋ^{212} 兰郎狼龙浓［53］卵鹅~石，又nɔ^{212}

k ［35］公龚官棺又kuɛŋ^{35} 冠甘文kaŋ^{35} 钢缸光文kuaŋ^{35} 扛［44］广馆管［51］灌文kuaŋ^{51} 杠

ɣ ［212］红~苋菜，文yoŋ^{212} 黄文yuan^{212} 蟥房浑含又xɔŋ^{212}

x ［35］风文xoŋ^{35} 荒慌糠文xaŋ^{35} 方又ɕio^{35} 番封锋［212］烦含又yɔŋ^{212} 缝［44］妨［51］放~心，白poŋ^{51} 烘［22］缝~条~

ts ［35］钻~洞又tsɔ^{35} 桩装［44］准［51］钻~子壮葬□大水：壤沟，大水沟

ts' ［35］窗仓舱疮春椿

s ［35］酸双闩三丧霜松文soŋ^{35}［44］磉爽笋又soŋ^{44}［51］蒜算疝

z ［212］虫土~子，又dieŋ^{212}，又dioŋ^{212} 蚕~蛹，蚕屎，又dzaŋ^{212} 藏床［51］錾~子［22］顺又zoŋ^{22} 状

ø ［35］温~懒水，又uaŋ^{35} 嗯［212］王文uoŋ^{212}［44］碗文uaŋ^{44}［53］网［51］岸~岸，又aŋ^{22}

iõŋ

p ［51］□~秧：拔秧

b ［53］棒拄~：中式拐杖，文baŋ^{53}

t ［35］中姜张［44］长涨［51］帐胀

d ［212］长又dioŋ^{212}［53］丈

tɕ ［35］江浆樟［44］讲敞蒋掌巴~，文tsaŋ^{44}［51］隆文tɕiaŋ^{51} 战将酱账

tɕ' ［35］枪［44］抢［51］唱呛又tɕ'ia^{51}

dʑ ［53］仗

n ［212］凉又niõ^{212} 梁粮文niaŋ^{212} 梁量娘亲家~，~家，文niaŋ^{212}，白nieŋ^{212} 聋~牯，又niaŋ^{212}［53］

两_{二~}，又 niɔ̃⁵³［22］亮_{月~}量_{~气大：大气}酿

ʑ　［212］脭_{又 ziɔ̃²¹²}穷裙_{文 dzyẽ²¹²，白 ziɔ̃²¹²}裳_{量~衣，做衣~，又 ziẽ²¹²}，又 ¢iẽ²¹²肠尝场强
墙［53］上象_{大~}，_{文 ¢iɔ̃⁵¹}像菌［22］撞匠尚

¢　［35］熏伤乡相_{~亲}香厢箱［212］熊裳_{（一箱子）衣，~衣，又 ziẽ²¹²，ziɔ̃²¹²}［44］享
响［51］象_{~棋，白 ziɔ̃⁵³}相_{瞅~，出洋}向雠

Ø　［35］秧［212］云羊阳_{向~，文 iã²¹²}杨洋烊匀［53］养_{文 iã⁵³}痒蛹［22］晕
运_{又 iɔ̃²²}让样用_{文 iɔ̃²²}闰_{~月，又 iɔ̃²²}润_{又 iɔ̃²²，又 zuẽ²²}

uɔ̃

k　［51］□_{~年：去年}

x　［44］纺

ɣ　［22］汗

Ø　［35］安鞍［212］完_{又 uẽ²¹²}王_{阎~，灶~，白 ɔ̃²¹²}［44］碗_{文 uã⁴⁴，白 ɔ̃⁴⁴}［51］按
案［22］望

yɔ̃

t¢'　［51］唱_{~大戏}

ŋ

Ø　［212］人_{同姓~，本地~，自己~，客~，中间~，又 niẽ²¹²，又 a²¹²}［53］五伍哪甚

第五章　灌阳宅首土话和北京音比较

本章主要将宅首方言的声母、韵母和声调分别与北京音进行比较，以表明两者的主要差别。

第一节　灌阳宅首土话与北京音声母的比较

宅首土话有25个声母，北京话有22个声母。其中有16个声母音值大体相同，它们是［p、p'、m、t、t'、n、l、ts、ts'、s、k、k'、x、tɕ、tɕ'、ɕ］。

宅首土话有8个声母北京话没有，它们是［b、d、dz、dʒ、ʐ、g、z、ɣ］。反过来，北京话也有5个声母，即［tʂ、tʂ'、ʂ、ʐ、f］，是文市镇宅首土话所没有的。

下面再用表格的形式，用每个声母所辖字的情况进行具体比较，可以进一步看出北京话、宅首土话声母方面更多细微的差别。比较时，先列宅首音，再列北京音，最后举例。（见表5-1）

表5-1　灌阳宅首土话与北京音声母比较表

灌阳宅首土话	北京话	例字
p	p	瘪秕憋ᵧ闭算宝保补斧煲晡不布粑把伯八坝把氅摆扁壁璧八拜波菠拨钵臕包苞胞饱表婊剥簸北百杯碑璧比膊逼笔晡憋背ᵧ辈苞表斑板ᵧ绊边ᵧ匾扁本榜崩畚扳班板本兵冰编变殡般搬帮绑半
	f	斧腹飞枫分份反放

77

续表

灌阳宅首土话	北京话	例字
p'	p'	批劈撇屁铺ᵧ扑铺ᵧ拍帕怕劈撇派破飘抛脬跑漂泡炮票坯屁飘瞟胖偏捧襻判叛胖拼喷ᵧ骗片
	f	孵伏蜂
b	p	别部簿抱薄步暴雹爸白稗败钹白饭鳖卜被倍鼙鼻篦避背ᵧ瓢ᵧ棒拌ᵧ办拌辫病伴傍磅棒
	p'	脾菩葡蒲杷爬钯耙牌排平婆瓢铇刨胚陪培赔便皮枇螃盆平评坪苹屏瓶萍篷棚旁盘
	f	扶妇
m	m	迷眉米沕篾谜毛模母牡亩拇满帽木麻瘼蟆妈马码蚂麦咩买莫卖摸磨ᵧ莫磨ᵧ毛猫茅庙墨脉抹麦枚梅媒煤眉霉每密妹蜜冇猫ᵧ苗庙ᵧ猛蛮忙慢面命椚门芒满嬷梦孟棉眠瞒门闷明名棉免命
	∅	午袜尾望ᵧ蚊问
t	t	低抵底顶弟滴帝打点ᵧ多带戴答搭拓多朵躲剁东ᵧ得的抵对堆对碓兑兜蔸抖陡蚪斗到赌肚ᵧ刀肚ᵧ倒ᵧ到倒ᵧ雕鳉吊ᵧ钓掉点担ᵧ灯冬裆氹裆墩等挡当ᵧ凳钝顿冻癫点单钉ᵧ癫叮顶订冬端耽当ᵧ胆短担ᵧ断中
	tʂ	着ᵧ著中砧猪竹张长涨帐胀
	tʂ'	颤
	n	哪鸟ᵧ鸟ᵧ
	tɕ	姜
t'	t'	梯屉涕帖贴铁剃涕替胎舔遢剔太拖脱太推腿退偷透跳讨套挑跳天贪汤ᵧ天摊ᵧ滩瘫叹炭厅听添通褪痛汤汤桶ᵧ烫
d	t	弟递第笛跌大迖待代袋垛沓舵地ᵧ队地兜豆痘道逗肚度渡毒独读豆逗道簟垫动邓蛋洞电靛店淡
	t'	提题蹄台抬苔谭砣驮驼蹄萄头徒ᵧ涂条屠桃淘绹逃徒ᵧ条调藤桐铜筒团弹廷亭庭停蜓甜田填同桐铜童瞳筒同坛团谈痰潭唐堂塘糖
	ts	在载
	tʂ	柱住侄着ᵧ重ᵧ丈
	tʂ'	虫ᵧ沉长ᵧ
	tɕ	就ᵧ

灌阳宅 首土话	北京话	例字
n	n	捏泥你拿奶奈孽糯难_又拈念暖廊囊嫩娘弄南_又鲇年镰凝碾浓男南娘酿
	l	赖冷懒烂零卵_又乱凉两_又笼篮聋莲粮拦栏轮林淋拎伶灵铃龄连联莲邻鳞领岭链炼笼龙笼拢篮兰郎狼卵梁粮粱量聋亮
	∅	耳二我研砚
	ʐ	入_又日_又热认燃人_又染忍
l	l	犁厘李历栋旅吕落燎来利肋辣邋癞历栗腽骡螺罗萝锣箩腊蜡来燃留离里_又六绿_又络篱梨雷笠礼李理里鲤垒擂偏累立力泪楼老篓漏涝炉鸬獠刘了鲁路露燃_又捞牢痨芦老撩流榴了料廖
	n	泥捺茶黏粘耐挪奶女_又奴恼脑闹鸟_又尿
	ʐ	软日_又入_又蹂
	∅	儿二贰
ts	ts	左捉桌做崽仔子籽再嘴紫姊醉走糟早枣蚤澡祖作灶棕综粽甑攒瓒钻_又钻_又葬
	tʂ	支芝之脂止趾指姊只纸汁织蛰痔志痣主抓蚱爪_又罩笮折拄洲煮粥烛肘桩掌章张砖转中_{阴平}终钟锺中_{阴去}装准壮
	ts'	撮侧_又
	tɕ	挤鲫酒髻
ts'	ts'	搓戳锉错侧_又催脆翠刺凑粗_又草错糙葱聪寸灿仓舱
	tʂ'	齿抄吵炒抽丑瞅臭掺_又铲春穿串冲铳窗疮春椿
	tɕ'	秋鳅蛆秋七
dz	ts	在
	ts'	蚕_又
	tʂ'	茶朝_又
	tɕ	就_又

灌阳宅 首土话	北京话	例字
s	s	<u>死</u>司丝撕蛳诉萨唆梭蓑锁索塞色<u>死</u>碎税岁<u>四肆</u>骚臊嫂索缩<u>诉</u>扫_又桑孙榫<u>伞</u>嗓送<u>伞</u>散_又<u>松</u>笋酸三丧<u>松</u>磉笋蒜算
	ʂ	<u>师</u>狮屎尸试树涮筲<u>师</u>爽使虱收手黍首粟鼠水筲_又嗽_又叔哨数_又山甥栓生双闩霜爽疝
	ɕ	须熄絮绣雪膝想选
z	s	丝寺随
	ʂ	市是事食_又十匙时莳实赎事受熟薯神顺_又
	ɕ	袖旋_又
	ts	自字柠昨坐皂座镯杂贼罪凿造錾
	tsʻ	瓷糍词祠辞慈鹚蚕_又槽层丛藏
	tʂ	值治住赚重_又状
	tʂʻ	迟池跩仇_又愁橙城橼_又船缠传橼权虫_又床
	tɕ	就_又绝贱
	ʐ	<u>润</u>
tɕ	tɕ	鸡今机基箕几纪脊结_又疖节劫接棘急际祭记寄车举矩句锯甲姐脊节洁借交饺搅角觉_又架_又觉教_又窖九久韭救椒跤脚椒焦浇茭胶醮缴绞脚撅叫<u>颈</u>剪奖隆京荆惊梗睛精<u>今</u>金襟君煎尖斤筋巾井<u>颈</u>紧镜禁箭见江_又浆讲蒋隆将酱
	tɕʻ	其
	ɕ	斜
	x	虹
	k	根跟刚
	tʂ	肢吱指着_又痔珠追猪主拄渣摘窄眨札榨炸差叉权拆撤圻破岔斋遮只 扎只炙蔗爪_又啄周皱照斩争睁正蒸针真肿种正占樟掌战账
	t	吊_又
	ts	栽租祖
	tsʻ	厕_又厕_又

续表

灌阳宅首土话	北京话	例字
ʨʻ	ʨʻ	起企请戚切契砌气汽区躯取撧锹觓翘撬呛_又青蜻轻清千牵签亲请嵌欠亲枪抢呛_又唱敲巧浅
	ʈʂʻ	吹出处差车尺赤斥翅初出_又铛衬掺撑称抻秤敞唱
	tsʻ	猜插擦菜蔡粗醋
dʑ	ʨ	及截枷
	ʨʻ	茄_又仇裙
	ʈʂ	宅寨拽_又仗
	ʈʂʻ	除茶锄_又
	ts	杂
ʑ	ʨ	徛菊舅旧舅_又嚼轿菌匠
	ʨʻ	齐前_又棋旗骑脐_又茄_又求球荞桥钱_又情晴琴钱前钳芹勤近全裙_又穷强墙
	ɕ	席许畜蓄屑血谢席行_又象像
	tsʻ	豺柴裁财
	ʈʂ	助站_又阵肫_又撞
	ʈʂʻ	槌捶锤厨柴拽_又锄_又朝_又成诚城_又盛橙尘陈肠尝场
	ʂ	时誓实暑竖术蛇社射石熟勺裳鳝裳上尚
	ʐ	人_又
ɕ	ɕ	西稀身嘻洗醒歇_又息媳细婿戏兮虚夏写锡瞎泻卸孝学_又朽锈校消宵硝小晓削笑心兄星猩腥芯仙先鲜辛新现嫌醒姓线信凶熊熏乡相香厢箱享响象相向
	ʈʂ	啄
	ʂ	世食书输痧沙纱砂杉筛赊舍湿杀晒梳数_又瘦漱嗽_又熟烧少生声扇升深伸身闪婶伤裳_又鯴
	s	荽腮鳃搜馊
	f	发罚方_又
	kʻ	壳
	x	怀槐坏
	ʨʻ	起

续表

灌阳宅首土话	北京话	例字
k	k	高膏姑箍篙估古股牯鼓谷告顾雇柝隔嗝ㄨ膈瓜寡刮卦挂褂拐刮合怪挂锅哥歌果裹割葛过个改格盖骨归规龟鬼轨鳜桂贵勾沟钩狗够高ㄨ构干杆秆梗缸甘杆光滚惯罐灌棺ㄨ关掼惯跟棍滚工弓公蚣躬供拱公羹官冠甘钢缸光扛广馆管灌罐杠
	k'	矿
	x	蒿
	tɕ	加枷痂家假减夹挟甲价嫁架街解结介戒芥届界角橘阄间
k'	k'	枯考苦库裤靠客咳揩块快筷颗课刻魁亏窥抠扣叩款
	tɕ'	掐缺ㄨ劝ㄨ
g	k	跪柜共
	tɕ'	拳
ɣ	x	胡葫糊话画合盒ㄨ祸活喉害回毫ㄨ后厚猴横旱寒行ㄨ旱黄很横ㄨ魂还ㄨ红洪红黄蟥浑含ㄨ汗
	ɕ	咸咸嫌行县
	f	扶芙符服房
	ɕ	下夏鞋
	Ø	有ㄨ愿ㄨ
x	x	蒿薅胡壶糊好虎虾吓旱花划化画喝盒呵和何河火伙还海黑灰回毫ㄨ号候还ㄨ很ㄨ昏荤ㄨ烘哄荒慌含ㄨ
	f	夫伏妇福讣傅副法发ㄨ腑喝货贺飞肥ㄨ犯帆粉分粉粪风疯风方番封锋妨烦缝阳平放缝阳去纺
	p	部
	p'	铺喷
	k'	哭棵阔开垲窟口糠肯空糠
	tɕ	搅
	tɕ'	起弃去
	ɕ	喜歇ㄨ咸下吓蟹苋

82

续表

灌阳宅首土话	北京话	例字
x	∅	窝有ᵥ檐盐
∅	∅	耳二衣依医疑移姨椅噎亿已以一艺液意义易叶易熬乌污吴蜈午屋武侮舞捂务雾淤余鱼馀与语雨芋驭月越玉阿ᵥ丫鸦桠瓮哑轭压押鸭轧哇牙芽衙额瓦矮歪挖窝屙鹅蛾恶握饿咬岳油游柚釉右威围危为尾外味遇位为喂瓯坳沤怄摇藕妖腰邀又窑肴要鹞药岩顽嗯应岸阳萤蜉养碗晏冤弯完园源远ᵥ万愿ᵥ鹰腌阉烟阴音姻银寅阎赢盐檐魇瘾影眼演引印燕咽瘟韫完文闻稳远ᵥ院圆元羌拥网营晕运ᵥ用温ᵥ王ᵥ碗岸秧云羊阳杨洋烊匀养痒蛹样用安鞍王ᵥ按案望ᵥ五伍
	n	牛哪ᵥ
	f	肥ᵥ
	ẓ	人ᵥ肉弱壬仁任绒闰ᵥ润让
	x	滑
	ç	学
	ʂ	食ᵥ

第二节　灌阳宅首土话与北京音韵母的比较

宅首土话韵母跟北京话韵母的差别纷繁复杂。大致而言，主要有：

1. 四呼相配的格局不完整，撮口呼韵母不发达。

2. 阴声韵里，i 韵字范围大，i 介音、i 韵尾的韵母多，而 u 韵字的范围小，u 介音、u 韵尾的韵母相对也少一些。

3. 阳声韵里，鼻化韵多，还有一些变为开尾韵；后鼻音韵尾韵母发达。

4. 入声韵的归并跟阳声韵不平行，古韵 a、e 二系间多见穿插。

下表的比较中，先列宅首音，再列北京音，最后举例。（见表5-2）

表5-2 灌阳宅首土话与北京音韵母比较表

灌阳宅首土话	北京话	例字
ɿ	ɿ	子姊紫司丝撕蛳死词祠辞慈鹚瓷糍自寺字牸
	ʅ	支芝之脂止趾指只纸汁织痔志痣齿尸师狮屎试时莳池匙迟市是事食十值实侄豉
	ɤ	蛰
ə	ə	阿
	ər	耳二
i	i	秕闭算批劈屁脾迷米沩谜低抵底弟滴帝梯屉涕剃替提题蹄递第笛泥你犁厘泥李历鸡机基箕几纪脊棘急际祭记寄起企戚契砌气汽西稀嘻洗起息媳细戏兮及齐棋旗骑脐绮席喜弃衣依医疑移姨椅亿已以一艺意义易易
	y	婿
	ʅ	日肢吱指痔世食时誓实吃
	ie	瘪憋ᵥ撇别篾帖贴铁跌捏结疖节劫接切歇ᵥ截歇噎液叶
	ei	眉
	iŋ	顶请醒
	ə	着ᵥ厕ᵥ
	ər	耳二
	u	入
	ian	楝前
	en	身
	in	今
u	u	补斧哺腹不布铺ᵥ孵伏扑铺菩葡蒲扶部簿步模母牡亩拇午木主树诉赎姑箍估古股牯鼓谷顾雇枯苦库裤胡葫糊扶ᵥ芙符服夫铺胡壶糊伏ᵥ虎妇福讣傅副部伏ᵥ乌污吴蜈午屋武侮舞捂务雾
	au	宝保煲抱暴雹毛帽高膏蒿ᵥ篙告考靠蒿ᵥ薅好熬
	y	去
	o	薄
	an	满

84

灌阳宅首土话	北京话	例字
y	y	旅吕车举矩句锯区躯取虚许蓄菊淤余鱼馀与语雨芋驭玉
	u	珠猪主拄ᵪ出ᵪ处除书输畜暑竖术厨入
	uei	追吹荽槌捶锤
	ye	血月越
	ie	屑
	i	脐
a	a	粑把八坝把帕怕杷爬钯耙爸麻痲蟆妈马码蚂打哪ᵪ大迖捺茶萨桦阿
	ɤ	隔嗝ᵪ膈客咳吓轭
	ia	加枷ᵪ痂家假夹挟甲价嫁架ᵪ掐虾下吓夏丫鸦桠哑
	an	罕
	ian	减咸
	o	伯我
	uŋ	瓮
	ai	拍白麦
	en	人
	ua	哇
ia	ia	甲枷夏牙芽衙
	ie	茶
	an	杉
	ian	点
	ie	撇斜
	a	拿渣眨札扎榨炸差ᵪ叉权岔炸茶查杂痧沙纱砂杉
	ian	点
	ɤ	撇坼疙额
	ai	摘窄拆宅寨
	iau	燎

续表

灌阳宅首土话	北京话	例字
ua	ua	抓瓜寡刮卦挂褂花划化画话画瓦
	a	蚱法
e	ie	街解结介戒芥届界
	ɤ	嗝ᵧ
ie	ie	蹩撇咩爹孽鞋姐节洁借茄ᵧ谢写泻卸
	ia	瞎
	ɤ	热遮蔗厕ᵧ车蛇社射赊舍
	i	壁璧劈剔里利ᵧ历lie51栗其脊席锡
	ʅ	只只炙尺斥赤翅石湿
	a	八遢辣邋扎擦插发ᵧ杀
	ua	袜
	ai	摆拜派牌排稗败买卖带戴胎太台抬苔待在代袋奶赖奈来耐癞揩斋差ᵧ猜菜蔡柴豺柴裁财筛腮鳃晒矮
	ei	肋
	ian	扁舔黏粘
	ieŋ	平
	o	莫
	u	入
	er	儿
ye	ye	缺ᵧ
	uai	拐怪块快筷拽ᵧ怀槐坏歪
	a	发ᵧ罚
	ua	刮挂爪挖滑
	uo	啄
	ɤ	合

灌阳宅首土话	北京话	例字
ɔ	a	答搭拓
	an	谭蚕ᵥ
	uo	昨
	ɤ	喝ᵥ盒ᵥ
o	uo	多朵躲剁拖脱舵砣驮驼垛糯脶骡螺罗萝锣箩挪撮左捉桌做搓戳锉错坐座镯唆梭蓑锁索锅果裹过窝火伙阔货祸活握落ᵥ
	ou	肉
	u	腐
	o	波菠拨钵破婆钹摸磨ᵥ莫
	ɤ	哥歌割葛个颗课棵呵和何河喝ᵥ贺合盒ᵥ屙鹅蛾恶ᵥ饿
	a	沓腊蜡杂
	ua	爪
	ao	罩笊抄吵炒皂筲潲
	iao	角
io	iao	臕表婊飘漂票瓢ᵥ庙ᵥ交饺搅角觉ᵥ教ᵥ窖敲巧孝咬
	ao	包苞胞饱抛脬跑泡炮铇刨毛ᵥ猫ᵥ茅
	uo	剥簸啄弱
	ia	架
	ɤ	壳
	ye	学ᵥ岳
	aŋ	方ᵥ

续表

灌阳宅首土话	北京话	例字
ai	ai	百白_又脉_又麦太来奶爛崽再在<u>塞</u>改盖害开还海垲
	ei	北贼黑
	ie	蟹
	an	饭
	ou	喉
	o	墨脉_又抹
	uŋ	东
	uaŋ	爽
	ɤ	得的折侧_又色格刻
	ɿ	仔子籽
	ʅ	事治师使虱
uai	u	拄_又骨窟
	i	挤鲫
	ye	缺_又
ei	ei	杯飞碑鍪背_又辈胚陪培赔被倍枚梅媒煤眉霉每妹
	ie	憋_又鳖
	i	比逼笔坏屁皮枇鼻笓避密蜜抵蹄地_又离里_又髻熄
	u	哺卜妇_又猪竹柱住煮烛熟薯黍粟
	o	膊
	ian	便点
	uei	尾对嘴
	ai	载
	ou	洲粥抽丑瞅臭仇_又愁受收手首
	iou	就_又留六酒秋鳅袖绣
	y	女绿蛆须絮

88

灌阳宅首土话	北京话	例字
iei	iou	九久韭仇救求球舅旧朽锈油游柚釉右
uei	uei	堆对碓褪兑推腿退队归规龟鬼轨鳜桂贵魁亏窥跪柜回灰飞回会醉催脆翠随罪水碎税岁威围危为尾味位喂
	ei	雷垒擂偏累泪肥ᵪ肺废费肥
	i	地ᵪ篱梨笠礼李里ᵪ理里鲤立力利七膝
	ɿ	侄日ᵪ
	ʅ	姊刺死四肆
	uo	络
	ər	儿ᵪ二贰
	uan	软
	uai	外
	y	女ᵪ橘遇
	ye	绝雪
	u	入ᵪ鼠
	iou	秋
au	au	苞苟到萄道老涝朝ᵪ笞ᵪ毫毫号坳
	iau	搅
	ou	兜蔸抖陡蚪斗偷透兜头豆痘逗蹂楼篓漏走凑嗽ᵪ勾沟钩狗够抠扣叩后厚口候瓯沤怄
	iou	阄有ᵪ

续表

灌阳宅首土话	北京话	例字
iau	iau	表飘瞟鸟ᵪ跳条獠了教ᵪ椒跤脚撬校摇
	au	雹猫ᵪ朝ᵪ
	ou	周皱搜馊瘦嗽ᵪ
	iou	刘牛
	u	赌肚ᵪ徒涂屠度渡毒独读炉鸬奴鲁路露租祖ᵪ粗ᵪ初醋锄ᵪ助熟ᵪ梳漱数ᵪ
	y	绿ᵪ
	ai	懒ᵪ
əu	əu	豆逗肘构猴藕
	au	刀倒ᵪ到讨套桃淘绸道捞牢痨老恼脑闹糟早枣蚤澡灶草糙骚臊嫂扫ᵪ哨槽凿造高
	uo	落ᵪ作错索缩
	u	肚ᵪ芦祖ᵪ粗ᵪ叔诉数ᵪ
iəu	iəu	流榴锹艍舅又
	iau	瓢苗庙雕斛ᵪ鸟钓掉挑跳条调撩了料廖尿椒焦浇茭胶醮缴绞脚叫吊ᵪ翘撬消宵硝小晓削笑荞桥嚼轿妖腰邀窑肴要鹞药
	əu	斛ᵪ揉
	au	着ᵪ逃照烧少朝ᵪ勺
	u	著徒ᵪ出ᵪ数ᵪ
	ye	撅削嚼
ã	əŋ	猛冷梗横ᵪ
	an	干杆秆ᵪ旱
	ian	咸

灌阳宅首土话	北京话	例字
iã	ian	点岩
	an	斩
	əŋ	铛<u>生</u>
	iaŋ	呛_又
	en	衬
uã	an	犯
	əŋ	横
æ̃	an	斑板_又绊胖蛮慢难_又懒烂山秆_又杆
	aŋ	忙担_又
	ian	苋
uæ̃	uan	还_又顽
iẽ	ien	心
	ian	边_又匾扁_又偏面<u>点</u>天簟垫拈念剪浅钱_又
	iŋ	<u>命顶零颈</u>请
	en	认
	əŋ	声
	an	扇
ɔ̃	uaŋ	望_又桩
	uan	卵_又暖乱
	əŋ	嗯
iɔ̃	iaŋ	凉两_又

续表

灌阳宅首土话	北京话	例字
ãŋ	aŋ	榜螃棒芒裆<u>丕</u>挡当<u>丕</u>汤廊囊章张掌桑嗓<u>缸</u>行<u>糠</u>
	əŋ	枫蜂捧梦孟灯等凳藤邓甂层甥
	en	分<u>本</u>份盆<u>门</u>嫩肯
	uen	蚊问墩钝顿寸孙榫
	an	橘满嫚贪蛋篮灿蚕_又<u>伞甘杆</u>寒岸_又
	ian	<u>咸旱</u>
	iŋ	应
	uŋ	东_又冬冻痛桶_又桐铜筒动洞笼棕综粽葱聪送空
iãŋ	əŋ	崩争踭撑
	en	畲根跟
	an	拌_又掺_又站_又
	ian	<u>棉眠癫点天莲</u>
	uŋ	<u>中聋</u>_又弄虹
	iuŋ	兄
	iaŋ	<u>粮娘奖降阳蛘养</u>
	aŋ	刚
	iŋ	萤
uãŋ	uan	<u>团惯罐灌款碗</u>
	uaŋ	<u>光矿黄</u>
	uen	<u>滚温</u>_又
	en	粉
	an	帆

续表

灌阳宅首土话	北京话	例字
æŋ	an	扳班反板乂襻判叛办瞒单颤摊乂滩乂瘫叹炭弹拦栏南乂攒瓒掺乂铲伞散乂撒乂寒胖
	uan	赚
	iaŋ	想
	ian	间晏
iæŋ	an	拌乂站
uæŋ	uan	栓棺乂关掼惯弯完乂万
	yan	冤园源远乂愿乂
ẽŋ	en	本喷乂门闷神跟
	ien	拼
	uen	轮
	əŋ	生橙城
	uan	椽乂
iẽŋ	iŋ	兵冰平评坪苹屏瓶萍病明名命乂钉乂叮顶乂订厅听廷亭庭停蜓伶灵铃龄凝领岭行乂京荆惊粳睛精井颈镜青蜻轻清请星猩腥醒姓情晴行乂鹰赢影
	ian	编边乂匾扁乂变骗片辫棉免面癫添天甜田填电靛店鲇连联莲年研镰碾链炼砚夵檐盐嫌煎尖箭见千牵签嵌欠仙先鲜现嫌线钱乂前乂钳腌阉燕乂烟阎盐檐魇眼演燕咽
	an	燃染占扇闪鳝
	ien	殡林淋拎邻鳞仐金襟斤筋巾紧禁亲乂芯辛新信凶琴芹勤近阴音姻银寅瘾引印

续表

灌阳宅首土话	北京话	例字
iẽŋ	en	门砧沉人ᵧ忍很ᵧ针真抻深伸身婶尘陈阵壬仁任
	oŋ	虫ᵧ重ᵧ肿种
	aŋ	裳ᵧ
	iaŋ	娘
	əŋ	正ᵧ蒸称秤升成诚城盛橙
	yen	君
uẽŋ	uen	春润棍滚昏荤魂瘟韫文闻稳
	uan	砖转穿串船传椽ᵧ还完ᵧ
	yan	选旋ᵧ权桊劝拳愿ᵧ远ᵧ院
	an	缠
	ian	贱
	en	喷ᵧ分粉粪
	əŋ	横ᵧ
yẽŋ	yan	劝ᵧ全圆₋桌元
	ian	县钱ᵧ芫
	yen	裙
õŋ	əŋ	篷棚风疯
	uŋ	冬通同桐铜童瞳筒笼龙浓笼拢中终钟锺中冲铳松虫ᵧ丛从重ᵧ工弓公蚣躬供ᵧ拱共红洪烘哄
	uen	笋ᵧ顺
	an	錾
	iuŋ	拥
	uaŋ	网

灌阳宅首土话	北京话	例字
iõŋ	uŋ	虫ᵪ绒
	iuŋ	熊用
	ieŋ	营
	aŋ	长ᵪ
	uən	肫ᵪ闰ᵪ润
	yən	裙晕ᵪ运ᵪ
õŋ	aŋ	帮绑放旁傍磅当ᵪ汤烫唐堂塘糖郎狼葬仓舱丧磉藏钢缸扛杠房糠方ᵪ妨放
	an	般搬半盘伴耽胆担ᵪ摊ᵪ滩ᵪ坛谈痰潭淡篮男南ᵪ兰三疝蚕鳌甘番烦含ᵪ岸
	uan	端短断团ᵪ卵ᵪ钻ᵪ酸闩霜蒜算官棺ᵪ冠馆管灌罐碗
	uaŋ	忘装壮窗疮双爽床状光广黄蟥荒慌王ᵪ
	uŋ	通桶ᵪ同龙浓松虫ᵪ公红
	uən	准春椿笋ᵪ顺浑温ᵪ
	əŋ	羹风封锋缝ᵪ
iõŋ	aŋ	棒张长ᵪ涨帐胀丈樟掌账敞唱仗裳ᵪ肠尝场上尚伤让
	uŋ	中聋ᵪ裟ᵪ
	iuŋ	穷蛹用
	iaŋ	姜梁粮粱量ᵪ娘两ᵪ亮酿江ᵪ浆讲蒋降将酱枪抢呛ᵪ强墙象像匠乡相香厢箱享响象ᵪ相向秧羊阳杨洋烊养痒样
	an	战
	uən	肫ᵪ闰ᵪ润
	uaŋ	撞
	yən	裙菌熏云匀晕ᵪ运ᵪ
	əŋ	甑

灌阳宅首土话	北京话	例字
uɔ̃ŋ	aŋ	纺
	uaŋ	王_又望_又
	an	汗安鞍按案
yɔ̃ŋ	aŋ	唱
ŋ	ən	人_又
	u	五伍
	a	哪_又

第三节　灌阳宅首土话与北京音声调的比较

宅首土话有六个声调，北京话有四个声调，二者的显著差异在于：宅首土话平上去三声以清浊分阴阳，仅入声清浊二类分别派入阳上、阳去，所以还有六个声调。它们之间对应的具体面貌如下表（见表5-3）。

表5-3　灌阳宅首土话与北京音声调比较表

北京音　宅首土话	阴平55	阳平35	上声214	去声51
阴平35	东该灯风通开天春	熬蹩魁	撮	大瓮权夏舵_又罌络逗坳醮又沏现棍
阳平212	妈咩鳖危帆拈拎	门龙牛油铜皮糖红		
阴上44	煲箦估猪_又只		懂古鬼九统苦讨草	叩肚_{西～子}矿

北京音 宅首土话	阴平 55	阳平 35	上声 214	去声 51
阳上 53	搭哭拍切 汁织劈接	节急蛰别 结劫竹雪	买老五有 谷百塔撒	动罪近后 刻市是弟
阴去 51	综	炸虹		冻怪半四 痛快寸去<u>莫</u>
阳去 22	兮吃邀	毒白盒罚 值笛食席蹂	薯	卖路硬乱 六麦叶月

从表中可以看到，宅首土话和北京话声调对应整齐的部分占据主体地位。

宅首阴平中来源于古平声清声母的在北京话中是阴平。

宅首阳平中来源于古平声全浊声母和次浊声母字的在北京话中也是阳平。

宅首阴上中来源于古上声清声母的在北京话中读成上声。

宅首阳上中来源于古上声次浊声母的在北京话中读成上声，来源于古上声全浊声母的在北京话中读成去声，来源于古清入声母的在北京话中呈现出复杂的分布情况：有读成阴平的，有读成阳平的。

宅首阴去中来源于古去声清声母的在北京话中也读成去声。

宅首阳去中来源于古去声浊声母的在北京话中也读成去声，来源于古入声次浊声母的在北京话中读成去声，来源于古入声全浊声母的在北京话中读成阳平。

宅首清入在北京话中与阳上合流，浊入与阳去合流，这与北京话中入声读成阴平、阳平、上声和去声的演变规律不一样。

上表中部不规则的部分，有的是方言里不规则的音读，例如，宅首阴平中在北京音里读成阳平的"熬"来源于古次浊平声，"整"来源于古全浊入声；有的受当地官话的影响，宅首阴平调值与当地官话去声调值相同，都是35；有的受普通话的影响，宅首上声调型与普通话阴平调型相同。

第六章　灌阳宅首土话音系与中古音比较

这一章进行古音与今音的比较。所谓古音是指学界用作重要参照的《广韵》音系；所谓今音，在这里是指宅首土话音系。比较二者，可以得见宅首土话与《广韵》音读的对应关系。

第一节　声母的古今比较

声母古今比较见表6-1。表中的某些例字涉及文白异读。为便于了解比较的全貌，表中规律以外的情况于表后逐一说明。

表6-1　灌阳宅首土话与中古音声母比较表

发音方法＼发音部位		全清		次清		全浊		
							平	仄
帮组		帮	包 pio³⁵	滂	抛 p'io³⁵	并	皮 bei²¹²	被 bei⁵³
非组		非	傅 xu⁵¹	敷	副 xu⁵¹	奉	帆 xuãŋ²¹²	父 xu⁵³
端泥组	今洪	端	裆 tãŋ³⁵	透	贪 t'ãŋ³⁵	定	堂 dɔŋ²¹²	豆 dau²²
	今细		雕 tiəu³⁵		厅 t'iẽŋ³⁵		调 diəu²¹²	待 die⁵³
精组	今洪	精	酒 tsei⁴⁴	清	刺 tsuei⁵¹	从	瓷 zɿ²¹²	自 zɿ²² 在 dzai²²
	今细		蒋 tɕiɔ̃ŋ⁴⁴		取 tɕy⁴⁴		柴 zie²¹²	杂 zia²² 截 dʑi²²

续表

发音部位＼发音方法		全清	次清	全浊		
					平	仄
知组	今洪	知 罩 tso⁵¹	彻 椿 tsʻɔŋ³⁵	澄	茶ᵡ dza²¹²　迟 zɿ²¹²	值 zɿ²²
	今细	猪 tɕy⁴⁴　帐 tiɔ̃ŋ⁵¹	拆 tɕʻia⁵³		除 dʑy²¹²　茶ᵡ ʑia²¹²　沉 diẽŋ²¹²	阵 ʑiẽŋ²²　丈 diɔ̃ŋ⁵³
庄组	今洪	庄 捉 tso⁵³	初 抄 tsʻo³⁵	崇	愁 zei²¹²	事 dzai²²　状 zɔŋ²²
	今细	渣 tɕia³⁵	差 tɕʻia³⁵		锄 dʑiau²¹²　豺 ʑie²¹²	助 ʑiau²²
章日组	今洪	章 揸 tsɿ⁴⁴	昌 臭 tsʻei⁵¹	船	神 zẽŋ²¹²	顺 zɔ̃ŋ²²
	今细	揸 tɕi⁴⁴	吹 tɕʻy³⁵		蛇 ʑie²¹²	射 ʑie²²
见晓组	今洪	见 拱 kõŋ⁴⁴	溪 亏 kʻuei³⁵	群	拳 guẽŋ²¹²	柜 guei²²
	今细	基 tɕi³⁵	区 tɕʻy³⁵		仇 dʑiei²¹²　旗 ʑi²¹²	及 dʑi²²　旧 ʑiei²²
影组	今洪	影 印 iẽŋ⁵¹		匣	猴 ɣau²¹²　回 xuei²¹²	候 ɣau²²　旱 xã²²
	今细				嫌 ɕiẽŋ²¹²	坏 ɕye²²

表6-2　灌阳宅首土话与中古音声母比较表

发音部位＼发音方法		次浊		清	全浊	
					平	仄
帮组		明 茅 mio²¹²				
非组		微 雾 u²²				
端泥组	今洪	泥 文：浓 nõŋ²¹²　白：奶 lai⁵³	来 文：累 luei²²　白：轮 nẽŋ²¹²			
	今细	泥 文：尿 niəu²²　白：尿 liəu²²	来 文：栗 lie²²　白：赖 nie²²			
精组	今洪			心 丝 sɿ³⁵	邪 随 zuei²¹²	寺 zɿ²²
	今细			媳 ɕi⁵³		席 zi²²
知组		娘 文：拿 nia²¹²　白：粘 lie²¹²				

续表

发音部位＼发音方法		次浊				清		全浊		
									平	仄
庄组	今洪					生	师 sai35			
	今细						筛 çie35			
	今细						瞎 çie53			
章日组	今洪		润 zuēŋ22 二又 luei22				水 suei44		仇 zei212	誓 zʅ22
	今细	日	二又 ni22 仁 iēñ212 入 zy22 儿又 lie212			书	烧 çiɛu35	禅	成 zieŋ212	勺 ziəu22
见晓组	今洪	疑	危 uei212 外 yuei22							
	今细		元 yēñ212 凝 niēñ212							
影组	今洪	云				晓	荒 xɔŋ35			
	今细		云 iɔ̃ŋ212	以	匀 iɔ̃ŋ212	晓	瞎 çie53			

帮母字今读[p]。读[b]的有"爸、钯"。

滂母字今读[p']。读[p]的有"披、膊",读[b]的有"磅~秤、胚胖~",读[x]的有"铺当~、喷打~嚏"。

并母字今读[b]。读[p]的有"蹩~脚、鎞~刀布、背歇~：歇歇，休息一会儿",读[p']的有"跑、叛",读[x]的有"部"。

明母字今读[m]。

非母字今读[x]。读[ç]的有"发出~、发头~、方地~"。读[p]的有"斧、放、腹、分、飞、反、枫"。

敷母字今读[x]。读[p]的有"蜂又、翻、孵又",读[p']的有"蜂又、捧、孵又"。

奉母字今读[x]。读[b]的有"扶、饭、妇新~、份",读[p']的有"伏起入：趴着睡",读[ç]的有"罚~款、~钱",读[ɣ]的有"扶、芙、符、房、服、肥猪~、牛~"。

微母字今读零声母 [0]。读 [m] 的有"袜、忘、望、问、蚊、尾"。

端母字今读 [t]。读 [d] 的有"店",读 [tɕ] 的有"吊_{～竹}",读 [l] 的有"得_{晓～、认～}"。

透母字今读 [t']。读 [t] 的有"贴_{联～、脾}、拓"。

定母字今读 [d]。读 [t] 的有"掉、□_{痔头:脱肛}脱肛、簟_{～子}、大、兑、钝"。

泥母文读为 [n],白读为 [l]。读 [t] 的有"鲇、哪"。

来母文读为 [l],白读 [n]。

由于泥母文读和来母白读都读 [n],泥母白读和来母文读都读 [l],在官话、土话转换过程中,土话族群里已有泥、来二母自由变读现象。

精母字今洪音前读 [ts],细音前读 [tɕ]。读 [t] 的有"载",读 [l] 的有"子"。

清母字今洪音前读 [ts'],细音前读 [tɕ']。读 [ts] 的有"灿、撮"。

从母字今洪音前读 [dz]、[z],细音前读 [dʑ]、[ʑ]。读 [d] 的有"在",读 [tɕ] 的有"渍、蹲"。

心母字今洪音前读 [s],细音前读 [ɕ]。读 [z] 的有"松、丝"。

邪母字今洪音前读 [z],细音前读 [ʑ]。读 [ɕ] 的有"象",读 [tɕ'] 的有"斜"。

知母字今洪音前读 [ts],细音前读 [tɕ] 和 [t]。洪音前读 [t] 的有"竹、猪",读 [ʑ] 的有"站"。

彻母字今洪音前读 [ts'],细音前读 [tɕ']。

澄母字今洪音前读 [dz]、[z],细音前读 [dʑ]、[ʑ] 和 [d]。读 [ts] 的有"蛰、痔",读 [tɕ] 的有"痔、仗"。

娘母字细音前文读 [n],白读 [l]。

庄母字今洪音前读 [ts],细音前读 [tɕ]。读 [ts'] 的有"侧_{～身}"。

初母字今洪音前读 [ts'],细音前读 [tɕ']。读 [tɕ] 的有"厕、衬"。

崇母字今洪音前读 [dz]、[z],细音前读 [dʑ]、[ʑ]。读 [tɕ] 的有"拽",读 [tɕ'] 的有"炸"。

生母字洪音前读 [s],细音前读 [ɕ]。读 [tɕ'] 的有"掺",读 [x] 的有"傻"。

　　章母字今洪音前读［ts］，细音前读［tɕ］。读［t］的有"颤"，读［ʐ］的有"肫"。

　　昌母字今洪音前读［tsʻ］，细音前读［tɕʻ］。读［tɕ］的有"敞"。

　　船母字今洪音前读［z］，细音前读［ʑ］。读［s］的有"船"，读［ɕ］的有"术"。

　　书母字洪音前读［s］，细音前读［ɕ］。读［tɕ］的有"翅"，读［tɕʻ］的有"翅、抻"。

　　禅母字今洪音前读［z］，细音前读［ʑ］。读［ɕ］的有"熟、竖"，读［s］的有"受、树、是"。

　　日母字今洪音前读［z］、［l］，细音前读［ʑ］、［n］、［l］和［ø］。

　　见母字今洪音前读［k］，细音前读［tɕ］。读［t］的有"姜"，读［x］的有"搅"，读［ts］的有"髻"，读［ʐ］的有"菊"。

　　溪母字今洪音前读［kʻ］，细音前读［tɕʻ］。读［k］的有"劝"，读［tɕ］的有"吱、跤"，读［x］的有"起ʯ、去、哭、糠、开、阔、窟、口、棵、空、肯"，读［ɕ］的有"起ʯ、壳"。

　　群母字今洪音前读［g］，细音前读［dʑ］、［ʑ］。读［tɕ］的有"其"，读［tɕʻ］的有"翘"，读［ø］的有"拳"。

　　疑母字今洪音前读［ɣ］、［ø］，细音前读［n］、［ø］。读［x］的有"硬、顽"，读［n］的有"我"，读［m］的有"午"。

　　云母字今读［ø］。读［ɣ］的有"有ʯ"，读［x］的有"有ʯ、盐ʯ、檐ʯ"。

　　以母字今读［ø］。读［ɣ］的有"盐ʯ、檐ʯ、赢"，读［x］的有"盐ʯ、檐ʯ"，读［ɕ］的有"熊"。

　　晓母字今洪音前读［x］，细音前读［ɕ］。读［ɣ］的有"货"，读［ø］的有"歪"，读［s］的有"擤~鼻涕"。

　　影母字今读［ø］。读［x］的有"窝"。

　　匣母字今洪音前读［ɣ］、［x］，细音前读［ɕ］。读［kʻ］的有"咳"，读［ʐ］的有"行"，读［ʔ］的有"滑、萤、滑、学、完"。

第二节　韵母的古今比较

下表里，我们主要以韵摄为单位列举《广韵》韵类与宅首土话韵母的对应关系。

表6-3　灌阳宅首土话与中古音韵母比较表

果摄		一等						
		帮组	端组	泥来	精组	见组	晓匣	影喻
果开	例字		多	罗挪哪	左	可 我	河	屙
	文读		to³⁵	lo²¹²	tso⁴⁴	k'o⁴⁴	ɣo²¹²	o³⁵
	白读			ta⁵³		na⁴⁴		
果合	例字	婆薄簸	砣	骡	梭痧	棵	和	窝
	文读	bo²¹²	do²¹²	lo²¹²	so³⁵	xo³⁵	ɣo²¹²	o³⁵
	白读	bu²²				ɕia³⁵		xo³⁵
		pio⁵¹						

果摄		三四等								
		端系	泥来	精组	庄组	知章组	日	见组	晓匣	影喻
果开	例字							茄 枷		
	文读							dʑie²¹²		
	白读							dʑia²¹²		
果合	例字									
	文读									
	白读									

表6-4　灌阳宅首土话与中古音韵母比较表

假摄		二等					
		泥来		庄组	见组	晓匣	影喻
假开	例字	蚂	拿	茶	架　牙	哈　夏	哑
	文读	ma^{53}		dza^{212}	ia^{212}	çia^{35}	
	白读	mei^{53}	nia^{212}	ʑia^{212}	tçio^{51} / ka^{51}	xo^{35} / xa^{35}　ɣa^{53}	a^{44}
假合	例字			傻	瓜　瓦	化	
	文读			xa^{44}	kua^{35}　ua^{53}	xua^{51}	
	白读						

假摄		三四等									
		帮系	端系	泥来	精组	庄组	知章组	日	见组	晓匣	影喻
假开	例字				谢		社				野
	文读				zie^{22}						ie^{53}
	白读						ʑie^{53}				
假合	例字										
	文读										
	白读										

表6-5　灌阳宅首土话与中古音韵母比较表

遇摄		一等						
		帮组	端组	泥来	精组	见组	晓匣	影喻
遇合	例字	步	徒　肚	露　芦	诉　粗	顾　蜈	虎　胡	乌
	文读	bu²²		lu³⁵	su⁵¹	ku⁵¹　u²¹²	xu⁴⁴　ɣu²¹²	u³⁵
	白读		diau²¹²　tiau⁴⁴	liau²²	tɕʻiau³⁵			
			diəu²¹²　təu⁴⁴	ləu²²	səu⁵¹　tsʻəu³⁵			

遇摄		三四等									
		帮系	端系	泥来	精组	庄组	知章组	日	见组	晓匣	影喻
遇合	例字			女　吕	絮	初	猪　鼠		锯　去	许	淤　余
	文读			ly⁵³			tɕy⁴⁴		tɕy⁵¹	ɕy⁴⁴	y³⁵　y²¹²
	白读			luei⁵³			suei⁴⁴		xu⁵¹		
				lei⁵³	sei⁵¹	tɕiau³⁵	tei³⁵				

遇摄		三四等							
		帮系	端系	泥来	精组	庄组	知章组	见组	影喻
	例字	腐			取　须	数　数	主　拄　柱	句　遇	雨
	文读	xu⁵³			tɕʻy⁴⁴		tsu⁴⁴		y⁵³
遇合	白读				sei³⁵		tɕy⁴⁴　tɕy⁴⁴	tɕy⁵¹	
							dei⁵³	uei²²	
						səu⁵¹ ɕiəu⁵¹			
						ɕiau⁴⁴			
							tsuai⁴⁴		

表6-6 灌阳宅首土话与中古音韵母比较表

蟹摄		一等						
		帮组	端组	泥来	精组	见组	晓匣	影喻
蟹开	例字		太	奈 来	崽 载 栽	盖	海	
	文读		t'ai⁵¹	nai²² lai²¹²	tsai⁴⁴	kai⁵¹	xai⁴⁴	
	白读		t'ie⁵¹	nie²² lie²¹²	tei⁴⁴ tɕie³⁵			
蟹合	例字	胚	对	雷	罪	魁 块	回	
	文读	bei²¹²	tuei⁵¹		zuei⁵³	k'uei²¹²	ɣuei²¹²	
	白读		tei⁵¹	luei²¹²		k'ye⁵¹		

蟹摄		二等					
		帮系	泥来	庄组	见系	晓匣	影喻
蟹开	例字	摆 买	奶	寨 晒	解 揩	蟹 鞋	
	文读		lai⁵³			xai⁵³	
	白读	pie⁴⁴ mie⁵³	nie⁵³	ɕie⁵¹ ʑia²²	ke⁴⁴ kie⁴⁴	ɣie²¹²	
蟹合	例字			拽	挂	怀 话	
	文读				kua⁵¹	ɣua²²	
	白读			ʑye²²	kye⁵¹	ɕye²¹²	

蟹摄		三四等									
		帮系	端系	泥来	精组	庄组	知章组	日	见组	晓匣	影喻
蟹开	例字	闭 鳖	蹄	泥 礼	脐 挤		世 誓		髻 鸡	兮	艺
	文读	pi⁵¹	di²¹²	ni²¹² li²¹²	zɿ²¹²		ɕi⁵¹	zʅ²²	tɕi³⁵	ɕi²²	i⁵¹
	白读	bei²²	dei²¹²	luei⁵³	tsuai⁴⁴ ʑy²¹²				tsei³⁵		
蟹合	例字	肺			岁		税		桂		
	文读				suei⁵¹		suei⁵¹		kuei⁵¹		
	白读	xuei⁵¹									

表6-7　灌阳宅首土话与中古音韵母比较表

止摄		三四等									
		帮系	端系	泥来	精组	庄组	知章组	日	见组	晓匣	影喻
止开	例字	秕 鼻		里 厘	死 子	师 厕	痔治只	二 儿	寄	戏	意
	文读	pi^{44}		li^{212}	sʅ^{44} tsʅ^{44}	sʅ^{35}	tsʅ^{53} tsʅ^{35}	ər^{22}	tɕi^{51}	çi^{51}	i^{51}
	白读	bei^{212}		lei^{53}		tɕi^{51}	tɕi^{53}	ni^{22}			
					tsai^{44}	sai^{35}	zai^{22}				
				lie^{53}		tɕie^{51}	tɕie^{35}	lie^{212}			
				luei^{53}	suei^{44}			luei^{22} luei^{212}			
止合	例字	飞		泪	醉 嘴		水 追		柜		为
	文读	pei^{35}			tsuei^{51}		suei^{44}		guei^{22}		uei^{22}
	白读	xuei^{35}		luei^{22}	tsei^{44}		tɕy^{35}				

表6-8　灌阳宅首土话与中古音韵母比较表

效摄		一等						
		帮组	端组	泥来	精组	见组	晓匣	影喻
效开	例字	宝 毛	道	脑 老	早 扫	高	好 毫	熬
	文读		dau^{53}	lau^{53}			ɣau^{212}	
	白读		dəu^{53}	ləu^{53} ləu^{53}	tsəu^{44} səu^{44}	kəu^{35}		
		mio^{212}			so^{44}			
		pu^{44} mu^{212}				ku^{35}	xu^{44}	u^{35}

续表

效摄		二等							
		帮组	端组（知）	泥来	精组	庄组	见组	晓匣	影喻
效开	例字	苞	罩	闹	罩	筲	教 胶	孝 校	坳
	文读	pau³⁵				sau³⁵	tɕiau³⁵	ɕiau⁵¹	au³⁵
	白读	pio³⁵	tso⁵¹		tso⁵¹	so³⁵	tɕio⁵¹	ɕio⁵¹	
				ləu²²			tɕiəu⁵¹		

效摄		三四等							
		帮系	端组	泥来	精组	庄组	知章组	日	见系
效开	例字	表 苗	条	了	椒		朝		轿 叫 腰 摇
	文读	piau⁴⁴	diau²¹²	liau⁵³	tɕiau³⁵		dzau²¹²		iau²¹²
	白读	pio⁴⁴							tɕio⁵¹
		miəu²¹²	diəu²¹²	liəu⁵³	tɕiəu³⁵		ʑiəu²¹²		ʑiəu²² tɕiəu⁵¹ iəu³⁵

表6-9 灌阳宅首土话与中古音韵母比较表

流摄		一等						
		帮组	端组	泥来	精组	见组	晓匣	影喻
流开	例字	母 茂	豆	楼	嗽	藕 沟	候 猴	瓯
	文读	mu⁵³	dəu²²			əu⁵³	ɣəu²¹²	
	白读	mu²²	dau²²	lau²¹²	sau⁵¹	kau³⁵	ɣau²²	au³⁵
					ɕiau⁵¹			

流摄		三四等							
		帮系	端系	泥来	精组	庄组	知章组	日	见系
流开	例字	妇		流 留 刘	秋	愁 搜	肘 洲 周	揉	舅 矟 牛
	文读	xu⁵³		liəu²¹²	tɕʻiəu²¹²		tsəu⁴⁴	ʑiəu²¹²	ʑiəu⁵³
	白读	bei⁵³		lei²¹²	tsʻei³⁵	zei²¹²	tsei³⁵		ʑiei⁵³
				liau²¹²		ɕiau³⁵	tɕiau³⁵		kau³⁵
					tsʻuei³⁵				iau²¹²

表6-10　灌阳宅首土话与中古音韵母比较表

咸摄		一等						
		帮组	端组	泥来	精组	见组	晓匣	影喻
咸舒廾	例字		担 贪 潭	男 篮	蚕	甘	含	庵
	文读		t'ãŋ^{35}	nãŋ^{212}		kãŋ^{35}		
	白读		tɔ̃ŋ^{51} dɔ̃ŋ^{212}	nɔ̃ŋ^{212} nɔ̃ŋ^{212}	zɔ̃ŋ^{212}	kɔ̃ŋ^{35}	xɔ̃ŋ^{212}	ɔ̃ŋ^{35}
			tæ̃ŋ^{51}					
			tai^{51}					

咸摄		一等						
		帮组	端组	泥来	精组	见组	晓匣	影喻
咸入开	例字		搭 沓 邋	蜡 邋			喝 合	
	文读							
	白读		tɔ^{53}				xɔ^{53}	
			do^{22}	lo^{22}			xo^{53} ɣo^{22}	
			t'ie^{53}	lie^{22}				

咸摄		二等							
		帮组	端组（知）	泥来	精组	庄组	见组	晓匣	影喻
咸舒开	例字		站			掺	减 嵌	咸	岩
	文读								
	白读		ʑiãŋ^{22}			tɕ'iãŋ^{35}	tɕ'iẽŋ^{51}	ɣãŋ^{212}	
			ʑiæ̃ŋ^{22}			ts'æ̃ŋ^{35}	ka^{44}	xã^{212}	iã^{212}
咸入开	例字		扎			眨 插	甲		鸭
	文读						tɕia^{53}		
	白读		tɕie^{53}			tɕia^{53}	ka^{53}		a^{53}
						tɕ'ie^{53}			

续表

咸摄		三四等							
		帮系	端系	泥来	精组	庄组	知章组	日	见系
咸舒开	例字		点	镰 黏	尖		闪		钳 盐
	文读		tiãŋ⁴⁴						
	白读		tiẽŋ⁴⁴	niẽŋ²¹²	tɕiẽŋ³⁵		ɕiẽŋ⁴⁴		ʑiẽŋ²¹² ɣiẽŋ²¹²
			tiã⁴⁴						
			tia						
				lie²¹²					
咸入开	例字		帖		接		摺		劫 叶
	文读								ie²²
	白读		t'i⁵³		tɕi⁵³				tɕi⁵³ i²²
							tsai⁵³		
咸舒合	例字	犯							
	文读								
	白读	xuãŋ⁵³							
咸入合	例字	法							
	文读								
	白读	xua⁵³							

表6-11　灌阳宅首土话与中古音韵母比较表

深摄		三等							
		帮系	端系	泥来	精组	庄组	知章组	日	见系
深舒开	例字			林	心		针 深	壬	今 琴 阴
	文读			niẽŋ²¹²	ɕiẽŋ³⁵		tɕiẽŋ³⁵ ɕiẽŋ³⁵	iẽŋ²¹²	tɕiẽŋ³⁵ ʑiẽŋ²¹² iẽŋ³⁵
	白读								tɕi³⁵
深入开	例字			立			蛰 湿 汁	入	及 急
	文读						tsɿ⁵³	dʑi²²	tɕi⁵³
	白读			luei²²			tsɿ⁵³	zʮ²²	
							ɕie⁵³	nie²²	
								ni²²	

表6–12　灌阳宅首土话与中古音韵母比较表

山摄		一等						
		帮组	端组	泥来	精组	见组	晓匣	影喻
山舒开	例字		蛋 摊	烂	伞	秆 岸	旱 汗 寒	安
	文读		dãŋ²²		sãŋ⁴⁴	kãŋ⁴⁴ ãŋ²²	ɣãŋ²² ɣãŋ²¹²	
	白读		t'ɔŋ³⁵			kã⁴⁴	ɣã²²	uɔŋ³⁵
						ɔŋ⁵¹	ɣuɔŋ²²	
			t'æ̃ŋ³⁵	næ̃ŋ²²	sæ̃ŋ⁴⁴	kæ̃ŋ⁴⁴	ɣæ̃ŋ²¹²	
山入开	例字		苤 捺 辣		擦 萨	割	喝	
	文读		da²²	la²²	sa⁵³	ko⁵³	xo⁵³	
	白读			lie²²	tɕ'ie⁵³			
山舒合	例字	满 盘 瞒	团	卵 乱	攒 算	棺 款	完	碗
	文读	mãŋ⁵³	duãŋ²¹²			k'uãŋ⁴⁴		uãŋ⁴⁴
	白读	bɔ̃ŋ²¹²	dɔ̃ŋ²¹²	nɔ̃ŋ⁵³ nɔ̃ŋ²²	sɔ̃ŋ⁵¹	kɔ̃ŋ³⁵		ɔ̃ŋ⁴⁴
							uẽŋ²¹²	uɔ̃ŋ⁴⁴
		mæ̃ŋ²¹²			tsæ̃ŋ⁴⁴	kuæ̃ŋ³⁵	uæ̃ŋ²¹²	
		mu⁵³						
				nõ⁵³ nõŋ²²				
山入合	例字	拨	脱		撮	阔	活	
	文读	po⁵³	t'o⁵³		tso⁵³	xo⁵³	ɣo²²	
	白读							

山摄		帮组	端组（知）	泥来	精组	庄组	见组	晓匣	影喻
二等									
山舒开	例字	办 板				盏 山疝	间 眼	苋	晏
	文读					tsãŋ⁴⁴			
	白读	bæŋ³⁵ pæŋ⁴⁴				sæŋ³⁵	kæŋ³⁵	ɣæŋ²²	æŋ⁵¹
							iẽŋ⁵³		
						sɔ̃ŋ³⁵		ɣɔ̃ŋ³⁵	
山入开	例字	八 抹				札 杀		瞎	轧
	文读	pa⁵³							
	白读	pie⁵³				tɕia⁵³			a⁵³
						ɕie⁵³		ɕie⁵³	
		mai⁵³							
山舒合	例字					闩 栓	惯	还	弯
	文读						kuãŋ⁵¹		
	白读					sɔ̃ŋ³⁵	kuæŋ⁵¹	xuæŋ²¹²	uæŋ³⁵
						suæŋ³⁵	ɣuẽŋ²¹²		
山入合	例字						刮		挖
	文读						kua⁵³		
	白读						kue⁵³		ye⁵³
							kye⁵³		

山摄		帮系	端系	泥来	精组	庄组	知章组	日	见系
三四等									
山舒开	例字	棉 面 扁	癫 垫	莲 楝	前		扇 战	燃	见 烟
	文读	miãŋ²¹²	tiãŋ³⁵	niãŋ²¹²					
	白读	miẽŋ²¹² piẽŋ⁴⁴	tiẽŋ³⁵ diẽŋ²²	niẽŋ²¹²	ziẽŋ²¹²		ɕiẽŋ⁵¹	niẽŋ²¹²	tɕiẽŋ⁵¹ iẽŋ⁴⁵
		miẽ²² piẽ⁴⁴	diẽ²²						
		piẽ⁴⁴							
				li²²	zi²¹²				
							tɕiɔ̃ŋ⁵¹		

续表

山摄		三四等							
		帮系	端组	泥来	精组	庄组	知章组	日	见系
山入开	例字	别 撤 憋	铁	捏 茶	节		撤 舌	热	结 歇 蘖
	文读	p'ie^{53}			tɕie^{53}				nie^{22}
	白读	pi^{53} p'i^{53}	t'i^{53}	ni^{22}	tɕi^{53}		ʑi^{22}		tɕi^{53} ɕi^{53}
		pei^{53}						nie^{22}	ke^{53}
		p'ia^{53}		lia^{22}			tɕ'ia^{53}		
									kai^{53}
山舒合	例字	烦 反 万			旋 全		橡 串	软	桊 县 院 圆 源
	文读								
	白读				zuẽ^{212}		zuẽ^{212} tsuẽ^{51}	luci^{53}	kuẽ^{51} uẽ^{22} xyẽ^{22} yẽ^{212}
					ʐyẽ^{212}				
							zẽ^{212}		
		xɔ̃^{212}							
		pæ̃^{44}							
		uæ̃^{22}							uæ̃^{212}
山入合	例字	发 發 袜		劣			雪		缺 月 血 越
	文读						ɕye^{53}		k'ye^{53}
	白读	ɕye^{53}		lye^{22}					
		xie^{53} mie^{22}							
									y^{22} ɕy^{53} y^{22}
							suei^{53}		
									k'uai^{53}

表6-13　灌阳宅首土话与中古音韵母比较表

臻摄		一等						
		帮组	端组	泥来	精组	见组	晓匣	影喻
臻舒开	例字					跟	很	
	文读					kẽŋ³⁵		
	白读					tɕiãŋ³⁵	xiẽŋ³⁵	
臻入开	例字							
	文读							
	白读							
臻舒合	例字	本　门	顿	嫩	孙	滚	昏　浑	瘟　温
	文读	pẽŋ⁴⁴				kuẽŋ⁴⁴	xuẽŋ³⁵	uẽŋ³⁵
	白读	pãŋ⁴⁴ mãŋ²¹²	tãŋ⁵¹	nãŋ²²	sãŋ³⁵	kuãŋ⁴⁴		uãŋ³⁵
							xɔ̃ŋ²¹²	ɔ̃ŋ³⁵
		miẽŋ²¹²						
臻入合	例字					骨　窟		
	文读							
	白读					kuai⁵³	xuai⁵³	

臻摄		三四等							
		帮组	端组	泥来	精组	庄组	知章组	日	见系
臻舒开	例字	殡		邻	辛	衬	身	认	巾　斤　芹　印
	文读	piẽŋ⁵¹		niẽŋ²¹²	ɕiẽŋ³⁵		ɕiẽŋ³⁵	niẽŋ²²	tɕiẽŋ³⁵ ziẽŋ²¹² iẽŋ⁵¹
	白读					tɕ'iã⁵¹	ɕi³⁵		
臻入开	例字	笔　蜜		栗	七　膝	虱	实　佚	日	一
	文读						ʐ̩²² ʐ̩²²		i⁵³
	白读				sai⁵³				
				lie²²					
							ʐi²²	ni²²	
					ts'uei⁵³ suei⁵³				
							duei²²	luei²²	
		pei⁵³ mei²²							

臻摄		三四等							
		帮组	端组	泥来	精组	庄组	知章组	日	见系
臻舒合	例字	粉 分		轮	笋		春 肫	润	裙 菌 匀
	文读	xuẽŋ⁴⁴		nẽŋ²¹²			tsuẽŋ²¹²	zuẽŋ²²	dʑyẽŋ²¹²
	白读	xuãŋ⁴⁴ pãŋ³⁵			sõŋ⁴⁴		tsɔ̃ŋ³⁵ ziõŋ³⁵	ziõŋ³⁵	ziõŋ²¹² ziõŋ⁵³ iõŋ²¹²
					sõŋ⁴⁴		ziõŋ³⁵	iõŋ²²	ziõŋ²¹²
							tɕ'iəu⁵³		
臻入合	例字	不					出 术		橘
	文读	pu⁵³							
	白读						tɕ'y⁵³ ɕy⁵³		kuei⁵³
							tɕ'iəu⁵³		

表6-14　灌阳宅首土话与中古音韵母比较表

宕摄		一等						
		帮组	端组	泥来	精组	见组	晓匣	影喻
宕舒开	例字	螃 旁 榜	汤	廊 狼	桑 丧	钢 刚 糠	行	
	文读	bãŋ²¹²	t'ãŋ³⁵	nãŋ²¹²	sãŋ³⁵	xãŋ³⁵	ɣãŋ²¹²	
	白读	bɔ̃ŋ²¹²	t'ɔ̃ŋ³⁵	nõŋ²¹²	sõŋ³⁵	kɔ̃ŋ³⁵ xɔ̃ŋ³⁵		
		pãẽŋ⁴⁴				tɕiãŋ³⁵		
宕入开	例字	薄 莫		落 络	索 作			恶
	文读	mo⁵³			so⁵³			o⁵³
	白读	bu²²		ləu²² luei²²	tsəu⁵³			

续表

宕摄		一等						
		帮组	端组	泥来	精组	见组	晓匣	影喻
宕舒合	例字					光	黄	
	文读					kuãŋ³⁵	ɣuãŋ²¹²	
	白读					kɔ̃ŋ³⁵	ɣɔ̃ŋ²¹²	
宕入合	例字	膊						
	文读							
	白读	pei⁵³						

宕摄		三等							
		帮组	端组	泥来	精组	庄组	知章组	日	见系
宕舒开	例字			粮　两	蒋　奖	壮	掌　长	让	姜　乡　养
	文读			niãŋ²¹²	tɕiãŋ⁴⁴	tsãŋ⁴⁴			iãŋ⁵³
	白读			niɔ̃ŋ²¹²　niɔ̃ŋ⁵³ niõŋ⁵³	tɕiɔ̃ŋ⁴⁴　tsɔ̃ŋ⁵¹		tɕiɔ̃ŋ⁴⁴ diɔ̃ŋ²¹² diɔ̃ŋ²¹²	iɔ̃ŋ²²	tɕiɔ̃ŋ³⁵　ɕiɔ̃ŋ³⁵ iɔ̃ŋ⁵³
宕入开	例字				嚼		着　勺	弱	脚　药
	文读								tɕiau⁵³
	白读				ziəu²²		tiəu⁵³ziəu²²	iəu²²	tɕiəu⁵³ iəu²²

宕摄		三等							
		帮组	端组	泥来	精组	庄组	知章组	日	见系
宕舒合	例字	纺　忘　网							王
	文读	xuãŋ⁴⁴							uãŋ²¹²
	白读	mɔ̃ŋ²² õŋ⁵³							ɔ̃ŋ²¹²
宕入合	例字								
	文读								
	白读								

表6-15 灌阳宅首土话与中古音韵母比较表

江摄		二等								
		帮组	端组（知）	泥来	精组	庄组	见组		晓匣	影喻
江舒开	例字	棒	桩 撞			双	扛	降		
	文读	bãŋ⁵³						tɕiãŋ⁵¹		
	白读	biɔ̃ŋ⁵³	tsɔ̃ŋ³⁵ ziɔ̃ŋ²²			sɔ̃ŋ³⁵	kɔ̃ŋ³⁵	tɕiɔ̃ŋ⁵¹		
江入开	例字	雹剥	桌 啄			捉 镯	角 壳		学	握
	文读		tso⁵³			tso⁵³ zo²²	tɕio⁵³ ɕio⁵³		ɕio²²	o⁵³
	白读	pio⁵³ bu²²					ko⁵³		io²²,	
			tɕyo⁵³					ɕyo⁵³		

表6-16 灌阳宅首土话与中古音韵母比较表

曾摄		一等						
		帮组	端组	泥来	精组	见组	晓匣	影喻
曾舒开	例字	崩	灯	能	层	肯		
	文读							
	白读	pãŋ³⁵	tãŋ³⁵	nãŋ²¹²	zãŋ²¹²	xãŋ⁴⁴		
曾入开	例字	北 墨	得		肋 塞 贼		刻	黑
	文读				sai⁵³			
	白读	pai⁵³mai²²	tai⁵³ te⁵³ lie⁵³	lie²²	zai²²	kʻai⁵³	xai⁵³	

续表

曾摄		三等							
		帮组	端组	泥来	精组	庄组	知章组	日	见系
曾舒开	例字	冰					橙		凝应
	文读	piẽŋ³⁵					ziẽŋ²¹²		niẽŋ²¹²
	白读								ãŋ⁵¹
曾入开	例字	逼		力	息熄鲫	色	食值		棘
	文读				çi⁵³		zɿ²² zɿ²²		tçi⁵³
	白读	pei⁵³		luei²²	sei⁵³ tsuai⁵³	sai⁵³	zi²²		

表6-17　灌阳宅首土话与中古音韵母比较表

梗摄		二等							
		帮组	端组（知）	泥来	精组	庄组	见组	晓匣	影喻
梗舒开	例字	猛　棚	打　撑　橙	冷		生	粳　梗	行	
	文读	bõŋ²¹²	ta⁴⁴ zẽŋ²¹²			sẽŋ³⁵	tçiẽŋ³⁵	ziẽŋ²¹²	
	白读	mã⁵³	tç'iãŋ³⁵	nãŋ⁵³ nã⁵³		çiã³⁵ çiã³⁵	kã⁴⁴		
梗入开	例字	白　麦	拆			索窄蚱	嗝格额	吓	轭
	文读	bai²² mai²²				so⁵³			
	白读	me²² ba²² ma²²	tç'ia⁵³			tçia⁵³ tsua⁵³	kai⁵³ ke⁵³ ka⁵³ ia⁵³	xa⁵³	a⁵³
梗舒合	例字						矿	横	
	文读							ɣuẽŋ²¹²	
	白读						kuãŋ⁴⁴	ɣuã²¹² ɣãŋ²¹² ɣã²¹²	

续表

梗摄		三四等							
		帮组	端组	泥来	精组	庄组	知章组	日	见系
梗舒开	例字	病　名	亭	岭	请		城		颈　赢
	文读	biẽŋ²²miẽŋ²¹²	diẽŋ²¹²	niẽŋ⁵³	tɕ'iẽŋ⁴⁴		zẽŋ²¹²		tɕiẽŋ⁴⁴ ɣiẽŋ⁴⁴
	白读				tɕ'iẽ⁴⁴		ziẽŋ²¹²		tɕiẽ⁴⁴
梗入开	例字	壁　劈	笛　踢	历	脊　戚　锡		只　石		液
	文读	p'i⁵³	di²²	li²²	tɕi⁵³ tɕ'i⁵³				
	白读	pie⁵³ p'ie⁵³	t'ie⁵³	lie²²	tɕie⁵³ ɕie⁵³		tɕie⁵³ zie²²		i²²
梗舒合	例字								兄　萤　营
	文读								
	白读								ɕiõŋ³⁵ iãŋ²¹² iõŋ²¹²
梗入合	例字								
	文读								
	白读								

表6-18　灌阳宅首土话与中古音韵母比较表

通摄		一等						
		帮组	端组	泥来	精组	见组	晓匣	影喻
通舒合	例字	篷	同　东	笼　聋	丛　葱	公　空	红	瓮
	文读	bõŋ²¹²	dõŋ²¹²	nõŋ²¹²	zõŋ²¹²	kõŋ³⁵	ɣõŋ²¹²	
	白读		dõŋ²¹² tãŋ³⁵ tai³⁵	niõŋ²¹² nãŋ²¹² niãŋ²¹²	ts'ãŋ³⁵	kõŋ³⁵ xãŋ⁵¹	ɣõŋ²¹²	aŋ³⁵

续表

通摄		一等						
		帮组	端组	泥来		精组	见组	晓匣	影喻

通入合		帮组	端组	泥来	精组	见组	晓匣	影喻
	例字	木卜	毒			谷		屋
	文读	mu^{22}				ku^{53}		u^{53}
	白读	pei^{53}	diau^{22}					

		三等							
		帮组	端组	泥来	精组	庄组	知章组	日	见系

通舒合		帮组	端组	泥来	精组	庄组	知章组	日	见系
	例字	风蜂梦		龙	松		中虫种	绒	弓穷熊用
	文读	xõŋ^{35}			sõŋ^{35}		tsõŋ^{35} tsõŋ^{44}		kõŋ^{35} iõŋ^{22}
	白读	xõŋ^{35} p'õŋ^{35}		nõŋ^{212}	zõŋ^{35}		tiõŋ^{35} zõŋ^{212}	iõŋ^{212}	ziõŋ^{212} iõŋ^{22}
							diõŋ^{212}		çiõŋ^{212}
							diẽŋ^{212}		
							tçiẽŋ^{44}		
		mãŋ^{22}					tiãŋ^{35}		

通入合		帮组	端组	泥来	精组	庄组	知章组	日	见系
	例字	福		绿 六	粟		赎竹熟叔	肉	玉蓄
	文读	xu^{53}					zu^{22}		y^{22} çy^{53}
	白读			lei^{22} lei^{22}	sei^{53}		tei^{53} zei^{22}	o^{22}	
				liau^{22}			çiau^{22}		
							səu^{35}		

下面按十六摄顺序先说明古今韵母的对应关系，后指出例外情况。

果摄	开口一等读［o］，"哪"读［ta^{53}］，"我"读［na^{44}］。 开口三等文读［ie］，白读［ia］。 合口一等又读［o］，白读［u、io］，"瘸"读［çia^{36}］。

假摄	开口二等帮组、端组、泥来母文读［a］，白读［ia］，常用字"妈"，文读［ma^{53}］，白读［mei^{53}］；见系、晓匣、影喻文读［ia］，白读［a、o、io］。 合口二等读［a、ua］。 开口三等读［ie］。

遇摄	合口一等帮系读［u］。端组、精组文读［u］，白读［əu、iəu、iau］，常用字"萝"读［lo²¹²］。见系读［u］，常用字"五、伍"读［ŋ⁵³］。 合口三等泥组、精组、知组、章组文读［y］，白读［ei、uei］，"主"有［tsu⁴⁴］、［tɕy⁴⁴］两读，"拄"有［tɕy⁴⁴］、［tsuai⁴⁴］两读。庄组读［əu、iəu、iau］。见组文读［y］，白读［u］，"遇"读［uei²²］。
蟹摄	开口一等端系、精组文读［ai］，白读［ie］，常用字"载"读［tei⁴⁴］。见系读［ai］。"咳"字读［k'a³⁵］。 开口二等文读［ai］，白读［ie］，常用字"寨"读［ʑia²²］，"差"读［tɕ'ia³⁵］。 开口三等、四等帮组、端系、见组文读［i］，白读［ei］，"礼"读［luei⁵³］；精组文读［i］，白读［y］，"挤"读［tsuai⁴⁴］；知章组文读［ʅ］，白读［i］。 合口一等帮组读［ei］，端组文读［uei］，白读［ei］；泥来母文读［ei］，白读［uei］；精组读［uei］；见系文读［uei］，白读［ye］，常用字"外"读［ɣuei²²］。 合口二等文读［ua］，白读［ye］。"画"有［ɣua²²］和［xua⁵¹］两读，［xua⁵¹］应该是受普通话影响。 合口三等、四等读［uei］。
止摄	开口三等帮组文读［i］，白读［ei］，"避、箆、屄、比、枇、皮"读［ei］，"脾"读 ［bi²¹²］，"碑"读［pei³⁵］，"眉"文读［mei²¹²］，白读［mi²¹²］，"屁"文读［p'i²¹²］，白读［p'ei²¹²］；泥来母文读［i］，白读［ei］、［ie］、［uei］，"你、厘"读［i］，"离"读［ei］，"理、里、鲤、李"读［uei］，"利"有［lie²²］ ₂奥~和［luei²²］ ₂毛~两读，"李"有［li⁵³］和［luei⁵³］ ~子两读；精组文读［ʅ］，白读［uei］、［ai］，"子"作词尾时读［lie⁴⁴］ ~子；知组、章组、庄组文读［ʅ］，白读［i］、［ai］、［ie］；日母文读［ər］，白读［i］、［ie］、［uei］；见系读［i］。 合口三等帮组、来母文读［ei］，白读［uei］；精组文读［uei］，白读［ei］，常用字"荽"读［ɕy³⁵］；知章组文读［uei］，白读［y］；见系读［uei］。
效摄	开口一等帮组文读［u］，白读［io］；端系读［əu］，"道"有［dau⁵³］和［dəu⁵³］两读，"到"有［dau⁵¹］和［dəu⁵¹］两读；精组读［əu］，"扫"有［so⁴⁴］和［səu⁴⁴］两读，"皂"读［zo⁵³］；见系文读［au］，白读［u］、［əu］。 开口二等帮组文读［au］，白读［io］；泥来母读［əu］；知组读［o］；庄组文读［au］，白读［o］，常用字"抓"读［tsua³⁵］，"爪"有［tso⁴⁴］和［tɕye⁴⁴］ ~~帽子两读；见系文读［iau］，白读［io］、［iəu］，"搅"读［xau⁴⁴］，"坳"读［au³⁵］。 开口三等帮组文读［iau］，白读［io］、［iəu］；端系、精组文读［iau］，白读［iəu］；知章组文读［au］，白读［iəu］；见系文读［iau］，白读［io］、［iəu］。

流摄	开口一等帮组读［u］，端系、见系文读［əu］，白读［au］，"喉"读［ɣai²¹²］₋结；精组读［au］、［iau］。 开口三等帮组读［u］，"妇"有［xu⁵³］和［bei⁵³］新₋两读；泥来母文读［iəu］，白读［iau］，"留"读［lei²¹²］；精组文读［iəu］，白读［ei］、［uei］；知章组文读［əu］，白读［ei］、［iau］；庄组读［ei］、［iau］；日母读［iəu］；见组文读读［iəu］，白读［iei］、［au］、［iau］，"阄"读［kau³⁵］，"牛"读［iau²¹²］，"右"有［iəu³⁵］左₋和［iei²²］两读。
咸摄	开口一等舒声端系、见系文读［ãŋ］，白读［ɔŋ］，"谭"读［dɔ²¹²］，"担"有［tɔŋ⁵¹］、［tæŋ⁵¹］₋脚、［tai⁵¹］₋子三读；精组读［ɔŋ］。 开口二等舒声知组读［iãŋ］、［iæ̃ŋ］；庄组读［iãŋ］、［æ̃ŋ］；见组读［iẽŋ］，"减"读［ka⁴⁴］； 晓匣母读［ãŋ］，"咸"有［xã］一读，"岩"读［iã²¹²］。 开口三等、四等舒声读［iẽŋ］，"点"有［tiãŋ］、［tiã］、［tia］三读，"簟"读［diẽ］，"黏"读［lie²¹²］。 合口三等舒声读［uãŋ］。 开口一等入声读［o］、［ɔ］，"合"读［kye⁵³］两₋"遏"读［lie²²］，"遏"读［tʻie⁵³］。 开口二等入声知组、庄组读［ia］、［ie］，见系文读［ia］，白读［a］。 开口三四等入声文读［ie］，白读［i］，"挟"读［ka⁵³］。
深摄	开口三等读［iẽŋ］，"今"有［tɕiẽŋ³⁵］和［tɕi³⁵］₋晡：今天。 开口三等入声精组文读［ɿ］，白读［ie］，"蛰"读［tsɿ⁵³］；见系读［i］；"立"读［luei²²］，"入"有［ʐy²²］、［nie²²］、［ni²²］三读。
山摄	开口一等舒声端系文读［ãŋ］，白读［ɔŋ］、［æ̃ŋ］；精组文读［ãŋ］，白读［æ̃ŋ］；见系文读［ãŋ］，白读［ã］、［æ̃ŋ］、［ɔŋ］、［uɔŋ］。 开口二等舒声帮组读［æ̃ŋ］；庄组文读［ãŋ］，白读［æ̃ŋ］、［ɔŋ］；见系读［æ̃ŋ］、［ɔŋ］、［iẽŋ］。 开口三等、四等舒声文读［iãŋ］，白读［iẽŋ］、［iẽ］、［ie］、［i］，"便"读［bei²¹²］₋利，"扁"有［piẽ⁴⁴］、［piẽ⁴⁴］、［pie⁴⁴］三读，"单"读［tæ̃ŋ³⁵］，"战"读［tɕiɔ̃ŋ⁵¹］，"楝"读［li²²］苦₋树，"前"有［ʐiẽŋ²¹²］和［ʑi²¹²］₋晡两读。 合口一等舒声文读［ãŋ］，白读［æ̃ŋ］、［ɔŋ］、［u］，"拌"有［biãŋ⁵³］和［biæ̃ŋ⁵³］两读，"拼"读［pʻẽŋ³⁵］，"满"有［mãŋ⁵³］和［mu⁵³］₋月、₋分端组文读［uãŋ］，白读［ɔŋ］；泥来母读［ɔŋ］、［õŋ］、［õ］；精组读［æ̃ŋ］、［ɔŋ］，"攒"读［tsæ̃ŋ⁴⁴］；见系文读［uãŋ］，白读［uæ̃ŋ］、［ɔŋ］、［uɔŋ］，"完"有［uæ̃ŋ²¹²］和⌞uẽ̃ŋ²¹²」两读。 合口二等舒声庄组读［uæ̃ŋ］、［ɔŋ］；见系文读［uãŋ］，白读［uæ̃ŋ］、［uẽŋ］。 合口三等舒声非组［uæ̃ŋ］、［ɔŋ］，"反"读［pæ̃ŋ⁴⁴］，"饭"读［bai²²］；精组、知组、章组读［uẽŋ］，"全"读［zyẽŋ²¹²］，"椽"有［zuẽŋ²¹²］和［zẽŋ²¹²］两读，"软"读［luei⁵³］烂₋；见系读［uẽŋ］、［yẽŋ］、［uæ̃ŋ］，"源"读［uæ̃ŋ²¹²］。 合口四等见系读［yẽŋ］。

山摄	开口一等入声端系、精组文读［a］，白读［ie］；见系读［o］。 开口二等入声帮母文读［a］，白读［ai］、［ie］；庄组读［ia］、［ie］；见系读［a］、［ie］。 开口三等、四等入声帮组文读［ie］，白读［i］、［ia］、［ei］，"鳖"读［pei²¹²］毛~；精组文读［ie］，白读［i］，"屑"读［çy⁵³］；知章组读［i］、［ie］，"撤"读［tɕ'ia⁵¹］；见系文读［ie］，白读［i］、［e］、［ai］。 合口一等入声读［o］。 合口二等入声文读［ua］，白读［ue］、［ye］。 合口三等、四等帮组读［ie］、［ye］，"发"读［çye⁵³］；"撅"读［tɕiəu⁵³］~木柴；泥来母读［ye］；精组、见系文读［ye］，白读［uei］、［y］，"缺"有［k'ye⁵³］和［k'uai⁵³］两读。 合口三等入声非组读［xua⁵³］。
臻摄	开口一等舒声见系文读［eŋ］，白读［iẽŋ］、［iãŋ］。 开口三等舒声读［iẽŋ］，"衬"读［tɕ'ia］，"身"有［çiẽŋ³⁵］和［çi³⁵］单~枯两读，"人"有［niẽŋ²¹²］、［ŋ²¹²］两读。 合口一等舒声帮组文读［ẽŋ］，白读［ãŋ］，"喷"读［xuẽŋ³⁵］，"门"有［mãŋ²¹²］和［miẽŋ²¹²］两读，"畚"读［piãŋ⁵¹］；端系、精组读［ãŋ］，"褪"读［t'uei⁵¹］；见系文读［uẽŋ］，白读［uãŋ］、［ɔŋ］。 合口三等舒声非组文读［uẽŋ］，白读［ãŋ］、［uãŋ］，白读泥来母读［ẽŋ］；精组读［ɔŋ］、［õŋ］；知系文读［uẽŋ］，白读［ɔŋ］、［iɔŋ］、［iõŋ］；见系文读［yẽŋ］，白读［iɔŋ］、［iõŋ］，"君"读［iẽŋ］。 开口三等入声帮组读［ei］；泥来母读［ie］；精组读［uei］；知章组文读［ɿ］，白读［i］、［uei］；见系读［i］。庄组"虱"读［sai⁵³］。 合口一等入声读［uai］。 合口三等入声帮组读［u］，知章组读［y］；见系常用字"橘"读［kuei⁵³］。
宕摄	开口一等舒声帮组文读［ãŋ］，白读［ɔŋ］、［æŋ］，"忙"读［mæ²¹²］；端系、精组、见系文读［ãŋ］，白读［ɔŋ］，"铛"读［tɕ'iãŋ³⁵］，"刚"读［tɕiãŋ³⁵］。 开口三等舒声泥来母文读［iãŋ］，白读［iɔŋ］、［iõŋ］，"酿"有［niɔŋ²²］、［luei²²］两读，"娘"有［niãŋ²¹²］舅~、［niɔŋ²¹²］亲家~~家、［niẽŋ²¹²］女~三读；精组文读［iãŋ］，白读［iɔŋ］，"想"读［sæŋ⁴⁴］；庄组读［ɔŋ］，"爽"有［sɔŋ⁴⁴］和［sai⁴⁴］蛮~利两读；知章组文读［ãŋ］，白读［iɔŋ］、［iõŋ］，"裳"读［ziẽŋ²¹²］；见系文读［iãŋ］，白读［iɔŋ］。 合口一等舒声见系文读［uãŋ］，白读［ɔŋ］。 合口三等舒声非组文读［uãŋ］，白读［ɔŋ］、［õŋ］，"方"有［xɔŋ³⁵］、［çiau³⁵］地~、［çio³⁵］地~三读，"望"读鼻化音［mɔ²²］；见字文读［uãŋ］，白读［ɔŋ］。 开口一等入声帮组文读［o］，白读［u］；泥来母读［əu］、［uei］；精组文读［o］，白读［əu］，"昨"读［zɔŋ²²］~哺；见系读［o］。 开口三等入声文读［iau］，白读［iəu］。 合口一等入声"膊"读［pei⁵³］。

江摄	开口二等舒声帮组文读 [ãŋ]，白读 [ɔŋ]、[iãŋ]，"胖"读 [pʻæŋ⁵¹]；知组读 [ɔŋ]、[iɔŋ]；庄组读 [ɔŋ]；见系文读 [iãŋ]，白读 [ɔŋ]、[iɔŋ]。 开口二等入声帮组读 [o]、[io]；知组读 [o]、[yo]；庄组读 [o]；见字读 [o]、[io]、[yo]。
曾摄	开口一等舒声读 [ãŋ]。 开口三等舒声文读 [iẽŋ]，白读 [ãŋ]。 开口一等入声帮组、精组、见系读 [ai]，端系读 [ai]、[e]、[ie]。
梗摄	开口二等舒声读 [ẽŋ]、[iẽŋ]，白读 [ãŋ]、[iãŋ]、[ã]，"打"读 [ta⁴⁴]，"羹"读 [kɔ̃⁵⁵]，"擤"读 [sɔ̃⁴⁴]。 开口三等、四等舒声帮组、泥来母、精组、见组文读 [iẽŋ]，白读 [iẽ]；知章组文读 [ẽŋ]，白读 [iẽŋ]。 合口二等文读 [uẽŋ]，白读 [ãŋ]、[ã]、[uã]。 合口三等、四等读 [iɔ̃ŋ]、[iãŋ]、[iɔ̃ŋ]。 开口二等入声帮组文读 [ai]，白读 [e]、[a]；知组、庄组读 [ia]，"索"读 [so⁵³]，"蚱"读 [tsua⁵³]；见系读 [ai]、[e]、[a]、[ia]。 开口三等、四等入声文读 [i]，白读 [ie]，"液"读 [i²²]。
通摄	合口一等舒声帮组读 [õŋ]；端系、见系文读 [õŋ]，白读 [ɔŋ]、[ãŋ]，"东"有两读 [tãŋ³⁵] 和 [tai³⁵]，"聋"有 [niãŋ²¹²] 和 [niɔ̃ŋ²¹²] 两读，"弄"读 [niãŋ²²]；精组文读 [õŋ]，白读 [ãŋ]。 合口三等非组文读 [õŋ]，白读 [ɔŋ]、[ãŋ]；泥来母读 [ɔŋ]；精组文读 [õŋ]，白读 [ɔŋ]；知章组文读 [õŋ]，白读 [ɔŋ]、[iɔŋ]、[iãŋ]、[iɔŋ]；见系文读 [õŋ]、[iõŋ]，白读 [iɔŋ]。 合口一等入声帮组、见系读 [u]，"卜"读 [bei²²]；端组读 [iau]。 合口三等入声文读 [u]、[y]，白读 [o]、[ei]、[əu]、[iau]。

第三节　声调的古今比较

灌阳宅首土话声调与中古声调对应情况如下表6-19：

表6-19　宅首土话与中古声调比较表

中古＼土话		阴平35	阳平212	阴上44	阳上53	阴去51	阳去22
古平	清	蜂、春、供、追					
	次浊		轮、龙、危、源				
	全浊		缝、槌、随、拳				
古上	清			捧、笋、准、种			
	次浊				武、蛹、垒、雨		
	全浊				菌、重、跪、竖		
古去	清					翠、粹、絮、劝	
	次浊						闰、累、为、泪
	全浊						饭、顺、薯、柜
古入	清				发、烛、粟、雪		
	次浊						袜、绿、劣、玉
	全浊						越、赎、绝、滑

1. 古平声字，清声母读阴平 35，全浊和次浊声母读阳平 212；

2. 古上声字，清声母读阴上 44，全浊和次浊声母读阳上 53；

3. 古去声字，清声母读阴去 51，全浊和次浊声母读阳去 22；

4. 古入声字，清声母和阳上合流，读阳上 ^{53}，全浊、次浊声母和阳去合流，读阳去 22。

与上述古今声调对应规律不符合的例外举例如下表 6-20：

表6-20　古今声调对应不合规律例字

例字	音韵地位	照例读法	实际读法
妨	宕合三平阳敷	xɔŋ^{35}	xɔŋ^{44}
过	果合一平戈见	ko^{35}	ko^{51}
脶	果合一平戈来	lo^{212}	lo^{22}
捶	止合三上支章	ʐy^{44}	ʐy^{212}
棍	臻合一上混见	kuən^{44}	kuən^{35}
畚	臻合一上混帮	piãŋ^{44}	piãŋ^{51}
倍	蟹合一上灰并	bei^{53}	bei^{22}
埵	果合一上戈定	do^{53}	do^{22}
祸	果合一上戈匣	ɣo^{53}	ɣo^{22}
簸	果合一上戈帮	pio^{44}	pio^{51}
县	山合四去霰匣	xyẽŋ^{22}	xyẽŋ^{212}
兑	蟹合一去泰定	tuei^{22}	tuei^{51}
弄	通合一去送来	niãŋ^{22}	niãŋ^{53}
瓮	通合一去送影	ãŋ^{51}	ãŋ^{35}
哄	通合一去送匣	xõŋ^{22}	xõŋ^{44}
铺	遇合一去暮滂	p'u^{51}	p'u^{35}
叛	山合一去换并	p'æŋ^{22}	p'æŋ^{51}
伏	通合三入屋奉	p'u^{22}	p'u^{53}
叔	通合三入屋书	səu^{53}	səu^{35}

第七章　宅首土话词汇

第一节　词汇特点

在词汇的结构方式和构词方法上，宅首土话具有汉语词汇的基本特点，其特点主要表现在以下几个方面。

一、词语成分的选配上突出词汇的形象性

词汇的形象性是宅首土话的一大特色。用生活中常见的能引起人们想象和联想的食物创造新的词汇是文市镇土话的主要特点，如：

1. 以描写事物特征的方法命名事物

çi^{35} çi^{35}iãŋ^{212} 蝉

嘻　嘻　蛘

mie^{212}mie^{212}iãŋ^{212} 蜻蜓

咩　咩　蛘

po^{35}sɿ^{35} 蜘蛛

波　丝

kuei^{44}dau^{212}p'ãŋ^{35} 马蜂

鬼　头　蜂

t'ie^{44}ku^{44}bei^{212} 打呼

扯　鼓　皮

k'u⁴⁴pie⁴⁴zʅ²² 小鱼

苦　扁　□

bei⁵³xo³⁵ɕio⁵³lie²¹² 睡觉叠成的长筒形的被子

被　窝　壳　儿

2. 以对事物形状的描绘命名事物

xɔŋ³⁵dau²¹²suei⁵³ 毛毛雪

糠　头　雪

mi⁵³dau²¹²lie⁵³ 米粒状的雪

米　头　子

p'æŋ⁵¹bei²¹² 罐子

胖　胚

do²¹²lie⁵³ 罗锅儿

驼　子

3. 以日常生活中熟知的动作和事物来指称事物

ɕiẽŋ³⁵lie⁵³o³⁵sʅ⁴⁴ 流星

星　子屙屎

y²²niɔŋ⁵¹ɕiã³⁵mu²¹² 月晕

月　亮　生　毛

mɔŋ²²t'iẽŋ³⁵diẽŋ²¹² 纯粹靠雨水的田

望　天　田

tɕ'iẽŋ⁵¹zəu²¹² 山谷

嵌　槽

tɕ'iẽŋ⁵¹zəu²¹²suei⁴⁴ 山涧

嵌　槽　水

xiẽŋ²¹²ləu⁵³suei⁴⁴ 蝙蝠

檐　老　鼠

4. 以夸张和想象的手法描写事物

t'iẽŋ³⁵kau⁵³i²²y²²niɔŋ⁵¹ 月食

天　狗　食月亮

二、保留形象义古语词

宅首土话中保留的古语词大多是形象性词语。这些词语，既可以单独成词，表达具体的意义，还可以和其他词语结合起来，构成一个新的词语，其作用相当于一个词缀，起到补充说明事物特征的作用。我们在调查中发现，这类词语大多为古语词的运用。方言中古语词的保留有一定的原因，这些词语的形象性特点，应该是其能够存留的原因之一。

《玉篇·穴部》中有："窟，穴也。""穴"，《说文·穴部》中有："穴，土室也。"注："引伸之凡空窍皆为穴。宅首土话"窟"读 xuai^{53}，单独成词指圆孔，同时又可作为其他词语的后缀，这些事物都是圆而且有孔的，如：

bei^{212}dau^{212}xuai^{53} 鼻子或鼻孔

鼻　头　窟

niẽŋ^{53}ka^{53}xuai^{53} 耳朵眼儿

耳　夹　窟

pu^{53}ʑi^{53}xuai^{53} 肚脐眼

腹　脐　窟

ɣæ̃ŋ^{212}mu^{212}xuai^{53} 寒毛眼儿

寒　毛　窟

k'au^{51}lie^{53}xuai^{53} 扣眼儿

扣　子　窟

《玉篇·日部》中有："晡，布胡切，申时也。"在宅首土话中，"晡"读 pu^{53}，用作一个表示时段的后缀性质的词尾，常用于时间名词后，如：

tɕi^{35}pu^{53} 今天

今　晡

zɔ̃ŋ^{22}pu^{53} 昨天

昨　晡

ɣau^{53}ni^{22}pu^{53} 后天

后　日　晡

ʑi^{212}pu^{53} 前天

前　晡

ziõŋ⁵³pu⁵³ 上午

上　晡

ɣa⁵³pei⁵³ 下午

下　晡

i⁵³pu⁵³xai⁵³ti⁴⁴ 整夜

一晡　黑　底

mei⁵³pu⁵³xai⁵³ti⁴⁴ 每天晚上

每　晡　黑　底

"铛"本为温酒器，似锅，三足。在宅首土话中"锅"说"铛：tɕʻiã³⁵"。

再如：

bai²²tɕʻiã³⁵ 饭锅

饭　铛

suei⁴⁴tɕʻiã³⁵ 水锅

水　铛

biẽŋ²¹²tɕʻiã³⁵ 平锅

平　铛

da²²tɕʻiã³⁵ 大锅

大　铛

ni⁵¹tɕʻiã³⁵ 小锅

□　铛

tɕʻiã³⁵kai⁵¹ 锅盖

铛　盖

pu⁴⁴tɕʻiã³⁵sʅ³⁵xu²² 补锅师傅

补　铛　师　傅

tɕʻiã³⁵ti⁴⁴ 锅底儿

铛　底

i⁵³tɕʻiã³⁵（bai²²）一锅（饭）

一　铛　（饭）

130

"奁"，古代指盛梳妆用品的匣子。泛指盛放器物的匣子。今宅首土话仍存留：

ka^{51}niẽŋ^{212} 嫁妆

嫁　奁

die^{212}ka^{51}niẽŋ^{212} 抬嫁妆

抬　嫁　奁

"炙"，本义是烤肉，把去毛的兽肉串起来在火上熏烤。宅首土话"烤"用"炙"，如：

tɕie^{53}xo^{44} 烤火取暖

炙　火

绹，绳索，在宅首土话中指"绑"，如：

dəu^{212}xi^{44}lie^{212} 绑起来

绹　起　来

"面"，在古代指人的整个面部。"脸"是魏晋时期才出现的，而且只指两颊，唐宋口语中才开始用"面"。在文市镇土话中用"面"指整个面部，如：

miẽŋ^{22}bei^{212} 脸

面　皮

ɕi^{44}miẽŋ^{22}suei^{44} 洗脸水

洗　面　水

ɕi^{44}miẽŋ^{22}bãŋ^{212} 脸盆

洗　面　盆

ɕi^{44}miẽŋ^{22}bãŋ^{212}ka^{51} 脸盆架

洗　面　盆　架

"瓮"，本义是陶制盛器，小口大腹。在文市镇土话中不说"坛子"而是说"瓮子：ãŋ^{35}lie^{53}"。

第二节 特殊词汇举例

宅首土话中有一些特殊的词汇，具有很浓的地方色彩，根据调查，这一些用法在其他方言中也存在，如：

一、称谓类特殊词语

1. 动物性别称谓

雌性动物叫××嫚， 雄性动物叫××牯。如：

$ma^{53}mã\eta^{53}$ 母马 $ma^{53}ku^{44}lie^{53}$ 公马

马　嫚   马　牯　子

$iau212mã\eta53$ 母牛 $iau^{212}ku^{44}lie^{53}$ 公牛

牛　嫚   牛　牯　子

$iẽ\eta^{35}ku^{44}iau^{212}$ 阉过的公牛

阉　牯　牛

$iõ\eta^{212}mã\eta^{53}$ 母羊 $iõ\eta^{212}ku^{44}lie^{212}$ 公羊

羊　嫚   羊　牯　儿

2. 家庭伦理称谓

$\varsigma iẽ\eta^{35}bei^{53}$ 儿媳妇 $sã\eta^{35}\varsigma iẽ\eta^{35}bei^{53}$ 孙媳妇

新　妇   孙　新　妇

$a^{35}bo^{212}$ 妻子

阿　婆

$nõ\eta^{212}pa^{53}pa^{53}$ 伯父 $luei^{53}pa^{53}pa^{53}$ 伯母

男　伯　伯   女　伯　伯

$mã\eta^{53}mã\eta^{53}$ 叔叔 $mã\eta^{53}\varsigma iẽ\eta^{53}$ 婶婶

晚　晚   晚　婶

niãŋ²¹²niãŋ²¹² 姑妈   mei⁵³nɔ̃ŋ²¹² 妹夫
娘　娘   妹　郎

二、其他特殊词汇

i²² bai²² 吃饭
食　饭
ti⁴⁴zi²¹²bai²² 午饭
顶　时　饭
iẽ⁵³tɕiẽ³⁵kuai⁵³ɕiãŋ³⁵tai⁵³tɕʻiẽ⁵³ 眼红_{嫉妒}
眼　睛　骨　生　得　浅
sɔ̃⁴⁴luei²² 干净
爽　利
niɔ̃ŋ²²tɕʻi⁵¹da²² 大方
量　器　大

第三节　分类词表

说明:

1. 本表以中国社会科学院研究所的《方言词汇调查表》为基础,根据宅首方言的实际情况进行增删,将所说的词或词组分为28类;

2. 每个词条先写汉字,对部分方言特点较浓的词汇加以简单的注释,用括号括出,后标读音;

3. 方框□表示有音无字,本字待考;

4. 替代号～表示复指前面的词条;

5. 分类目录:

（1）天文　　　　（11）身体　　　　（21）文体活动
（2）地理　　　　（12）疾病、医疗　（22）动作

（3）农业　　　　（13）衣服穿戴　　　（23）位置

（4）时令、时间　（14）饮食　　　　　（24）代词

（5）植物　　　　（15）红白大事　　　（25）形容词

（6）动物　　　　（16）日常生活　　　（26）副词、介词

（7）房舍　　　　（17）讼事　　　　　（27）量词

（8）器具、用品　（18）交际　　　　　（28）数字

（9）称谓　　　　（19）商业、交通

（10）亲属　　　　（20）文化教育

一、天文

（一）日、月、星

日头火：ni^{22}dau^{22}xo^{44}

日头底下：ni^{22}dau^{22}ti^{44}ɣa^{22}

向阳：ɕiɔ̃ŋ^{51}iɔ̃ŋ^{212}

当阳（向阳）：tɔ̃ŋ^{35}iɔ̃ŋ^{212}

背阴：pei^{51}iẽŋ^{35}

天狗食日头（日食）：tiẽŋ^{35}kau^{53}i^{22}ni^{22}dau^{22}

日头戴晕（日晕）：ni^{22}dau^{212}tie^{51}iɔ̃ŋ^{22}

阳光：iã̃ŋ^{35}kuã̃ŋ^{35}

月亮：y^{22}niɔ̃ŋ^{51}

月亮地儿（月亮照到的地方）：y^{22}niɔ̃ŋ^{51}duei^{22}ti^{44}

天狗食月亮（月食）：tʻiẽŋ^{35}kau^{53}i^{22}y^{22}niɔ̃ŋ^{51}

月亮生毛（月晕）：y^{22}niɔ̃ŋ^{51}ɕiã^{35}mu^{212}

星子：ɕiẽŋ^{35}lie^{53}

北斗星：pai^{53}tau^{44}ɕiẽŋ^{35}

七姊妹：tsʻuei^{53}tsuei^{44}mei^{22}

银河：iẽŋ^{212}ɣo^{212}

星子屙屎（流星）：ɕiẽŋ^{35}lie^{53}o^{35}sɹ̩^{44}

（二）风、云、雷、雨

风：xɔŋ³⁵

大风：da²²xɔŋ³⁵

□风：ni⁵¹xɔŋ³⁵

旋风：zuẽŋ²²xɔŋ³⁵

顺风：zɔŋ²²xɔŋ³⁵

刮风：kue⁵³xɔŋ³⁵

风停过了：xɔŋ³⁵diẽŋ²¹²ko⁵¹liau⁵³

起风：çi⁴⁴xɔŋ³⁵

云：iɔ̃ŋ²¹²

黑云：xai⁵³iɔ̃ŋ²¹²

白云：ba²²iɔ̃ŋ²¹²

乌云：u³⁵iɔ̃ŋ²¹²

雷：luei²¹²

响雷：çiɔ̃ŋ⁴⁴luei²¹²

雷劈了：luei²¹²p'ie⁵³liau⁵³

打闪了：ta⁴⁴çiẽŋ⁵³liau⁵³

打南闪：ta⁴⁴nɔ̃ŋ²¹²çiẽŋ⁵³

打北闪：ta⁴⁴pai⁵³çiẽŋ⁵³

雨：y⁵³

落雨：lǝu²²y⁵³

小雨：ni⁵¹y⁵³

毛毛雨：mu²¹mu¹²y⁵³

大雨：da²²y⁵³

暴雨：pu⁵³y⁵³

连天雨：niẽŋ²¹²t'iẽŋ³⁵y⁵³

雹子雨：bu⁵³lie²¹²y⁵³

雨停过了：y⁵³diẽŋ²¹²ko⁵¹liau⁵³

虹：tɕiɔ̃ŋ⁵¹

淋雨（动宾）：niẽŋ²¹²y⁵³

冰：piẽŋ³⁵

凝构子：niẽŋ²¹²kəu⁵¹tsʅ⁴⁴

结冰：tɕi⁵³piẽŋ³⁵

雪飘（雹子）：suei⁵³p'iau³⁵

雪：suei⁵³

糠头雪（毛毛雪）：xɔ̃ŋ³⁵dau²¹²suei⁵³

落雪：ləu²²suei⁵³

铺雪：p'u³⁵suei⁵³

米头子（雪珠子：米粒状的雪）：mi⁵³dau²¹²lie⁵³

半雨半雪（雨夹雪）：pɔ̃ŋ⁵¹y⁵³pɔ̃ŋ⁵¹suei⁵³

烊雪（化雪）：iɔ̃ŋ²¹²suei⁵³

露：liau²²

下露水：ɣa⁵³liau²²suei⁴⁴

霜：sɔ̃ŋ³⁵

打霜：ta⁴⁴sɔ̃ŋ³⁵

雾：u²²

起雾露：xi⁴⁴u²²liau²²

天气：t'iẽŋ³⁵tɕ'i⁵³

晴天：ʑiẽŋ²¹²t'iẽŋ³⁵

阴天：iẽŋ³⁵t'iẽŋ³⁵

燗：lai²²

冷：nãŋ⁵³

伏天：xu²²t'iẽŋ³⁵

起伏：xi⁴⁴xu²¹²

初伏：tɕ'iau³⁵xu²²

天旱：t'iẽŋ³⁵xãŋ²²

二、地理

（一）地

地（旱地）：duei²²

望天田（纯粹靠雨水的田）：mɔ̃ŋ²²tʻiẽŋ³⁵diẽŋ²¹²

水田：suei⁴⁴diẽŋ

冷水田（水冷得彻骨，农作物难长好）：nã⁵³suei⁴⁴diẽŋ²¹²

发秋田：ɕye⁵³tsʻei³⁵diẽŋ²¹²

菜地：tɕʻie⁵¹duei²²

荒地：xɔ̃ŋ³⁵duei²²

沙土地：ɕia³⁵tʻiau⁴⁴duei²²

山地（山上的农业用地）：sæ̃n³⁵duei²²

（二）山

山 sæ̃ŋ³⁵

山腰：sæ̃ŋ³⁵iəu³⁵

山脚：sæ̃ŋ³⁵tɕiəu⁵³

嵌槽（山谷）：tɕʻiẽŋ⁵¹zəu²¹²

嵌槽水（山涧）：tɕʻiẽŋ⁵¹zəu²¹²suei⁴⁴

陡岭：tau⁴⁴niẽŋ⁵³

山顶：æŋ³⁵tiẽŋ⁴⁴

（三）水

河：ɣo²¹²

河里头（掉~了）：ɣo²¹²lei⁵³dau²¹²

水口（小水沟）：suei⁴⁴tsɔ̃ŋ⁵³

水塘：suei⁴⁴dɔ̃ŋ²¹²

水氹牯（水坑）：suei⁴⁴dɔ̃ŋ²¹²ku⁵³

海：xai⁴⁴

河岸：ɣo²¹²ɔ̃ŋ⁵¹

坝（河中拦水的建筑物）：pa⁵¹

洲子（水中陆地）：tsei³⁵lie⁵³

河边（河滩）：ɣo²¹²piẽŋ³⁵

水：suei⁴⁴

清水：tɕ'iẽŋ³⁵suei⁴⁴

浑水：xuẽŋ²¹²suei⁴⁴

雨水：y⁵³suei⁴⁴

洪水：xõŋ²¹²suei⁴⁴

发大水：ɕye⁵³da²²suei⁴⁴

凉水：niõŋ²¹²suei⁴⁴

井水：tɕiẽŋ⁴⁴suei⁴⁴

爤水（热水）：liau²²suei⁴⁴

温爤水（温水）：õŋ³⁵liau²²suei⁴⁴

滚水（煮沸的水）：kuãŋ⁴⁴suei⁴⁴

（四）石沙、土块、矿物

石头：ʐie²²dau²¹²

□石头：ni⁵¹ʐie²²dau²¹²

石板（板状的石块）：ʐie²²pãẽŋ⁴⁴

鹅卵石：o²¹²nõŋ⁵³ʐie²²

沙子：ɕia³⁵lie⁵³

沙土：ɕia³⁵t'iau⁴⁴

沙滩：ɕia³⁵t'õŋ³⁵

土坯：t'iau⁴⁴p'ei³⁵

砖坯：tsuõŋ³⁵p'ei³⁵

砖：tsuõŋ³⁵

半截砖：põŋ⁵¹tɕi²²tsuõŋ³⁵

细砖（碎砖）：ɕi⁵¹tsuõŋ³⁵

瓦：ua⁵³

碎瓦：suei^{51}ua^{53}

灰尘：xuei^{35}ʑiẽŋ^{212}

烂泥：næŋ^{22}ni^{212}

旱土（干泥土）：ɣãŋ^{22}t'iau^{53}

金（指自然状态下的矿物质，下同）：tɕiẽŋ^{212}

银：iẽŋ^{212}

铜：dãŋ^{212}

铁：t'i^{53}

锡：ɕie^{53}

煤：mei^{212}

煤油：mei^{212}iei^{212}

汽油：tɕ'i^{51}iei^{212}

石灰：ʑie^{22}xuei^{35}

水泥：suei^{44}li^{212}

玉：y^{22}

木炭：mu^{22}t'æ̃ŋ^{51}

（五）城乡处所

地□（地方）：dei^{22}ɕiau^{53}

城墙：ʑiẽŋ^{212}ʑiɔ̃ŋ^{212}

大水□（壕沟）：da^{22}suei^{44}tsɔ̃ŋ^{51}

街里（城内）：ke^{35}lie^{53}

城门：zẽŋ^{212}mãŋ^{212}

乡寨：ɕiɔ̃ŋ^{35}ʑia^{22}

乡下：ɕiɔ̃ŋ^{35}ɣa^{22}

闹子（农村或小城市中定期买卖货物的市场）：ləu^{22}lie^{53}

路：liau^{22}

大路：da^{22}liau^{22}

□路（小路）：ni^{51}liau^{22}

三、时令时间

（一）季节、节气

春头（春天）：tsʻɔ̃ŋ³⁵dau²¹²

夏天：ɣa⁵³tʻiãŋ³⁵

秋天：tsʻei³⁵tʻiãŋ³⁵

冬天：tãŋ³⁵tʻiãŋ³⁵

立春：luei²²tsʻɔ̃ŋ³⁵

雨水：y⁵³suei⁴⁴

惊蛰：tɕiẽŋ³⁵tsɿ⁵³

清明：tɕʻiẽŋ³⁵miẽŋ³⁵

谷雨：ku⁵³y⁵³

立夏：luei²²ɣa²²

涝秋（立秋）：lau²¹²tsʻuei³⁵

处暑：tɕʻy⁵¹ɕy⁵³

白露：ba²²liau²²

霜降：sɔ̃ŋ³⁵tɕiãŋ⁵¹

立冬：luei²²tãŋ³⁵

（二）节日

大年三十：da²²niẽŋ²¹²sɔ̃ŋ³⁵zɿ²²

大年初一：da²²niẽŋ²¹²tɕʻiau³⁵i⁵³

过年：ko⁵¹niẽŋ²¹²

拜年：pie⁵¹niẽŋ²¹²

元宵节：yeŋ²¹²ɕiau³⁵tɕie⁵³

端午节：tɔ̃ŋ³⁵mu⁵³tɕie⁵³

中秋节：tsɔ̃ŋ²¹²tɕʻiəu²¹²tɕie⁵³

月半节（农历七月十五）：y²²pɔ̃ŋ⁵¹tɕie⁵³

（三）年

今年：tɕiẽŋ³⁵niẽŋ²¹²

□年（去年）：kuɔŋ⁵¹niẽŋ²¹²

明年：miẽŋ²¹²niẽŋ²¹²

前年：ʑiẽŋ²¹²niẽŋ²¹²

大前年：da²²ʑiẽŋ²¹²niẽŋ²¹²

后年：ɣau⁵³niẽŋ²¹²

大后年：da²²ɣau⁵³niẽŋ²¹²

年年（每年）：niẽŋ²¹²niẽŋ²¹²

年初：niẽŋ²¹²tɕ'iau³⁵

年头：niẽŋ²¹²dau²¹²

年底：niẽŋ²¹²ti⁴⁴

上半年：ʑiɔŋ⁵³pɔŋ⁵¹niẽŋ²¹²

下半年：ɣa⁵³pɔŋ⁵¹niẽŋ²¹²

全年：ʑyẽŋ²¹²niẽŋ²¹²

（四）月

正月：tɕiẽŋ³⁵y²²

剩二月（腊月）：ʑyẽŋ²²luei²²y²²

闰月：iɔŋ²²y²²

月半：y²²pɔŋ⁵¹

月底：y²²ti⁴⁴

一个月：i⁵³ko⁵¹y²²

上个月：ʑiɔŋ⁵³ko⁵¹y²²

□个月里（这个月）：o²²ko⁵¹y²²lie⁵³

下个月里（下个月）：ɣa⁵³ko⁵¹y²²lie⁵³

每个月里（每月）：mei⁵³ko⁵¹y²²lie⁵³

月大：y²²da²²

月□：y^{22}ni^{53}

（五）日、时

今晡（今天）：tɕi^{35}pu^{53}

昨晡（昨天）：zɔ̃^{22}pu^{53}

□□（明天）：sa^{53}ka^{53}

后日晡（后天）：ɣau^{53}ni^{22}pu^{53}

前晡（前天）：ʑi^{212}pu^{53}

前几日：ʑiẽ^{212}tɕi^{44}luei^{22}

每一日：mei^{53}i^{53}luei^{53}

十几日：zʅ^{22}tɕi^{44}luei^{22}

上晡（上午）：ʑiɔ̃^{53}pu^{53}/ʑiɔ̃^{53}pei^{53}

下晡（下午）：ɣa^{53}pei^{53}

半日：pɔ̃^{51}luei^{53}

大半日：da^{22}pɔ̃^{51}luei^{53}

清早：tɕ'iẽ^{35}tsəu^{44}

顶时（中午）：ti^{44}ʑi^{212}

白日（白天）：bai^{22}ni^{22}

黑时际（黄昏）：xai^{53}ʑi^{212}tɕi^{51}

黑底（夜晚）：xai^{53}ti^{44}

半夜：pɔ̃^{51}ie^{51}

上半夜：ʑiɔ̃^{53}pɔ̃^{51}ie^{51}

下半夜：ɣa^{53}pɔ̃^{51}ie^{51}

一晡黑底（整夜）：i^{53}pu^{53}xai^{53}ti^{44}

每晡黑底（每天晚上）：mei^{53}pu^{53}xai^{53}ti^{44}

（六）其他时间概念

日子：luei^{22}lie^{53}

围闹子（赶闹子，有集市的日子）：y^{212}ləu^{22}lie^{53}

甚个时候（什么时候）：ŋ^{44}ka^{51}zʅ^{212}xau^{22}

四、农业

（一）农事

犁田：li²¹²diẽŋ²¹²

耙田：ba²¹²diẽŋ²¹²

教牛（赶牛）：tɕiəu⁵¹iau²¹²

治地（整地）：zai²²duei²²

下种：ɣa⁵³tɕiẽŋ⁴⁴

□秧（拔秧）：piõŋ⁵¹iõŋ³⁵

莳田（插秧）：zʅ²¹²diẽŋ²¹²

插红薯：tɕ'ie⁵³xõŋ²¹²zei²²

薅草：xu³⁵ts'əu⁴⁴

禾子：ɣo²¹²lie⁵³

谷子：ku⁵³lie⁵³

拽子（稻穗）：tɕye⁵³lie⁵³

割禾：ko⁵³ɣo²¹²

□禾（稻子脱粒）：pa⁵¹ɣo²¹²

晒谷子：ɕie⁵¹ku⁵³lie⁵³

筛谷子：ɕie³⁵ku⁵³lie⁵³

割麦子：ko⁵³ma²²lie⁵³

锄草：dʑiau²¹²ts'əu⁴⁴

松土：sõŋ³⁵t'iau⁴⁴

刮灰水：kye⁵³xuei³⁵suei⁴⁴

浇大粪：tɕiəu³⁵da³⁵xuẽŋ⁵¹

喂大粪：uei²²da³⁵xuẽŋ⁵¹

喂尿：uei²²liəu²¹²

拈狗屎：niẽŋ²¹²kau⁴⁴sʅ⁴⁴

拈牛屎：niẽŋ²¹²iau²¹²sʅ⁴⁴

屎尿：sʅ⁴⁴liəu²²

猪肥：tei³⁵uei²¹²

牛肥：iau²¹²uei²¹²

浇水：tɕiəu³⁵suei⁴⁴

挖水：ye⁵³suei⁴⁴

舀水（打水：从井里或河里取水）：iəu⁴⁴suei⁴⁴

车水：tɕʻie³⁵suei⁴⁴

井：tɕiẽŋ⁴⁴

（二）农具

水桶（打水用的木桶）：suei⁴⁴tʻãŋ⁴⁴

水车：suei⁴⁴tɕʻie³⁵

牛轭：iau²¹²a⁵³

牛络子（牛笼嘴）：iau²¹²luei³⁵lie⁵³

牛棬头（穿在牛鼻子里的木棍儿或铁环）：iau²¹²kuẽŋ⁵¹dau²¹²

犁：li²¹²

犁弓子（犁身）：li²¹²kõŋ³⁵lie⁵³

犁把：li²¹²pa⁵¹

犁头（犁铧）：li²¹²dau²¹²

犁偏（犁铧）：li²¹²pʻiẽŋ³⁵

铁耙子：tʻi⁵³ba²¹²lie⁵³

仓：tsʻɔ̃ŋ³⁵

柜（小的存放粮食的器具）：guei²²

风车：xõŋ³⁵tɕʻie³⁵

磨子：mo²²lie⁵³

磨盘：mo²²bõŋ²¹²

磨把：mo²²pa⁵¹

磨心：mo²²ɕiẽŋ³⁵

筛子：ɕie³⁵lie⁵³

谷筛：ku⁵³ɕie³⁵

米筛：mi⁵³ɕie³⁵

罗筛（筛粉末状细物用的器具）：luo²¹²ɕie³⁵

连枷棍：niẽŋ²¹²tɕia²¹²kuẽŋ³⁵

碓（指整体）：tuei⁵¹

碓嘴（碓杵）：tuei⁵¹tsei⁴⁴

碓身：tuei⁵¹ɕiẽŋ³⁵

碓腰（碓轴）：tuei⁵¹iəu³⁵

挂钯（钉钯）：kye⁵¹ba²¹²

锄头：ʑiau²¹²dau²¹²

大锄头：da²²ʑiau²¹²dau²¹²

草锄头：ts'əu⁴⁴ʑiau²¹²dau²¹²

茅刀：mio²¹²təu³⁵

杀刀（杀猪刀）：ɕie⁵³təu³⁵

柴刀：ʑie²¹²təu³⁵

菜刀：tɕ'ie⁵¹təu³⁵

簸箕（盛粮食用）：pio⁵¹tɕi²¹²

扫箕（撮垃圾用）：so⁴⁴tɕi²¹²

韫囊（筐、箩）：uẽŋ³⁵nãŋ²¹²

扁子：piẽŋ⁴⁴lie⁵³

担担子（挑担子）：tai⁵³tɔ̃ŋ⁵¹lie⁵³

竹扫牯（扫帚）：tei⁵³səu⁵¹ku⁴⁴

扫牯（用高粱穗、黍子穗等绑成，扫地用）：səu⁵¹ku⁴⁴

五、植物

（一）农作物

货（庄稼）：ɣo⁵¹

粮食：niãŋ²¹²ʐi²²

麦子：ma²²lie⁵³

大麦牯：da²²ma²²ku⁴⁴

燕麦（官话）：iẽŋ³⁵me³²

荞麦：ʑiəu²¹²ma²²

麦兜公（麦茬儿）：ma²²dau²¹²kõŋ³⁵

粟子（小米）：sei⁵³lie⁵³

谷子：ku⁵³lie⁵³

苞谷：pau³⁵ku⁵³

高粱：ku³⁵niõŋ²¹²

禾（稻）：ɣo²¹²

早禾（早稻）：tsəu⁴⁴ɣo²¹²

晏禾（晚稻）：æ̃ŋ⁵¹ɣo²¹²

稗子：bie²²lie⁵³

瘪谷子（空的或不饱满的谷粒）：pie⁵³ku⁵³lie⁵³

米：mi⁵³

糯米：no²²mi⁵³

大米：da²²mi⁵³

粳米：tɕiẽŋ³⁵mi⁵³

早禾米：tsəu⁴⁴ɣo²¹²mi⁵³

晏禾米：æ̃ŋ⁵¹ɣo²¹²mi⁵³

糙米：ts'əu⁵¹mi⁵³

白米：ba²²mi⁵³

棉花：miã̃ŋ²¹²xua³⁵

棉花果子（棉花桃儿）：miã̃ŋ²¹²xua³⁵ko⁵³lie⁵³

麻秆子：ma²¹²kã̃⁴⁴lie⁵³

麻：ma²¹²

白麻儿：ba²²ma²¹²lie²¹²

黑麻儿：xai⁵³ma²¹²lie²¹²

白薯：ba²²zei²²

芋头：y²¹²dau²¹²

慈姑：ʐ^{212}ku^{35}

莲藕：niãŋ^{212}əu^{53}

麻钱（马蹄）：ma^{12}ʐyẽŋ^{21}

甘蔗檽：kãŋ^{35}tɕie^{53}mãŋ^{212}

生豆（花生）：sə̃ŋ^{35}dəu^{22}

生豆米（花生米）：sə̃ŋ^{35}dəu^{22}mi^{53}

（二）豆类、蔬菜

黄豆：ɣõŋ^{212}dau^{22}

绿豆：lei^{22}dau^{22}

黑豆：xai^{53}dau^{22}lie^{53}

蛾眉豆：o^{212}mi^{212}dau^{22}

冬豆：tãŋ^{35}dau^{22}

菜豆：tɕ'ie^{51}dau^{22}

豆角：dau^{22}tɕio^{53}

长豆角：diõŋ^{212}dau^{22}tɕio^{53}

短豆角：tõŋ^{212}dau^{22}tɕio^{53}

茄子：ʑie^{212}lie^{53}

黄瓜：ɣõŋ^{212}kua^{35}

菜瓜：tɕ'ie^{51}kua^{35}

洗薯（丝瓜）：ɕi^{44}zei^{22}

苦瓜：k'u^{44}kua^{35}

冬瓜：tãŋ^{35}kua^{35}

葫芦：ɣu^{212}ləu^{212}

葱：ts'ãŋ^{35}

葱蔸把：ts'ãŋ^{35}tau^{35}pa^{44}

洋葱：iõŋ^{212}ts'ãŋ^{35}

葱叶子：ts'ãŋ^{35}i^{22}lie^{53}

葱白：ts'ãŋ^{35}ba^{22}

蒜：sõŋ⁵¹

蒜头：sõŋ⁵¹dau²²

蒜苗：sõŋ⁵¹miəu²¹²

韭菜：tɕiei⁴⁴tɕ'ie⁵¹

苋菜：xæŋ²²tɕ'ie⁵¹

白苋菜：ba²²xæŋ²²tɕ'ie⁵¹

红苋菜：ɣõŋ²¹²xæŋ²²tɕ'ie⁵¹

番茄：xõŋ³⁵dʑie²¹²

姜：tɕiõŋ³⁵

□海椒（小辣椒）：ni⁵³xai⁴⁴tɕiau⁵³

大海椒（柿子椒）：da²²xai⁴⁴tɕiau⁵³

海椒：xai⁴⁴tɕiau⁵³

红海椒：ɣõŋ²¹²xai⁴⁴tɕiau⁵³

青海椒：tɕ'iẽŋ³⁵xai⁴⁴tɕiau⁵³

朝海椒（朝天椒）：dzau²¹²xai⁴⁴tɕiau⁵³

海椒粉子（辣椒面儿）：xai⁴⁴tɕiau⁵³xuãŋ⁴⁴lie⁵³

大菜（芥菜）：da²²tɕ'ie⁵¹

胡椒：ɣu²¹²tɕiau⁵³

白胡椒：ba²²ɣu²¹²tɕiau⁵³

大白菜：da²²ba²²tɕ'ie⁵¹

黄芽白：ɣuãŋ²¹²ia²¹²ba²²

□白菜（小白菜）：ni⁵³ba²²tɕ'ie⁵¹

君迭菜：tɕiẽŋ³⁵da²²tɕ'ie⁵¹

芹菜：ʑiẽŋ²¹²tɕ'ie⁵¹

芫荽：ɣẽŋ²¹²ɕy³⁵

萝卜：lo²¹²bei⁵³

（萝卜）糠过了：xãŋ³⁵ko⁵¹liau⁵³

糟萝卜（萝卜干儿）：tsəu³⁵lo²¹²bei⁵³

红萝卜（胡萝卜）：ɣõŋ²¹²lo²¹²bei⁵³

油菜：iei²¹²tɕ'ie⁵¹

菜心（油菜薹）：tɕ'ie⁵¹ɕiẽŋ³⁵

油菜籽籽（油菜籽）：iei²¹²tɕ'ie⁵¹tsai⁵³tsai⁵³

（三）树木

木 / 木柴（活的树）：mu²²/mu²²ʑie²¹²

木柴秧子（树苗）：mu²²ʑie²¹²iɔ̃ŋ³⁵lie⁵³

木柴顶（树顶）：mu²²ʑie²²tiẽŋ⁴⁴

木柴根：mu²²ʑie²¹²tɕiãŋ³⁵

木柴叶子：mu²²ʑie²¹²i²²lie⁵³

木柴桍子：mu²²ʑie²¹²ka⁴⁴lie⁵³

栽木柴：tɕie³⁵mu²²ʑie²¹²

撅木柴：tɕiəu⁵³mu²²ʑie²¹²

松木（松树）：zõŋ³⁵mu²²

松木叶子（松针）：zõŋ³⁵mu²²i²²lie⁵³

松木果果（松球）：zõŋ³⁵mu²²ko⁴⁴ko⁴⁴

松香：sõŋ³⁵ɕiɔ̃ŋ³⁵

杉木：ɕia³⁵mu²²

杉木叶子（杉针）：ɕia³⁵mu²²i²²lie⁵³

杉木条子（杉篙）：ɕia³⁵mu²²diau²¹²lie⁵³

桑树：sãŋ³⁵su⁵³

藤子：dãŋ²¹²lie²¹²

鸡血藤：tɕi³⁵ɕy⁵³dãŋ²¹²

葛麻藤：ko⁵³ma²¹²dãŋ²¹²

茅栗果：mio²¹²lie⁵³ko⁴⁴

荆条：tɕiẽŋ³⁵diau²¹²

桐油木：dãŋ²¹²iei²¹²mu²²

桐油崽崽（桐子）：dãŋ²¹²iei²¹²tsai⁴⁴tsai⁴⁴

桐油：dãŋ²¹²iei²¹²

苦楝木：k'u⁴⁴li²²mu²²

竹子：tei⁵³lie⁵³

山竹：sæ̃ŋ³⁵tei⁵³

皮竹：bei²¹²tei⁵³

毛竹：mu²¹²tei⁵³

金竹：tɕiẽŋ³⁵tei⁵³

阴竹：iẽŋ³⁵tei⁵³

苦竹：k'u⁴⁴tei⁵³

吊竹：tɕiəu⁵¹tei⁵³

笋子：sõŋ⁴⁴lie⁵³

冬笋：tãŋ³⁵sõŋ⁴⁴

笋壳子：sõŋ⁴⁴ɕyo⁵³lie⁵³

竹牯：tei⁵³ku⁴⁴

竹叶子：tei⁵³i²²lie⁵³

篾子（竹子劈成的薄片）：mi²²lie⁵³

黄篾：ɣõŋ²¹²mi²²

青篾：tɕ'iẽŋ³⁵mi²²

白篾：ba²²mi²²

（四）瓜果

桃子：dəu²¹²lie⁵³

李子：luei⁵³lie⁵³

枣子：tsəu⁴⁴lie⁵³

梨子：luei²¹²lie⁵³

枇杷：ɦei²¹²ɦa²²

柿子：zɹ³⁵tsɹ⁵³

石榴：ʑie²²liəu²¹²

柚子：iei²²lie⁵³

橘子：kuei⁵³lie⁵³

橙子：zɔŋ²¹²lie⁵³

木瓜：mu²²kua³⁵

白果：ba²²ko⁴⁴

西瓜：çi³⁵kua³⁵

洗瓜（籽多）：çi⁴⁴kua³⁵

瓜子：kua³⁵tsai⁵³

（五）花草、菌类

桂花：kuei⁵¹xua³⁵

菊花：ʑy²²xua³⁵

梅花：mei²¹²xua³⁵

莲花：niãŋ²¹²xua³⁵

花苞苞（没有开放的花）：xua³⁵pio³⁵pio³⁵

花心：xua³⁵çiẽŋ³⁵

水竹子（芦苇）：suei⁴⁴tei⁵³lie⁵³

香菌：çiɔŋ³⁵ʑiɔŋ

靛缸菌：diẽŋ³⁵kãŋ²¹²ʑiɔŋ⁵³

绿头菌：lei²²dau²¹²ʑiɔŋ⁵³

伞把菌：sãŋ⁵³pa³⁵ʑiɔŋ⁵³

茅草菌：mio²¹²tsʻəu⁴⁴ʑiɔŋ⁵³

雷公菌：luei²¹²kõ³⁵ʑiɔŋ⁵³

青苔：tɕʻiẽŋ³⁵die²¹²

六、动物

（一）牲畜

马牯子（公马）：ma⁵³ku⁴⁴lie⁵³

马嫚（母马）：ma⁵³mãŋ⁵³

牛牯子（公牛）：iau²¹²ku⁴⁴lie⁵³

公牛：kõŋ³⁵iau²¹²

牛公：iau²¹²kõŋ³⁵

阉牯牛（阉过的公牛）：iẽŋ³⁵ku⁴⁴iau²¹²

牛嫚（母牛）：iau²¹²mãŋ⁵³

牸牛（未下崽母牛）：zๅ²²iau²¹²

黄牛：ɣõŋ²¹²iau²¹²

水牛：suei⁴⁴iau²¹²

牛崽：iau²¹²tsai⁴

骡子：lo²¹²lie⁵³

山羊：sæŋ³⁵iõŋ²¹²

羊崽：iõŋ²¹²tsai⁴⁴

羊牯儿（公羊）：iõŋ²¹²ku⁴⁴lie²¹²

羊嫚（母羊）：iõŋ²¹²mãŋ⁵³

羊公：iõŋ²¹²kõŋ³⁵

公羊：kõŋ³⁵iõŋ²¹²

狗：kau⁴⁴

公狗：kõŋ³⁵kau⁴⁴

狗嫚（母狗）：kau⁴⁴mãŋ⁵³

狗崽：kau⁴⁴tsai⁴⁴

野狗：ie⁵³kau⁴⁴

豺狗：ʑie²²kau⁴⁴

猫女（猫）：mio²¹²luei⁵³

公猫女（公猫）：kõŋ³⁵mio²¹²luei⁵³

猫女嫚（女猫）：mio²¹²luei⁵³mãŋ⁵³

公猪：kõŋ³⁵tei³⁵

猪头（种猪）：tei³³dau²¹²

猪嫚（母猪）：tei³⁵mãŋ⁵³

猪崽：tei³⁵tsai⁴⁴

阉猪：iẽŋ³⁵tei³⁵

豪猪：ɣau²¹²tɕy⁴⁴

架子猪：ka⁵¹lie²¹²tei³⁵

兔子：tʻiau⁵¹lie⁵³

鸡：tɕi³⁵

公鸡：kõŋ³⁵tɕi³⁵

阉鸡（阉过的公鸡）：iẽŋ³⁵tɕi³⁵

阉鸡：iẽŋ³⁵tɕi³⁵

鸡嫚（母鸡）：tɕi³⁵mãŋ⁵³

赖孵嫚（正在孵蛋的母鸡）：lie⁵¹bu²²mãŋ⁵³

鸡□（未成年的小母鸡）：tɕi³⁵tsæ̃ŋ⁵¹

□鸡（小鸡）：ni⁵¹tɕi³⁵

鸡卵：tɕi³⁵nɔ̃ŋ⁵³

下卵：xa⁵³nɔ̃ŋ⁵³

孵鸡崽：bu²²tɕi³⁵tsai⁴⁴

鸡冠子：tɕi³⁵kɔ̃ŋ³⁵lie⁵³

鸡爪子：tɕi³⁵tso⁴⁴lie⁵³

鸭子：a⁵³lie⁵³

牯鸭子（公鸭）：gu⁴⁴a⁵³lie⁵³

鸭嫚（母鸭）：a⁵³mãŋ⁵³

□鸭子（小鸭子）：ni⁵³a⁵³lie⁵³

鸭卵：a⁵³nɔ̃ŋ⁵³

鹅：o²¹²

□鹅（小鹅）：ni⁵³o²¹²

（二）鸟、兽

野东西（野兽）：ie⁵³tai³⁵ɕi³⁵

狮子：sʅ³⁵lie⁵³

老虎：ləu⁵³xu⁴⁴

老虎嫚（母老虎）：ləu⁵³xu⁴⁴mãŋ⁵³

猴子：ɣəu²¹²tsʅ⁴⁴

熊□（熊）：ɕiõŋ²¹²pa⁵³

黄鼬狼（黄鼠狼）：ɣõŋ²¹²ɕiõŋ⁵¹nõŋ²¹²

老鼠：ləu⁵³suei⁴⁴

蛇：ʑie²²

菜花蛇（无毒蛇）：tɕ'ie⁵¹xua³⁵ʑie²²

狗嫚蛇（蜥蜴）：kau⁴⁴mãŋ⁵³ʑie²²

鸟崽：tiəu⁴⁴tsai⁴⁴

燕子：iẽŋ²²lie⁵³

斑鸡（斑鸠）：pæ̃ŋ³⁵tɕi³⁵

嗯声鸟崽（鹌鹑）：õŋ³⁵ɕiẽŋ³⁵tiau⁴⁴tsai⁴⁴

阳鸟（布谷鸟）：iãŋ²¹²tiəu⁴⁴

岩鹰婆（猫头鹰）：ãŋ²¹²iẽŋ³⁵bo²¹²

铁鹨子：t'i⁵³iəu²¹²lie⁵³

老哇：ləu⁵³a⁵³

野鸡：ie⁵³tɕi³⁵

野鸭儿：ie⁵³a⁵³lie²¹²

水鸭儿：suei⁴⁴a⁵³lie²¹²

鸬鹚：liau²¹²ʐ̩²¹²

檐老鼠（蝙蝠）：xiẽŋ²¹²ləu⁵³suei⁴⁴

翅骨（翅膀）：tɕ'ie⁵³kuai⁵³

觜（鸟类之嘴）：tsɹ̩⁵³

鸟崽窝：tiəu⁴⁴tsai⁴⁴o³⁵

（三）虫类

蚕：zõŋ²¹²

蚕蛹：zõŋ²¹²iõŋ⁵³

蚕屎：zõŋ²¹²sɹ̩⁴⁴

波丝（蜘蛛）：po³⁵sɹ̩³⁵

蚂子（蚂蚁）：mei⁵³lie⁵³

土虫子 / 土狗崽（蝼蛄）：t'iau⁴⁴zõŋ²¹²lie⁵³/t'iau⁴⁴kau⁴⁴tsai⁴⁴

土虱子（土鳖，可入药，也叫地鳖）：t'iau⁴⁴sai⁵³lie⁵³

牛屎虫（蜣螂）：iau²¹²sʅ⁴⁴diẽŋ²¹²

鸭虫（蚯蚓）：a⁵³diẽŋ²¹²

天螺丝（蜗牛）：tiẽŋ³⁵lo²¹²sʅ³⁵

蜈蚣：u³⁵kõŋ³⁵

毛牯虫：mu²¹²ku⁴⁴diẽŋ²¹²

米虫（米里的虫）：mi⁵³diẽŋ²¹²

青虫（蚜虫）：tɕ'iẽŋ³⁵diẽŋ²¹²

蚊子：mãŋ²¹²lie⁵³

屎蚊子：sʅ⁴⁴mãŋ²¹²lie⁵³

长脚蚊子：diõŋ²¹²tɕiəu⁵³mãŋ²¹²lie⁵³

饭蚊子：bai²²mãŋ²¹²lie⁵³

花蚊子：xua³⁵mãŋ²¹²lie⁵³

青虫蚊子：tɕ'iẽŋ³⁵diẽŋ²¹²mãŋ²¹²lie⁵³

鸡蚊子：tɕi³⁵mãŋ²¹²lie⁵³

虱子：sai⁵³lie⁵³

臭虫：ts'ei⁵¹diẽŋ²¹²

跳蚤：t'iəu⁵¹tsəu⁴⁴

毛鳖（牛虻）：mio²¹²bei²¹²

叫吱崽（蟋蟀）：tɕiəu⁵¹tɕi³⁵tsai⁴⁴

骚寡嫚（蟑螂）：səu³⁵ka⁴⁴mãŋ⁵³

蚱蚂（蝗虫）：tsua⁴⁴ma⁵³

雷公蚱蜢：luei²¹²kõŋ³⁵tsua⁴⁴mã⁵³

嘻嘻蛘（蝉）：ɕi³⁵ɕi³⁵iãŋ²¹²

蜜蜂：mei²²p'ãŋ³⁵

鬼头蜂：kuei⁴⁴dau²¹²p'ãŋ³⁵

叮人：tiẽŋ⁵¹ŋ²¹²

蜂窝：p'ãŋ³⁵o³⁵

蜜糖（蜂蜜）：mei²²dɔ̃ŋ²¹²

萤火虫：iã ŋ²¹²xo⁴⁴diẽ ŋ²¹²

放屁虫：pɔ̃ŋ⁵¹p'ei⁵¹diẽ ŋ²¹²

飞婆崽（灯蛾／蝴蝶）：pei³⁵bo²¹²tsai⁴⁴

咩咩蜱（蜻蜓）：mie²¹²mie²¹²iã ŋ²¹²

花牯牛（花大姐）：xua³⁵ku⁴⁴iau²¹²

（四）鱼虾类

鱼：y²¹²

鲤鱼：luei⁵³y²¹²

鲫鱼：tsuai⁵³y²¹²

草鱼：ts'əu⁴⁴y²¹²

鳜鱼：kuei⁵¹y²¹²

带鱼：tie⁵¹y²¹²

鲇鱼：niẽ ŋ³⁵y²¹²

白鱼（鲢鱼）：ba²²y²¹²

金鱼：tɕiẽ ŋ³⁵y²¹²

泥鳅：ni²¹²ts'ei³⁵

鳝鱼：ʑiẽ ŋ⁵³y²¹²

鱼鳞：y²¹²niẽ ŋ²¹²

鱼刺：y²¹²ts'uei⁵¹

鱼泡：y²¹²p'io⁵¹

鱼鳃：y²¹²ɕie³⁵

鱼卵：y²¹²nɔ̃ŋ⁵³

鱼花（鱼苗）：y²¹²xua³⁵

苦扁□（小鱼）：k'u⁴⁴pie⁴⁴zɿ²²

糟鱼（干鱼仔、腊鱼）：tsəu³⁵y²¹²

钓鱼：tiəu⁵¹y²¹²

钓鱼钩：tiəu⁵¹y²¹²kau³⁵

鱼篓：y²¹²lau⁵³

渔网：y²¹²õŋ⁵³

虾公：xa³⁵kõŋ³⁵

糟虾公（干虾）：tsəu³⁵xa³⁵kõŋ³⁵

米虾公（干虾米）：mi⁵³xa³⁵kõŋ³⁵

乌龟：u³⁵kuei³⁵

团鱼：dõŋ²¹²y²¹²

鳞甲（穿山甲）：niẽŋ²¹²ka⁵³

竹根老鼠：tei⁵³tɕiãŋ³⁵ləu⁵³suei⁵³

螃蟹：bãŋ²¹²xai⁵³

蟆蚜：ma²¹²kye⁴⁴

蚪蚪蚜（蝌蚪）：tau⁴⁴tau⁴⁴kye⁴⁴

癞皮蟆蚜：lie²²bei²¹²ma²¹²kye⁴⁴

蚂蟥：ma⁵³ɣõŋ²¹²

螺蛳：lo²¹²sʅ³⁵

铜螺蛳：dãŋ²¹²lo²¹²sʅ³⁵

铁螺蛳：t'i⁵³lo²¹²sʅ³⁵

大螺丝（蚌）：da²²lo²¹²sʅ³⁵

七、房舍

（一）房子

屋（房子）：u⁵³

起屋：xi⁴⁴u⁵³

一座屋：i⁵³zo²²u⁵³

院子：uẽŋ²²lie⁵³

院墙：uẽŋ²²ʑiõŋ²¹²

照墙：tɕiəu⁵¹ʑiõŋ²¹²

一间屋：i⁵³kæŋ³⁵u⁵³

正屋：tɕiẽŋ⁵¹u⁵³

厢房：ɕiõŋ³⁵ɣõŋ²¹²

倒厅：təu⁵¹t'iẽŋ³⁵

厅屋：t'iẽŋ³⁵u³⁵

楼上：lau²¹²ʑiõŋ⁵³

地底（楼下）：duei²²ti⁴⁴

门头：mãŋ²¹²dau²¹²

吊楼：tiəu⁵¹lau²¹²

楼梯：lau²¹²t'i³⁵

梯子：t'i³⁵lie⁵³

阳台：iõŋ²¹²die²¹²

晒台：ɕie⁵¹die²¹²

茅草屋：mio²¹²ts'əu⁴⁴u⁵³

（二）房屋结构

屋脊：u⁵³tɕie⁵³

屋顶：u⁵³tiẽŋ⁴⁴

屋檐：u⁵³iẽŋ²¹²

梁：niõŋ²¹²

横条：ɣãŋ²¹²diəu²¹²

椽皮：ʑẽŋ²¹²bie²¹²

柱子：dei²²lie⁵³

磉石：sõŋ⁴⁴ʑie²²

正门：tɕiẽŋ⁵¹mãŋ²¹²

后门：ɣau²²mãŋ²¹²

耳门（边门儿）：ə⁵³mẽŋ³²²

地口（门槛）：duei²²bõŋ²²

门背底：mãŋ²¹²pei⁵¹ti⁴⁴

门闩：mãŋ²¹²suẽŋ³⁵

一扇门：i⁵³ɕiẽŋ²²mãŋ²¹²

锁：so⁴⁴

锁匙（钥匙）：so⁴⁴zɿ²¹²

窗子：tsʻɔŋ³⁵lie⁵³

窗台：tsʻɔŋ³⁵die²¹²

走廊：tsau⁴⁴nãŋ²¹²

楼板：lau²¹²pæ̃ŋ⁴⁴

（三）其他设施

碓屋：tuei⁵¹u⁵³

火炉（厨房）：xo⁴⁴liau²¹²

灶屋：tsəu⁵¹u⁵³

氹厕（厕所）：tãŋ³⁵tɕi⁵³

牛栏：iau²¹²næ̃ŋ²¹²

猪栏：tei³⁵næ̃ŋ²¹²

猪槽：tei³⁵zəu²¹²

潲盆（猪食槽）：so⁵¹bãŋ²¹²

羊栏：iɔ̃ŋ²¹²næ̃ŋ²¹²

狗窝：kau⁴⁴o³⁵

鸡窝：tɕi³⁵o³⁵

鸡栏（鸡笼）：tɕi³⁵næ̃ŋ²¹²

鸡罩（竹子编的罩鸡器具）：tɕi³⁵tso⁵¹

柴堆：ʑie²¹²tuei³⁵

草堆：tsʻəu⁴⁴tuei³⁵

八、器具和用品

（一）一般家具

柜儿：guei²²lie²¹²

衣柜：i³⁵guei²²

书柜：$\varphi y^{35}guei^{22}$

碗柜：$\tilde{o}\eta^{44}guei^{22}$

鞋柜：$\gamma ai^{212}guei^{22}$

桌儿：$tso^{53}lie^{212}$

滚桌儿（圆桌子）：$gu\tilde{æ}\eta^{53}tso^{53}lie^{212}$

圆桌：$y\tilde{e}\eta^{212}tso^{53}$

四方桌儿：$suei^{51}x\tilde{o}\eta^{35}tso^{53}lie^{212}$

长桌儿：$ti\tilde{o}\eta^{212}tso^{53}lie^{212}$

食饭桌儿（饭桌）：$ie^{22}bai^{22}tso^{53}lie^{212}$

抽屉：$ts'ei^{35}t'i^{53}$

椅儿：$i^{53}lie^{212}$

竹椅儿（躺椅）：$tei^{53}i^{53}lie^{212}$

靠椅：$k'u^{51}i^{53}$

长凳：$ti\tilde{o}\eta^{212}t\tilde{a}\eta^{51}$

四方凳：$suei^{51}x\tilde{o}\eta^{35}t\tilde{a}\eta^{51}$

□凳仔（小凳子）：$ni^{51}t\tilde{a}\eta^{51}tsai^{44}$

滚凳（圆凳）：$gu\tilde{æ}\eta^{53}t\tilde{a}\eta^{51}$

高凳：$ku^{35}t\tilde{a}\eta^{51}$

矮凳：$ie^{44}t\tilde{a}\eta^{51}$

草蒲垫（蒲团）：$ts'\partial u^{44}bu^{212}di\tilde{e}\eta^{22}$

（二）卧室用具

床：$z\tilde{o}\eta^{212}$

床板：$z\tilde{o}\eta^{212}p\tilde{æ}\eta^{44}$

竹床：$tci^{53}z\tilde{o}\eta^{212}$

帐子：$ti\tilde{o}\eta^{51}lie^{212}$

帐钩：$ti\tilde{o}\eta^{51}kau^{35}$

被窝：$bei^{53}xo^{35}$

被窝壳儿（为睡觉叠成的长筒形的被子）：$bei^{53}xo^{35}\varphi io^{53}lie^{212}$

絮被（棉被的胎）：sei⁵¹bei⁵³

垫被（褥子）：diẽŋ²²bei⁵³

草席（草编的）：tsʻəu⁴⁴ʑie²²

竹席（竹篾编的）：tei⁵³ʑie²²

垫头：diẽŋ²²dau²¹²

镜儿：tɕiẽŋ⁵¹lie²¹²

衣架（立在地上的）：i⁵³ka⁵¹

晒衣竹竿：ɕie⁵¹i⁵³tei⁵³ku⁴⁴

尿桶：liəu²²tʻãŋ⁴⁴

火盆：xo⁴⁴bãŋ²¹²

炭盆：tʻæ̃ŋ⁵¹bãŋ²¹²

（三）炊事用具

风箱：xɔ̃ŋ³⁵ɕiɔ̃ŋ³⁵

烘笼（火箱，一种烤火的器具）：xõŋ³⁵nõŋ²¹²

通条（通炉子的）：tʻɔ̃ŋ³⁵diəu²¹²

铁夹（火钳）：tʻi⁵³ka⁵³

灰铲铲（火铲）：xuei³⁵tsʻæ̃ŋ⁴⁴tsʻæ̃ŋ⁴⁴

柴草：ʑie²¹²tsʻəu⁴⁴

禾秆子：ɣo²¹²kæ̃ŋ⁴⁴lie⁵³

麦秆子：mai²²kæ̃ŋ⁴⁴lie⁵³

高粱秆子：ku³⁵niɔ̃ŋ²¹²kæ̃ŋ⁴⁴lie⁵³

豆秆：dau²²kæ̃ŋ⁴⁴

锯屑子：tɕy⁵¹ɕy⁵³lie⁵³

火柴：xo⁴⁴ʑie²¹²

锅煤子（锅烟子）：ko³⁵mei²²lie⁵³

铛（锅）：tɕʻiã³⁵

饭铛（饭锅）：bai²²tɕʻiã³⁵

水铛（水锅）：suei⁴⁴tɕʻiã³⁵

平铛（平锅）：biẽŋ²¹²tɕʻiã³⁵

大铛（大锅）：da²²tɕʻiã³⁵

□铛（小锅）：ni⁵¹tɕʻiã³⁵

铛盖（锅盖）：tɕʻiã³⁵kai⁵¹

铲锹（锅铲）：tsʻæŋ⁴⁴tɕʻiəu³⁵

水壶（烧开水用）：suei⁴⁴xu²¹²

碗：ɔ̃ŋ⁴⁴

大碗：da²²ɔ̃ŋ⁴⁴

菜碗：tɕʻie⁵¹ɔ̃ŋ⁴⁴

茶杯：ʑia²¹²bei³⁵

盘子：bɔ̃ŋ²¹²lie⁵³

饭勺（盛饭用的）：bai²²ʑiəu²²

调羹：diəu²¹²kɔ̃ŋ³⁵

筷子：kʻye⁵¹lie⁵³

筷笼（放筷子用的）：kʻye⁵¹nãŋ²¹²

酒杯：tsei⁴⁴pei³⁵

盘子：bɔ̃ŋ²¹²lie⁵³

酒壶：tsei⁴⁴xu²¹²

酒坛子：tsei⁴⁴dɔ̃ŋ²¹²lie⁵³

瓮子：ãŋ³⁵lie⁵³

胖胚（坛子）：pʻæŋ⁵¹bei²¹²

水瓢：suei⁴⁴bio²¹²

马勺：ma⁵³ʑiəu²²

簞子：tãŋ³⁵lie⁵³

笊（笊篱）：ʦʊ⁵³

筲箕：so³⁵tɕi³⁵

瓶子：biẽŋ²¹²lie⁵³

瓶盖：biẽŋ²¹²kai⁵¹

磨刀石：mo²¹²təu³⁵ʑie²²

菜刀：tɕ'ie⁵¹təu³⁵

砧板：tiẽ³⁵pæŋ⁴⁴

水桶（挑水用的）：suei⁴⁴t'ãŋ⁴⁴

研盘（铁制研磨药材的用具，船形）：niẽ²¹²bɔ̃ŋ²¹²

饭桶（装饭的桶，可用来骂人）：bai²²t'ãŋ⁴⁴

蒸笼：tɕiẽ³⁵nãŋ²¹²

甑：tsãŋ⁵¹

水缸：suei⁴⁴kɔ̃ŋ³⁵

石水缸（石制水缸）：ʑie²²suei⁴⁴kɔ̃ŋ³⁵

潲水：so⁵¹suei⁴⁴

抹桌布：mai²²tso⁵³pu⁵¹

拖把：t'o³⁵pa⁵³

（四）工匠用具

刨子：bio²²lie⁵³

斧头：pu⁴⁴dau²¹²

钻子（锥子）：tsɔ̃ŋ⁵¹lie⁵³

锯子：tɕy⁵¹lie⁵³

长锯子：diɔ̃ŋ²¹²tɕy⁵¹lie⁵³

刨木刮（刨花）：bio²²mu²²kua⁵³

灰水刮刮：xuei³⁵sui⁴⁴kye⁵³kye⁵³

凿子：zəu²²lie⁵³

尺：tɕ'ie⁵³

角尺：ko⁵³tɕ'ie⁵³

墨斗：mai⁵³tau⁴⁴

墨斗线：mai⁵³tau⁴⁴ɕiẽ⁵³

钉子：tiẽ³⁵lie⁵³

螺丝：lo²¹²sɿ³⁵

钳夹：ʑiẽ²¹²ka⁵³

锤子：ʑy²¹²lie⁵³

索子：səu⁵³lie⁵³

砌刀：tɕ'i⁵¹təu³⁵

开泥板（瓦工用来盛抹墙物的木板）：xai³⁵ni²¹²pæ̃ŋ⁴⁴

纸筋（抹墙用的碎纸）：tsɿ⁴⁴tɕiẽŋ³⁵

草筋（抹墙用的碎草）：ts'əu⁴⁴tɕiẽŋ³⁵

浆桶（灰兜子 / 灰斗子）：tɕiɔ̃ŋ³⁵t'ɔ̃ŋ⁴⁴

錾子：zɔ̃ŋ⁵³lie⁵³

簟子（打铁时垫铁块用）：dã̃ŋ⁵³lie⁵³

剃刀：t'i⁵¹təu³⁵

剪刀：tɕiẽŋ⁴⁴təu³⁵

梳子：ɕiau³⁵lie⁵³

鐾刀布：pei³⁵təu³⁵pu⁵¹

椅子：i⁴⁴lie⁵³

车衣机：tɕ'ie³⁵i²¹²tɕi³⁵

剪刀：tɕiẽŋ⁴⁴təu³⁵

弹花弓（弹棉花的工具）：dæ̃ŋ²¹²xua³⁵kɔ̃ŋ³⁵

纺花车：xuɔ̃ŋ³⁵xua³⁵tɕ'ie³⁵

织布机：tsɿ⁵³pu⁵¹tɕi³⁵

梭子：so³⁵lie⁵³

（四）其他生活用品

东西：tai³⁵ɕi³⁵

洗面水：ɕi⁴⁴miẽŋ²²suei⁴⁴

洗面盆：ɕi⁴⁴miẽŋ²²bã̃ŋ²¹²

洗面盆架：ɕi⁴⁴miẽŋ²²bã̃ŋ²¹²ka⁵¹

洗澡盆子：ɕi⁴⁴tsəu⁴⁴bã̃ŋ²¹²lie⁵³

皂基（香皂）：zo⁵³tɕi⁵³

茶枯（肥皂）：ʑia²¹²k'u³⁵

洗衣粉：ɕi⁴⁴ⁱ³⁵xuãŋ⁴⁴

手帕：sei⁴⁴p'a⁵¹

脚盆：tɕiəu⁵³bãŋ²¹²

揩脚布：k'ie³⁵tɕiəu⁵³pu⁵¹

气灯：tɕ'i⁵¹tãŋ³⁵

蜡烛：lo²¹²tsei⁵³

灯（煤油灯）：tãŋ³⁵

灯芯：tãŋ³⁵ɕiẽŋ³⁵

灯罩：tãŋ³⁵tso⁵³

一盏灯：i⁵³tsãŋ⁴⁴tãŋ³⁵

灯草：tãŋ³⁵ts'əu⁴⁴

灯油：tãŋ³⁵iei²¹²

钱包：ziẽŋ²¹²pio³⁵

糨糊：tɕiõŋ⁵¹xu²¹²

抵针鼻（顶针儿）：ti⁴⁴tɕiẽŋ³⁵bei²²

针鼻头（针上引线的孔）：tɕiẽŋ³⁵bei²²dau²¹²

穿针：ts'uẽŋ³⁵tɕiẽŋ³⁵

搓衣板子：ts'o³⁵i³⁵pæ̃ŋ⁴⁴lie⁵³

棒头（洗衣服用的）：bãŋ²²dau²¹²

扇子：ɕiẽŋ⁵¹lie⁵³

老蒲扇：ləu⁵³bu²¹²ɕiẽŋ⁵¹

拄棒（中式拐杖）：tsuai⁵³biõŋ²²

解手纸：ke⁴⁴sei⁴⁴tsɿ⁴⁴

污□（垃圾）：u³⁵tsəu⁴⁴

历本（历书）：lie²²pãŋ⁴⁴

九、称谓

（一）一般称谓

男人：nõŋ²¹²ŋ²¹²

女人：lei⁵³a²¹²

女娘：nẽŋ⁵³niẽŋ²¹²

崽（男孩儿）：tsai⁴⁴

女（女孩儿）：lei⁵³

老人家：nõŋ⁵³niẽŋ²¹²ka³⁵

老女人（老太婆）：ləu⁵³nẽŋ⁵³niẽŋ²¹²

叶崽崽（小伙子）：ie⁵³tsai⁴⁴tsai⁴⁴

街里人（城里人）：ke³⁵lie⁵³ŋ²¹²

乡下人：ɕiõŋ³⁵ɣa⁵³niẽŋ²¹²

同姓人：dõŋ²¹²ɕiẽŋ⁵¹ŋ²¹²

半路亲（二婚）：põŋ⁵¹liəu²²tɕʻiẽŋ³⁵

本地人：pẽŋ⁴⁴duei²²ŋ²¹²

自家人：zɿ²²ka³⁵ŋ²¹²

客人：kʻa⁵³ŋ²¹²

中人（佣人、奶妈等的介绍人）：tsõŋ³⁵ŋ²¹²

单身牯子：tãŋ³⁵ɕi³⁵ku⁴⁴lie⁵³

童养媳：dõŋ²¹²iãŋ⁵³ɕi⁵³

坐牢人（囚犯）：zo²²ləu²¹²ŋ²¹²

□气（吝啬鬼）：ni⁵³tɕʻi⁵¹

败家（败家子）：bie²²ka³⁵

叫花子：tɕio⁵¹xua³⁵lie⁵³

骗子：pʻiẽŋ⁵¹lie⁵³

差头鬼崽（差人）：tɕʻie³⁵dau²¹²kuei⁴⁴tai⁴⁴

二流子（作风不正的人）：ə³⁵liəu²¹²tsɿ⁴⁴

二浪子（游手好闲的人）：ni⁵³nãŋ²²tsɿ⁴⁴

贼：zai²²

拐子（扒手）：kye⁴⁴lie²¹²

（二）职业称谓

长工：diõŋ²¹²kõŋ³⁵

短工：tõŋ⁴⁴kõŋ³⁵

零工：niẽŋ²¹²kõŋ³⁵

做生意：tso⁵³sẽŋ³⁵i⁵¹

老板子：ləu⁵³pæŋ⁴⁴lie⁵³

主家：tsu⁴⁴ka³⁵

徒弟：diau²¹²ti⁵³

客人：kʻa⁵³ŋ²¹²

零碎客（货担郎）：niẽŋ²¹²suei⁵¹kʻa⁵³

教书先生：tɕio⁵¹ɕy³⁵ɕiẽŋ³⁵sẽŋ³⁵

兵：piẽŋ³⁵

做手艺：tso⁵³sei⁴⁴i⁵¹

木匠：mu⁵³ʑiɔ̃ŋ²²

砌墙师傅：tɕʻi⁵¹ʑiɔ̃ŋ²¹²sʅ³⁵xu²²

瓦匠师傅：ua⁵³ʑiɔ̃ŋ²²sʅ³⁵xu²²

铁匠：tʻi⁵³ʑiɔ̃ŋ²²

补锅师傅：pu⁴⁴tɕʻiã³⁵sʅ³⁵xu²²

裁缝师傅：ʑie³⁵xɔ̃ŋ²¹²sʅ³⁵xu²²

剃头师傅：tʻi⁵¹dau²¹²sʅ³⁵xu²²

屠夫牯子：diau²¹²xu²¹²ku⁴⁴lie⁵³

担脚：tæ̃ŋ⁵¹tɕiau⁵³

抬轿（指人）：die²¹²ʑiəu²²

管家人：kɔ̃ŋ⁴⁴ka³⁵ŋ²¹²

厨师：ʐy²¹²sʅ³⁵

奴狗（仆人）：liau²¹²kau⁴⁴

丫头：a³⁵dau²¹²

接生：tɕi⁵³ɕiã³⁵

和尚（念经的）：ɣo²¹²ʑiɔ̃ŋ⁵³

师公（出家的道教徒）：sai³⁵kõŋ³⁵

十、亲属

（一）长辈

口口（曾祖父）：ba^{22}ba^{22}

口口（曾祖母）：ba^{22}ba^{22}

爹爹（祖父）：tie^{35}tie^{35}

奶奶：lai^{53}lai^{53}

外公：uei^{22}kõŋ^{35}

外婆：uei^{22}bo^{212}

大大（父亲）：da^{22}da^{22}

阿妈（母亲）：a^{35}ma^{212}

岳父：yo^{22}xu^{53}

家公：ka^{35}kõŋ^{35}

家婆：ka^{35}bo^{212}

男伯伯（伯父）：nõŋ^{212}pa^{53}pa^{53}

女伯伯（伯母）：luei^{53}pa^{53}pa^{53}

晚晚（叔叔）：mãŋ^{53}mãŋ^{53}

晚婶（婶子）：mãŋ^{53}ɕiẽŋ^{53}

舅爷（舅父）：ʑiəu^{35}ie^{212}

舅娘（舅母）：ʑiəu^{35}niãŋ^{212}

娘娘（姑妈）：niãŋ^{212}niãŋ^{212}

姨娘（姨妈）：i^{212}niãŋ^{212}

姑丈（姑夫）：ku^{35}diõŋ^{53}

（二）平辈

两公婆（夫妻）：niõŋ^{53}kõŋ^{35}bo^{212}

男崽伙（夫）：nõŋ^{35}tsai^{53}xo^{44}

阿婆（妻）：a^{35}bo^{212}

口阿婆（小老婆）：ni^{53}a^{35}bo^{212}

哥哥：ko^{35}ko^{35}

嫂嫂：səu⁴⁴səu⁴⁴

弟：di⁵³

兄弟媳妇：ɕiõŋ³⁵di⁵³ɕi⁵³xu⁵³

姐姐：tɕie⁴⁴tɕie⁴⁴

姐夫：tɕie⁴⁴xu³⁵

妹郎（妹夫）：mei⁵³nõŋ²¹²

表兄 / 表哥：piau⁴⁴ɕiõŋ³⁵/piau⁴⁴ko³⁵

表嫂：piau⁴⁴səu⁴⁴

（三）晚辈

崽女（儿子和女儿）：tsai⁴⁴lei⁵³

崽（儿子）：tsai⁴⁴

大崽：da²²tsai⁴⁴

□崽（小儿子）：ni⁵³tsai⁴⁴

新妇：ɕiẽŋ³⁵bei⁵³

女：lei⁵³

郎婿：nõŋ²¹²ɕi⁵³

孙崽：sãŋ³⁵tsai⁴⁴

孙新妇：sãŋ³⁵ɕiẽŋ³⁵bei⁵³

孙女：sãŋ³⁵lei⁵³

孙郎婿：sãŋ³⁵nõŋ²¹²ɕi⁵³

外孙：uei²²sãŋ³⁵

外孙女：uei²²sãŋ³⁵lei⁵³

外甥：uei²²sãŋ³⁵

外甥女：uei²²sãŋ³⁵lei⁵³

侄儿：duei²²luei²¹²

侄女：duei²²lei⁵³

（四）其他称谓

亲家娘：tɕ'iẽŋ⁵¹ka³⁵niõŋ²¹²

亲家爷 tɕ'iẽŋ⁵¹ka³⁵ie²¹²

亲戚 tɕ'iẽŋ⁵¹tɕ'i⁵³

娘家：niõŋ²¹²ka³⁵

男家：nõŋ²¹²ka³⁵

女家：lei⁵³ka³⁵

外婆屋（姥姥家）：uei²²bo²¹²u⁵³

岳父屋（丈人家）：yo²²xu⁵³u⁵³

十一、身体

（一）五官

一身（全身）：i⁵³ɕiẽŋ³⁵

头：dau²¹²

光头：kõŋ³⁵dau²¹²

头顶：dau²¹²tiẽŋ⁴⁴

后头骨：ɣau⁵³dau²¹²kuai⁵³

颈骨：tɕiẽŋ⁴⁴kuai⁵³

后颈窝：ɣau⁵³tɕiẽŋ⁴⁴o³⁵

头发：dau²¹²ɕie⁵³

落头发：lǝu²²dau²¹²ɕie⁵³

额头：ia²¹²dau²¹²

啄头骨（凸额）：tɕye⁵³dau²¹²kuai⁵³

囟门：ɕiẽŋ⁵¹miẽŋ²¹²

辫子：biẽŋ⁵³lie⁵³

髻子：tsei⁵³lie⁵³

面皮（脸）：miẽŋ²²bei²¹²

酒窝：tsei⁴⁴o³⁵

眼睛：iẽŋ⁵³tɕiẽŋ³⁵

眼珠子：iẽŋ⁵³tɕy³⁵lie⁵³

白眼珠子：ba²²iẽŋ⁵³tɕy³⁵lie⁵³

黑眼珠子：xai⁵³iẽŋ⁵³tɕy³⁵lie⁵³

眼角：iẽŋ⁵³tɕio⁵³

眼泪：iẽŋ⁵³luei²²

眼皮：iẽŋ⁵³bei²¹²

单眼皮：tãŋ³⁵iẽŋ⁵³bei²¹²

双眼皮：sɔ̃ŋ³⁵iẽŋ⁵³bei²¹²

眼毛：iẽŋ⁵³mu²¹²

鼻涕：bei²¹²t'i⁵¹

鼻涕痂痂：bei²¹²t'i⁵¹ka⁵¹ka⁵¹

鼻头窟（鼻子／鼻孔）：bei²¹²dau²¹²xuai⁵³

鼻头灵（嗅觉灵敏）：bei²¹²dau²¹²niẽŋ²¹²

鼻头杆杆（鼻梁）：bei²¹²dau²¹²kæ̃ŋ⁴⁴kæ̃ŋ⁴⁴

红鼻头：ɣõŋ²¹²bei²¹²dau²¹²

嘴：tsei⁵¹

嘴皮：tsei⁵¹bei²¹²

口水（唾沫）：xau⁴⁴suei⁴⁴

舌子（舌头）：i²²lie⁵³

大舌子根：da²²i²²lie⁵³tɕiãŋ³⁵

牙：ia²¹²

门牙：mãŋ²¹²ia²¹²

大牙：da²²ia²¹²

坐牙（大牙）：zo⁵³ia²¹²

獠牙（虎牙）：liau²¹²ia²¹²

牙屎：ia²¹²sɻ⁴⁴

虫牙：diõŋ²¹²ia²¹²

耳夹（耳朵）：niẽŋ⁵³ka⁵³

耳夹窟（耳朵眼儿）：niẽŋ⁵³ka⁵³xuai⁵³

耳夹屎：niẽŋ⁵³ka⁵³sɻ⁴⁴

耳夹聋（耳背）：niẽŋ⁵³ka⁵³niãŋ²¹²

聋牯：niãŋ²¹²ku⁴⁴

下巴：ɣa⁵³pa³⁵

喉结：ɣai²¹²kai⁵³

胡须：xu²¹²sei⁵³

连边胡子：niẽŋ²¹²piẽŋ³⁵xu²¹²tsɿ⁴⁴

生羊胡子：ɕiã³⁵iɔ̃ŋ²¹²xu²¹²tsɿ⁴⁴

羊胡子（下巴须）：iɔ̃ŋ²¹²xu²¹²tsɿ⁴⁴

（二）手、脚、胸、背

膊头（胳膊）：pei⁵³dau²¹²

饭勺骨：bai²²ʐiəu²²kuai⁵³

手（胳膊肘儿）：sei⁴⁴

手杆：sei⁴⁴kæ̃ŋ⁴⁴手

胳肢窝：ka⁵³tɕi³⁵o³⁵

左手：tso⁵³sei⁴⁴

右手：iei²²sei⁴⁴

手指头：sei⁴⁴tsɿ⁴⁴dau²¹²

大手指头：da²²sei⁴⁴tsɿ⁴⁴dau²¹²

二手指头：luei²²sei⁴⁴tsɿ⁴⁴dau²¹²

四手指头：suei⁵¹sei⁴⁴tsɿ⁴⁴dau²¹²

指甲：tɕi⁴⁴tɕia⁵³

围子（拳头）：y²¹²lie⁵³

手板：sei⁴⁴pæ̃ŋ⁴⁴

巴掌：pa³⁵tɕiɔ̃ŋ⁴⁴

才心：sei⁴⁴ɕiẽŋ³³

手背：sei⁴⁴pei⁵¹

脚（整条腿）：tɕiəu⁵³

大巴腿（大腿）：da²²pa³⁵tʻuei⁴⁴

鮎巴肚子：iẽŋ²¹²pa³⁵təu⁴⁴tsʅ⁵³

膝头骨：suei⁵³dau²¹²kuai⁴⁴

鱼尾骨：y²¹²uei⁵³kuai⁵³

螺蛳骨（脚腕）：lo²¹²sʅ³⁵kuai⁵³

赤脚：tɕ'ie⁵³tɕiəu⁵³

脚背：tɕiəu⁵³pei⁵¹

脚掌：tɕiəu⁵³tsãŋ⁴⁴

脚心：tɕiəu⁵³ɕiẽŋ³⁵

脚尖：tɕiəu⁵³tɕiẽŋ³⁵

脚趾头：tɕiəu⁵³tsʅ⁴⁴dau²¹²

脚指甲：tɕiəu⁵³tɕi⁴⁴tɕia⁵³

脚跟（儿）：tɕiəu⁵³tɕiãŋ³⁵

脚印子：tɕiəu⁵³iẽŋ⁵¹lie⁵³

鸡眼睛（一种脚病：鸡眼）：tɕi³⁵iẽŋ⁵³tɕiẽŋ³⁵

心口：ɕiẽŋ³⁵xau⁴⁴

边肋骨：piẽŋ³⁵lie⁵³kuai⁵³

奶：nie⁵³

奶头：nie⁵³dau²¹²

腹□（肚子）：pu⁵³kye⁵³

□腹□（小腹）：ni⁵³pu⁵³kye⁵³

腹脐窟（肚脐眼）：pu⁵³ʑi⁵³xuai⁵³

腰：iəu³⁵

背脊骨（脊梁骨）：pei⁵¹tɕi²²kuai⁵³

（三）其他

旋（头发旋儿）：zuẽŋ²²

双旋：sõŋ³⁵zuẽŋ²²

箩（圆形的指纹）：lo²¹²

筲箕（簸箕形的指纹）：sau³⁵tɕi⁵³

寒毛：ɣæŋ²¹²mu²¹²

寒毛窟（汗毛眼）：ɣæŋ²¹²mu²¹²xuai⁵³

痣：tsʅ⁵¹

骨：kuai⁵³

筋：tɕiẽŋ³⁵

血：ɕy⁵³

血管：ɕy⁵³kɔ̃ŋ⁴⁴

脉：mai²²

心：ɕiẽŋ³⁵

□肝：iɔ̃ŋ²²

肺叶子：xuei⁵¹i²²lie⁵³

胆：tɔ̃ŋ⁴⁴

□□（脾）：niẽŋ²¹²tiẽŋ⁵³

肚子（胃）：tiau⁵³lie⁵³

腰子：iəu³⁵lie⁵³

肠碎（肠）：zo²²suei⁵¹

大肠碎（大肠）：da²²zo²²suei⁵¹

□肠碎（小肠）：ni⁵³zo²²suei⁵¹

假肠碎（盲肠）：ka⁴⁴zo²²suei⁵¹

奶水：nie⁵³suei⁴⁴

衣胞（胎盘）：i³⁵pio³⁵

十二、疾病和医疗

（一）一般用语

生病：ɕiãŋ³⁵biẽŋ⁵³

□病（小病）：ni⁵³biẽŋ⁵³

重病：diẽŋ⁵³biẽŋ⁵³

大病：da²²biẽŋ⁵³

病轻了：biẽŋ⁵³tɕ'iẽŋ³⁵liau⁵³

病好了：biẽŋ⁵³xu⁴⁴liau⁵³

请医生：tɕ'iẽŋ⁴⁴i⁵³sẽŋ³⁵

治病：zai²²biẽŋ⁵³

瞅病（看病）：ts'ei⁵³biẽŋ⁵³

拿脉：nia⁵³mai²²

开药单子：xai³⁵iəu²²tæ̃ŋ³⁵lie⁵³

拈药：niẽ²¹²iəu²²

买药（买西药）：mie⁵³iəu²²

药铺子：iəu²²p'u⁵¹lie⁵³

药胖瓶：iəu²²p'æŋ⁵³biẽŋ²¹²

熬药：u³⁵iəu²²

膏药：ku³⁵iəu²²

药粉子：iəu²²xuãŋ⁴⁴lie⁵³

擦膏药：tɕ'ie⁵³ku³⁵iəu²²

贴膏药：t'i⁵³ku³⁵iəu²²

敷药：pa⁵³iəu²²

放痧：põŋ⁵¹ɕia³⁵

夹痧：ka⁵³ɕia³⁵

刮痧：kye⁵³ɕia³⁵

发痧（中暑）：ɕye⁵³ɕia³⁵

解毒：ke⁴⁴diau²¹²

消食：ɕiəu³⁵zʅ²¹²

□针（扎针）：xẽŋ⁵³tɕiẽŋ³⁵

打火罐：ta⁴⁴xo⁴⁴kuãŋ⁵¹

（二）内科

泻肚子：ɕie⁵¹tiau⁴⁴lie⁵³

发懒（发烧）：ɕye⁵³liau²²

咳嗽：k'a²²ɕiau⁵³

气憋（气喘）：tɕ'i⁵¹bei⁵³

上火：zɔ̃ŋ⁵³xo⁴⁴

有火：xau⁵³xo⁴⁴

退火（去火）：t'uei⁵¹xo⁴⁴

腹□痛（肚子痛）：pu⁵³kye⁵³t'ãŋ⁵¹

胀腹□（胀肚子）：tiɔ̃ŋ⁵¹pu⁵³kye⁵³

心口痛：ɕiẽŋ³⁵xau⁴⁴t'ãŋ⁵¹

头骨闷：dau²¹²kuai⁵³mẽŋ²¹²

晕车：iɔ̃ŋ²¹²tɕ'ie³⁵

晕船：iɔ̃ŋ²¹²zuẽŋ²¹²

头痛：dau²¹²t'ãŋ⁵¹

作反（反胃）：tsəu⁵³pæ̃ŋ⁴⁴

吐：t'iau⁵³

疝气：sɔ̃ŋ³⁵tɕ'i⁵¹

掉肠痔头（脱肛）：tiəu⁵¹zɔ̃ŋ²²tɕi⁵³dau²¹²

打摆子（疟疾发作）：ta⁴⁴pie⁴⁴lie⁵³

出麻子（出麻疹）：tɕ'y⁵³ma²¹²lie⁵³

出水痘子（出水痘）：tɕ'y⁵³suei⁴⁴dau²¹²lie⁵³

痨病（结核病）：ləu²¹²biẽŋ²²

（三）外科

跌伤：ti⁵³ɕiɔ̃ŋ³⁵

撞伤：ʑiɔ̃ŋ⁵³ɕiɔ̃ŋ³⁵

擦破过皮：tɕ'ie⁵³p'o⁵¹ko⁵¹bei²¹²

刮破过皮：kye⁵³p'o⁵¹ko⁵¹bei²¹²

刮脱过皮：kye⁵³t'o⁵³ko⁵¹bei²¹²

戳过口牯（刺个口子）：ts'o⁵³ko⁵¹xau⁴⁴ku⁴⁴

出血：tɕ'y⁵³ɕy⁵³

肿：tɕiẽŋ⁴⁴

灌汁：kuãŋ⁵¹tsʅ⁵³

结疤：tɕi⁵³pa³⁵

疤：pa³⁵

生疮：ɕiãŋ³⁵ts'ɔ̃ŋ³⁵

生疖子：ɕiãŋ³⁵tɕi⁵³lie²¹²

痔疮：tsʅ⁵¹ts'ɔ̃ŋ³⁵

□□子（疥疮）：lau³⁵kuai⁵³tsʅ⁴⁴

润疮（癣）：zuẽŋ²¹²ts'ɔ̃ŋ³⁵

菩萨臭（狐臭）：bu²¹²sa⁵³ts'ei⁵³

哈嗓子（公鸭嗓儿，嗓音沙哑）：xa²²sãŋ⁵³tsʅ⁴⁴

瞟子（一只眼睛是瞎的）：p'iau⁴⁴tsʅ⁵³

倒眼睛（斗鸡眼儿，内斜视）：tǝu⁵¹iẽŋ⁵³tɕiẽŋ³⁵

（四）残疾等

羊癫风：iɔ̃ŋ²¹²tiãŋ³⁵xɔ̃ŋ³⁵

抽风：ts'ei³⁵xɔ̃ŋ³⁵

起风：ɕi⁴⁴xɔ̃ŋ³⁵

蹩脚：pie³⁵tɕiǝu⁵³

驼子（罗锅）：do²¹²lie⁵³

结巴：ke⁵³pa³⁵

瞎子：ɕie⁵³tɕi⁵³

戾人（傻子）：sɔ̃ŋ²¹²niẽŋ²¹²

麻子（因病留下的疤痕；脸上有麻子的人）：ma²¹²lie⁵³

兔子嘴（兔唇）：t'iau⁵¹lie⁵³tsei⁴⁴

缺牙子（豁牙子）：k'uai⁵³ia²¹²tsʅ⁵³

假手指头（六指儿）：ka⁴⁴sei⁴⁴tsʅ⁴⁴dau²¹²

左撇子：tso⁵³p'ia⁵³tsʅ⁵³

十三、衣服和穿戴

（一）服装

衣裳：i^{35}ʐiẽŋ^{212}

长衣裳：diõŋ^{212}i^{35}ʐiẽŋ^{212}

背心：pei^{51}çiẽŋ^{35}

絮背心：sei^{51}pei^{51}çiẽŋ^{35}

夹衣（棉衣）：ka^{53}i^{35}

皮夹衣（皮袄）：bei^{212}ka^{53}i^{35}

长夹衣：diõŋ^{212}ka^{53}i^{35}

夹裤：ka^{53}k'u^{51}

大衣：da^{22}i^{35}

罩衣（外衣）：tso^{53}i^{35}

纱衣：çia^{35}i^{35}

挑肩：t'iəu^{35}tçiẽŋ^{35}

衣襟：i^{35}tçiẽŋ^{35}

大衣襟：da^{22}i^{35}tçiẽŋ^{35}

□衣襟：ni^{53}i^{35}tçiẽŋ^{35}

对襟：tei^{51}tçiẽŋ^{35}

口水夹夹：xau^{44}suei^{44}ka^{53}ka^{53}

衣领：i^{35}niẽŋ^{53}

衣袖：i^{35}zei^{22}

长衣袖：diõŋ^{212}i^{35}zei^{22}

短衣袖：tõŋ^{44}i^{35}zei^{22}

裙：ʐiõŋ^{212}

单裙：tæŋ^{35}ʐiõŋ^{212}

夹裙：ka^{53}ʐiõŋ^{212}

裤子：k'u^{51}lie^{53}

单裤：tæŋ^{35}k'u^{51}

短裤（穿在外面的）：tõŋ⁴⁴kʻu⁵¹

裤子（中式的）：kʻu⁵¹lie⁵³

裤裆：kʻu⁵¹tãŋ⁴⁴

裤腰：kʻu⁵¹iəu²¹²

裤带子：kʻu⁵¹tie⁵¹lie⁵³

裤脚：kʻu⁵¹tɕiəu⁵³

袋包（衣服上的口袋）：die²²pio³⁵

扣子：kʻau⁵¹lie⁵³

扣襻（中式的）：kʻau⁵¹pʻæ̃ŋ⁵¹

扣子窟：kʻau⁵¹lie⁵³xuai⁵³

（二）鞋帽

鞋：ɣie²¹²

拖鞋：tʻo³⁵ɣie²¹²

絮鞋：sei⁵¹ɣie²¹²

皮鞋：bei²¹²ɣie²¹²

布鞋：pu⁵¹ɣie²¹²

板鞋：pæ̃ŋ⁴⁴ɣie²¹²

鞋底：ɣie²¹²ti⁴⁴

水胶鞋（橡胶做的雨鞋）：suei⁴⁴tɕiəu³⁵ɣie²¹²

鞋带：ɣie²¹²tie⁵¹

袜：mie²²

丝袜：sɿ³⁵mie²²

纱袜：ɕia³⁵mie²²

长袜：diõŋ²¹²mie²²

短袜：tõŋ⁴⁴mie²²

袜带子：mie²²tie⁵¹lie⁵³

裹脚（旧时妇女裹脚的布）：ko⁴⁴tɕiəu⁵³

帽子：mu²²lie⁵³

皮帽子：bei²¹²mu²²lie⁵³

草帽子：ts'əu⁴⁴mu²²lie⁵³

笠头（斗笠）：luei²²dau²¹²

雨笠头：y⁵³luei²²dau²¹²

棕丝笠头：tsãŋ³⁵sɿ³⁵luei²²dau²¹²

爪爪帽子（带檐帽子）：tɕye⁵³tɕye⁵³mu²²lie⁵³

（三）装饰品

镯头：zo²²dau²¹²

金戒指：tɕiẽŋ³⁵ke⁵¹lie²¹²

扣针：k'au⁵¹tɕiẽŋ³⁵

（四）其他穿戴用品

挂围裙：kua⁵¹uei²¹²dʑyẽŋ²¹²

尿布：niəu²²pu⁵¹

手帕：sei⁴⁴p'a⁵¹

围巾：uei²¹²tɕiẽŋ³⁵

手套：sei⁴⁴t'əu⁵¹

眼镜：iẽŋ⁵³tɕiẽŋ⁵¹

伞：sæ̃ŋ⁴⁴

蓑衣：so³⁵i³⁵

雨衣（新式的）：y⁵³i³⁵

手表：sei⁴⁴pio⁴⁴

十四、饮食

（一）伙食

伙食：xo⁴⁴zɿ²²

食饭：iei²²bai²²

早饭：tsəu⁴⁴bai²²

顶时饭（午饭）：ti^{44}çi^{21}bai^{22}

黑饭（晚饭）：xai^{53}bai^{22}

食茶饭（途中吃点东西）：iei^{22}ʑia^{212} bai^{22}

零食：niẽŋ^{212}çi^{22}

（二）米食

白米饭：ba^{22}mi^{53}bai^{22}

冷饭（剩饭）：nãŋ^{53}bai^{22}

饭枯过了（饭煳了）：bai^{22}k'u^{35}ko^{51}liau^{53}

饭馊过了：bai^{22}çiau^{35}ko^{51}liau^{53}

锅巴：ko^{35}pa^{35}

粥：tsei^{53}

米汤：mi^{53}t'ɔ̃ŋ^{35}

米糊涂（用米磨成的粉做的糊状食物）：mi^{53}ɣu^{212}dau^{212}

粽粑：tsãŋ^{51}pa^{35}

（三）面食

面粉：miẽŋ^{22}xuãŋ^{44}

面条：miẽŋ^{22}diəu^{212}

（四）肉、蛋（以下调查的动物身体部位的条目，都是从食物角度而言的）

肉：o^{35}

猪肉：tei^{35}o^{35}

狗肉：kau^{44}o^{35}

兔子肉：t'iau^{51}lie^{53}o^{35}

肘子 / 蹄子（猪腿靠近身体的部位）：tsəu^{44}tsɿ^{53}/di^{212}lie^{53}

猪脚爪爪：tei^{35}tçiəu^{53}tso^{44}tso^{44}

筋：tçiẽŋ^{35}

牛舌子（牛舌头）：iau^{212}i^{22}lie^{53}

猪舌子（猪舌头）：tei^{35}i^{22}lie^{53}

腹腑（猪、牛、羊下水）：pu⁵³xo⁴⁴

猪肺：tei³⁵xuei⁵¹

杂碎：zo²²suei⁵¹

排骨（猪的）：bie²¹² kuai⁵³

牛肚子（光滑的那种）：iau²¹²tiau⁵³lie⁵³

□（猪、牛、羊肝）：iõŋ²²

腰子（猪、牛、羊的）：iəu³⁵lie⁵³

鸡腹腑：tɕi³⁵pu⁵³xo⁴⁴

鸡肫：tɕi³⁵ʑiõŋ³⁵

猪血：tei³⁵ɕy⁵³

鸡□（鸡血）：tɕi³⁵tei³⁵

（五）菜

菜：tɕ'ie⁵¹

青菜（素菜）：tɕ'iẽŋ³⁵tɕ'ie⁵¹

荤菜：xuẽŋ³⁵tɕ'ie⁵¹

渍菜（咸菜）：tɕi⁵³tɕ'ie⁵¹

豆腐：dau²²xu⁵³

豆腐皮：dau²²xu⁵³bei²¹²

腊豆腐：lo²²dau²²xu⁵³

油豆腐：iei²¹²dau²²xu⁵³

豆腐脑子：dau²²xu⁵³ləu⁵³lie⁵³

豆浆：dau²²tɕiõŋ⁵¹

粉（细条的粉丝）：xuãŋ⁴⁴

豆豉：dau²²zɿ²²

黑豆豉：xai⁵³dau²²zɿ²²

绿豆粉：lei²²dau²²xuãŋ⁴⁴

苞谷粉：pau³⁵ku⁵³xuãŋ⁴⁴

蚕豆粉：dzãŋ²¹²dau²²xuãŋ⁴⁴

红薯粉：ɣõŋ²¹²zei²²xuãŋ⁴⁴

炒鸡卵：ts'o⁴⁴tɕi³⁵nɔ̃ŋ²¹²

煮鸡卵（连壳煮的鸡蛋）：tsei⁴⁴tɕi³⁵nɔ̃ŋ²¹²

茶水蛋：dza²¹²suei⁴⁴dãŋ²²

鸡卵汤：tɕi³⁵nɔ̃ŋ²¹²t'ɔ̃ŋ³⁵

（六）油盐佐料

味道：uei²²dau⁵³

色头（颜色）：sai⁵³dau²¹²

猪油（荤油）：dei³⁵iei²¹²

焦油（肥肉炼油）：tɕiəu³⁵iei²¹²

麻油：ma²¹²iei²¹²

香油：ɕiɔ̃ŋ³⁵iei²¹²

生豆油：sẽŋ³⁵dau²²iei²¹²

茶油：ʑia²¹²iei²¹²

菜籽油：tɕ'ie⁵¹tsai⁴⁴iei²¹²

盐：ɣiẽŋ²¹²

粗盐：tɕ'iau³⁵ɣiẽŋ²¹²

细盐：ɕi⁵¹ɣiẽŋ²¹²

硝盐：ɕiəu³⁵ɣiẽŋ²¹²

熬硝盐：u³⁵ɕiəu³⁵ɣiẽŋ²¹²

酱油：tɕiɔ̃ŋ⁵¹iei²¹²

麦子酱（甜面酱）：ma²²lie⁵³tɕiɔ̃ŋ⁵¹

豆酱：dau²²tɕiɔ̃ŋ⁵¹

海椒酱：xai⁴⁴tɕiau⁵³tɕiɔ̃ŋ⁵¹

胡椒粉：xu²¹²tɕiəu⁵³xuæ̃ŋ⁴⁴

山胡椒：sæ̃ŋ³⁵xu²¹²tɕiəu⁵³

（七）烟、茶、酒

烟：iẽŋ³⁵

烟叶子：iẽŋ³⁵i²²lie⁵³

烟丝：iẽŋ³⁵sʅ³⁵

水烟筒（铜制的）：suei⁴⁴iẽŋ³⁵dãŋ²¹²

烟筒（旱烟袋）：iẽŋ³⁵dãŋ²¹²

烟盒子（装香烟的金属盒）：iẽŋ³⁵ɣo²¹²lie⁵³

烟屎（烟油子）：iẽŋ³⁵sʅ⁴⁴

烟灰：iẽŋ³⁵xuei³⁵

火镰（旧时取火用具）：xo⁴⁴niẽŋ²¹²

火镰石（用火镰打的那种石头）：xo⁴⁴niẽŋ²¹²ʑie²²

纸煤头：tsʅ⁴⁴mei²¹²dau²¹²

（沏好的）茶：ʑia²¹²

茶叶：ʑia²¹²i²²

滚水：kuãŋ⁴⁴suei⁴⁴

煮茶：tsei⁴⁴ʑia²¹²

泡茶：p'io⁵¹ʑia²¹²

升茶（倒茶）：ɕiẽŋ³⁵ʑia²¹²

白酒：ba²²tsei⁴⁴

米酒：mi⁵³tsei⁴⁴

火酒：xo⁴⁴tsei⁴⁴

红薯酒：ɣõŋ²¹²zei²²tsei⁴⁴

高粱酒：ku³⁵niɔ̃ŋ²¹²tsei⁴⁴

苞谷酒：pau³⁵ku⁵³tsei⁴⁴

甜酒糟：diẽŋ²¹²tsei⁴⁴tsəu³⁵

伏酿酒：xu²²niɔ̃ŋ²²tsei⁴⁴

（八）其他

砂糖（专指红砂糖）：ɕia³⁵dɔŋ²¹²

白糖：ba²²dɔ̃ŋ²¹²

冰糖：piẽŋ³⁵dɔ̃ŋ²¹²

生豆糖（花生糖）：sẽŋ³⁵dau²²dɔ̃ŋ²¹²

麦芽糖：ma²²ia²¹²dɔ̃ŋ²¹²

米糖：mi^{53}dɔ̃ŋ^{212}

橙子糖：ʑiẽŋ^{212}lie^{212}dɔ̃ŋ^{212}

茄子糖：ʑie^{22}lie^{212}dɔ̃ŋ^{212}

冬瓜糖：tã ŋ^{35}kua^{35}dɔ̃ŋ^{212}

南瓜糖：næ ŋ^{212}kua^{35}dɔ̃ŋ^{212}

麻糖：ma^{212}dɔ̃ŋ^{212}

卫生糖：uei^{22}sẽŋ^{35}dɔ̃ŋ^{212}

十五、红白大事

（一）婚姻、生育

做媒：tso^{51}mei^{212}

媒婆螨：mei^{212}bo^{212}mã ŋ^{53}

相亲：ɕiɔ̃ŋ^{35}tɕ'iẽŋ^{35}

瞅亲：ts'ei^{44}tɕ'iẽŋ^{35}

上门：ʑiɔ̃ŋ^{53}mã ŋ^{212}

年纪：niẽŋ^{212}tɕi^{53}

下定（定亲）：ɣa^{53}diẽŋ^{22}

喜事酒：xi^{44}ʐ̩^{53}tsei^{44}

接亲：tɕi^{53}tɕ'iẽŋ^{35}

出嫁：tɕ'y^{53}ka^{51}

嫁女：ka^{51}lei^{53}

花轿：xua^{35}ʑiəu^{22}

抬嫁夆（抬嫁妆）：die^{212}ka^{51}niẽŋ^{212}

拜堂：pie^{51}dɔ̃ŋ^{212}

新郎公（新郎）：ɕiẽŋ^{35}nɔ̃ŋ^{212}kõ ŋ^{35}

媳妇娘（新娘）：ɕi^{53}xu^{53}niɔ̃ŋ^{212}

回外家（回门）：ɣuei^{212}uei^{22}ka^{51}

嫁二嫁（再嫁）：ka^{51}luei^{22}ka^{51}

讨二路亲（续弦）：t'əu^{44}luei^{22}liau^{22}tɕ'iẽŋ^{35}

怀爷崽（怀孕了）：çye²¹²ie²²tsai⁵³

生爷崽（生孩子）：çiãŋ³⁵ie²²tsai⁵³

接生：tçi⁵³çiã

坐月子：zo⁵³y²²lie⁵³

满月：mu⁵³y²²

头胎：dau²¹²t'ie³⁵

双胞胎：sõŋ³⁵pio³⁵t'ie³⁵

打胎：ta⁴⁴t'ie³⁵

（二）寿辰、丧葬

生日：çiãŋ³⁵luei²²

做生日：tso⁵¹çiãŋ³⁵luei²²

死过了：suei⁴⁴ko⁵¹liau⁵³

老屋（棺材）：ləu⁵³u⁵³

料子（做棺材的木材）：liəu²²lie⁵³

入棺：ʐy²²kuæ̃ŋ³⁵

灵屋：niẽŋ²¹²u⁵³

戴孝：tie⁵¹çio⁵¹

孝子：çio⁵¹tsʅ⁴⁴

孝孙：çio⁵¹sãŋ³⁵

出殡：tçy⁵³piẽŋ⁵¹

送葬：sãŋ⁵¹tsõŋ⁵¹

纸钱：ʐiẽŋ²¹²tsʅ⁴⁴

瞅地：ts'ei⁴⁴duei²²

祖（坟墓）：tçiau⁴⁴

碑记：pei³⁵tçi⁵¹

挂祖（上坟）：kua⁵¹tçiau⁴⁴

跳水（投河自尽）：t'iau⁵¹suei⁴⁴

上吊：ʐõŋ⁵³tiəu⁵¹

（三）迷信

天老爷：t'iẽŋ³⁵ləu⁵³ie²¹²

灶王：tsəu⁵¹uõŋ²¹²

菩萨：bu²¹²sa⁵³

土地庙：t'iau⁴⁴duei²²mio²²

阎王：iẽŋ²¹²uõŋ²¹²

祠堂：zๅ²¹²dõŋ²¹²

上供：ʑiõŋ⁵³kõŋ⁵¹

蜡烛台：lo²²tsei⁵³die²²

蜡烛（敬神的那种）：lo²²tsei⁵³

香（敬神的那种）：ɕiõŋ³⁵

烧香：ɕiəu³⁵ɕiõŋ³⁵

撇卦：p'ie⁵³kua⁵¹

卦子（占卜用）：kua⁵¹lie⁵³

做道场：tso⁵¹dəu²²ʑiõŋ²¹²

念经：niẽŋ²²tɕiẽŋ³⁵

瞅风水：ts'ei⁴⁴xõŋ³⁵suei⁴⁴

算命：sõŋ⁵¹miẽŋ²²

算命先生：sõŋ⁵¹miẽŋ²²ɕiẽŋ³⁵sẽŋ³⁵

算八字：sõŋ⁵¹pa⁵³zๅ²²

瞅相（看相）：ts'ei⁴⁴ɕiõŋ⁵¹

鬼婆：kuei⁴⁴bo²¹²

许愿：ɕy⁴⁴ɣuẽŋ²²

还愿：ɣuẽŋ²¹²ɣuẽŋ²²

十六、日常生活

（一）衣

着衣：tiəu⁵³i³⁵

脱衣：t'o⁵³i³⁵

解衣：ke⁴⁴i³⁵

脱鞋：t'o⁵³ɣie²¹²

量衣裳：niõŋ²¹²i³⁵ɕiõŋ²¹²

做衣裳：tso⁵¹i³⁵ɕiõŋ²¹²

贴边（缝在衣服里子边上的窄条）：t'i⁵³piẽŋ³⁵

裹口（在衣服、布鞋等的边缘特别缝制的一种圆棱的边儿）：ko⁴⁴xau⁴⁴

裹边：ko⁴⁴piẽŋ³⁵

打鞋底（纳鞋底）：ta⁴⁴ɣie²¹²ti⁴⁴

钉扣子：tiẽŋ⁵¹k'au⁵¹lie⁵³

打补巴（打补丁）：ta⁴⁴pu⁴⁴pa³⁵

做被窝：tso⁵¹bei²²xo³⁵

钉被窝：tiẽŋ⁵¹bei²²xo³⁵

洗衣：ɕi⁴⁴i³⁵

洗一水（洗一次）：ɕi⁴⁴i⁵³suei⁴⁴

晒衣：ɕie⁵¹i³⁵

吹衣（晾衣服）：tɕ'y³⁵i³⁵

浆衣：tɕiõŋ⁵¹i³⁵

烫衣；t'õŋ⁵¹i³⁵

（二）食

烧火：ɕiəu³⁵xo⁴⁴

煮饭：tsei⁴⁴bai²²

淘米：dəu²¹²mi⁵³

拌面粉：biæŋ⁵³miẽŋ²²xuẽŋ⁴⁴

搅面：xau⁴⁴miẽŋ²²

围面条：y²¹²miẽŋ²²diəu²¹²

煮菜：tsei⁴⁴tɕ'ie⁵¹

打汤：ta⁴⁴t'õŋ³⁵

饭煮好过了：bai²²tsei⁴⁴xu⁴⁴ko⁵¹liau⁵³

饭是生（饭生）：bai²²ʐ̩⁵³ɕiãŋ³⁵

夹浆饭（夹生饭）：ka⁵³tɕiɔ̃ŋ³⁵bai²²

食饭了（开饭）：ie²²bai²²liau⁵³

舀饭：iəu⁵³bai²²

夹菜：ka⁵³tɕ'ie⁵¹

舀汤：iəu⁵³t'ɔ̃ŋ³⁵

食早饭：ie²²tsəu⁴⁴bai²²

食顶时饭：ie²²ti⁴⁴ɕi²¹bai²²

食黑饭：ie²²xai⁵³bai²²

使筷子：sai⁴⁴k'ye⁵³lie⁵³

嚼不动：ʑiəu²²pu⁵³dãŋ⁵³

噎着过（吃饭噎住了）：i⁵³tɕi⁵³ko⁵¹

打倒嗝（吃饱后打嗝儿）：ta⁴⁴təu⁵¹ke⁵³

胀着过（吃太多撑着了）：tiɔ̃ŋ⁵¹tɕi⁵³ko⁵¹

嘴冇味：tsei⁴⁴mau⁵³uei²²

喝茶：xo⁵³ʑia²¹²

喝酒：xo⁵³tsei⁴⁴

喝烟：xo⁵³iẽŋ³⁵

饿过了（饿了）：o²²ko⁵¹liau⁵³

食奶：ie²²nie⁵³

喝糖：xo⁵³dɔ̃ŋ²¹²

（三）住

起床：xi⁴⁴ʐɔ̃ŋ²¹²

洗手：ɕi⁴⁴sei⁴⁴

洗面：ɕi⁴⁴miẽŋ²²

梳头：ɕiau³⁵dau²¹²

梳辫子：ɕiau³⁵piẽŋ⁵³lie⁵³

梳髻子：ɕiau³⁵tsei³⁵lie⁵³

剪指甲：tɕiẽŋ⁴⁴tɕi⁴⁴tɕia⁵³

挖耳痂：ye⁵³niẽŋ⁵³ka⁵³

洗澡：ɕi⁴⁴tsəu⁴⁴

擦澡：tɕ'ie⁵³tsəu⁴⁴

屙（小便）（动词）：o³⁵

屙（大便）（动词）：o³⁵

搦屎（把屎）：tɕ'iau³⁵sɿ⁴⁴

搦尿（把尿）：tɕ'iau³⁵liəu²²

（小孩子）尿床：liəu²²zõŋ²¹²

躲阴（乘凉）：to⁴⁴iẽŋ³⁵

晒日头：ɕie⁵¹ni²²dau²¹²

炙火（烤火取暖）：tɕie⁵³xo⁴⁴

点灯：tiẽŋ⁴⁴tãŋ³⁵

熄灯：sei⁵³tãŋ³⁵

歇背（歇一会儿）：xi⁵³pei⁵³

打眼揉（打盹儿）：ta⁴⁴iẽŋ⁵³ʑiəu²¹²

打哈音（打哈欠）：ta⁴⁴xo⁵³iẽŋ³⁵

口（困了）：lia²²

铺床：p'u³⁵zõŋ²¹²

入下去（躺下去）：ni²²xa⁵³xu⁵¹

入着过了（睡着了）：ni²²tiəu⁵³ko⁵¹liau⁵³

扯鼓皮（打呼）：tie⁴⁴ku⁴⁴bei²¹²

入不着（睡不着）：nie²²pu⁵³tiəu⁵³

入顶时觉（睡午觉）：nie²²ti⁴⁴ɕi²¹²tɕio⁵³

向天入（仰面睡）：ɕiõŋ⁵¹t'iẽŋ³⁵nie²²

侧身入（侧着身体睡觉）：ts'ai⁵³ɕiẽŋ³⁵nie²²

伏起入（趴着睡）：p'u⁵³xi⁴⁴nie²²

抽筋：ts'ei³⁵tɕiẽŋ³⁵

走梦：tsau⁴⁴mãŋ²²

话梦事（说梦话）：ɣua²²mãŋ²²zai²²

魇着过了（魇住了）：iẽŋ⁴⁴tɕi⁵³ko⁵¹liau⁵³

（四）行

走路：tsau⁴⁴liau²²

下地做事（去地里干活）：ɣa⁵³duei²²tso⁵¹zai²²

收工：sei³⁵kõŋ³⁵

围闹儿（到集市上买卖货物）：y²¹²ləu²²lie²¹²

走亲：tsau⁴⁴tɕ'iẽŋ³⁵

出去：tɕ'iəu⁵³xu⁵¹

归来（回家）：kuei³⁵lie²¹²

十七、讼事

打官司：ta⁴⁴kɔ̃ŋ³⁵sʅ³⁵

告状（动宾）：ku⁵¹zɔ̃ŋ⁵³

状子：zɔ̃ŋ⁵³tsʅ⁴⁴

退堂：t'uei⁵¹dõŋ²¹²

家务事：ka³⁵u²²zai²²

服：ɣu²²

有服：mau⁵³ɣu²²

认亲：niẽŋ²²tɕ'iẽŋ³⁵

犯法：xuãŋ²²xua⁵³

犯罪：xuãŋ²²zuei⁵³

罚款：ɕye²²k'uãŋ⁵³

斩头骨：tɕiãŋ⁴⁴dau²¹²kuai⁵³

打：ta⁴⁴

□屁股（打屁股）：xẽŋ⁵³p'i⁵¹ku⁴⁴

上枷：ʑiɔ̃ŋ⁵³ka³⁵

绚起来（绑起来）：dəu²¹²xi⁴⁴lie²¹²

关起（囚禁）：kuæŋ³⁵xi⁴⁴

坐牢：zo⁵¹ləu²¹²

按手印：ɔ̃ŋ⁵¹sei⁴⁴iẽŋ⁵¹

地租：duei²²tɕiau³⁵

地契：duei²²tɕ'i⁵¹

十八、交际

客人：k'a⁵³ŋ²¹²

请客：tɕ'iẽŋ⁴⁴k'a⁵³

男客：nɔ̃ŋ²¹²k'a⁵³

女客：luei⁵³k'a⁵³

送礼：sãŋ⁵¹luei⁵³

礼：luei⁵³

做客：tso⁵¹k'a⁵³

待客：die²²k'a⁵³

陪客（动宾）：bei²¹²k'a⁵³

送客：sãŋ⁵¹k'a⁵³

冇送了（主人说的客气话）：mau⁵³sãŋ⁵¹liau⁵³

多谢：to³⁵ʑie²²

冇要客气：mau⁵³iəu⁵¹k'a⁵³tɕ'i⁵¹

摆酒席：pie⁴⁴tsei⁴⁴ʑi²²

一桌酒：i⁵³tso⁵³tsei⁴⁴

请帖：tɕ'iẽŋ⁴⁴t'i⁴⁴

下请儿：ɣa⁵³tɕ'iẽŋ⁴⁴lie²¹²

上菜：zɔ̃ŋ⁵³tɕ'ie⁵¹

升酒（斟酒）：ɕiẽŋ³⁵tsei⁴⁴

劝酒：kuẽŋ⁵¹tsei⁴⁴

死对头：suei⁴⁴tuei⁵¹dau²¹²

莫插嘴：mie³⁵tɕʻiãŋ³⁵tsuei⁴⁴

摆架儿：pie⁴⁴ka⁵¹lie²¹²

装屄：tsɔ̃ŋ³⁵sɔ̃ŋ³⁵

装样子：tsɔ̃ŋ³⁵iɔ̃ŋ²²lie²¹²

出洋相：tɕʻy⁵³iɔ̃ŋ²¹²ɕiɔ̃ŋ⁵¹

出丑：tɕʻy⁵³tsʻei⁴⁴

瞧得起：tsʻei⁴⁴te⁵³xi⁴⁴

瞧不起：tsʻei⁴⁴pu⁵³xi⁴⁴

合伙：ɣo²¹²xo⁴⁴

答应：to⁵³ãŋ⁵¹

莫答应：mo⁵³to⁵³ãŋ⁵¹

驭出去（撑出去）：y²²tɕiəu⁵³xu⁵¹

十九、商业和交通

（一）经商行业

开铺子：xai³⁵pu⁵¹lie²¹²

铺面：pu⁵¹miẽŋ²²

当铺：tɔ̃ŋ⁵¹pʻu⁵¹

摆摊子：pie⁴⁴tʻɔ̃ŋ³⁵lie²¹²

做生意：tso⁵¹sẽŋ³⁵i⁵¹

伙铺（旅店）：xo⁴⁴pʻu⁵¹

饭铺：bai²²pʻu⁵¹

上馆子：ʑiɔ̃ŋ⁵³kuæ̃ŋ⁴⁴lie²¹²

杂货铺：ʑia²²xo⁵¹pʻu⁵¹

剃头铺：tʻi⁵¹dau²¹²pʻu⁵¹

剃头：tʻi⁵¹dau²¹²

刮胡须：kye⁵³ɣu²¹²sei⁵³

屠夫铺：diau²¹²xu³⁵pʻu⁵¹

杀猪：$\varsigma ie^{53}tei^{35}$

油榨（榨油的工具，引申为榨油的作坊）：$iei^{212}t\varsigma ia^{51}$

榨油：$t\varsigma ia^{51}iei^{212}$

租屋：$t\varsigma iau^{35}u^{53}$

煤球：$mei^{212}z̢iəu^{212}$

（二）经营、交易

关门：$ku\tilde{æ}\eta^{35}m\tilde{a}\eta^{212}$

柜台：$guei^{22}die^{212}$

开价：$xai^{35}ka^{51}$

还价：$\gamma u\tilde{æ}\eta^{212}ka^{51}$

便利（价钱便宜）：$bei^{212}luei^{22}$

（价钱）贵：$kuei^{51}$

（价钱）公道：$k\tilde{o}\eta^{35}dəu^{22}$

做下买（全部买了）：$tso^{51}\gamma a^{22}mie^{53}$

买卖好：$mie^{53}mie^{22}xu^{44}$

工钱：$k\tilde{o}\eta^{35}z̢i\tilde{e}\eta^{212}$

本钱：$p\tilde{a}\eta^{44}z̢i\tilde{e}\eta^{212}$

保本：$pu^{44}p\tilde{a}\eta^{44}$

赚钱：$z\tilde{æ}\eta^{53}z̢i\tilde{e}\eta^{212}$

花钱：$xua^{35}z̢i\tilde{e}\eta^{212}$

亏本：$k'uei^{35}p\tilde{a}\eta^{44}$

路费：$liau^{22}xuei^{51}$

利息：$luei^{22}\varsigma i^{53}$

运气好：$i\tilde{o}\eta^{22}t\varsigma 'i^{51}xu^{44}$

欠：$t\varsigma 'i\tilde{e}\eta^{51}$

（三）账目、度量衡

收账（记收入的账）：$sei^{35}t\varsigma i\tilde{o}\eta^{51}$

欠账：$t\varsigma 'i\tilde{e}\eta^{51}t\varsigma i\tilde{o}\eta^{51}$

讨账：t'əu⁴⁴tɕiɔ̃ŋ⁵¹

票子：p'io⁵¹lie⁵³

利子（铜板儿）：luei²²tsʅ⁴⁴

花钱：xua³⁵ʑiẽŋ²¹²

一分钱：i⁵³xuãŋ³⁵ʑiẽŋ²¹²

一角钱：i⁵³tɕiəu⁵³ʑiẽŋ²¹²

一块钱：i⁵³k'ye⁵³ʑiẽŋ²¹²

十块钱：zʅ²²k'ye⁵³ʑiẽŋ²¹²

一百块钱：i⁵³pa⁵³k'ye⁵³ʑiẽŋ²¹²

一张票子（钞票）i⁵³tiɔ̃ŋ³⁵p'io⁵¹lie⁵³

一个铜钱：i⁵³ko⁵¹dãŋ²¹²ʑiẽŋ²¹²

一个毫子（一个硬币）：i⁵³ko⁵¹ɣau²¹²lie⁵³

算盘：sɔ̃ŋ⁵¹bɔ̃ŋ²¹²

等儿（戥子）：tãŋ⁴⁴lie²¹²

秤：tɕ'iẽŋ⁵¹

磅秤：bɔ̃ŋ²²tɕ'iẽŋ⁵¹

秤盘：tɕ'iẽŋ⁵¹bɔ̃ŋ²¹²

秤星儿：tɕ'iẽŋ⁵¹ɕiẽŋ³⁵lie²¹²

秤杆：tɕ'iẽŋ⁵¹kãŋ⁴⁴

秤钩儿：tɕ'iẽŋ⁵¹kau³⁵lie²¹²

秤砣：tɕ'iẽŋ⁵¹do²¹²

秤毫索：tɕ'iẽŋ⁵¹ɣau²¹²səu⁵¹

太高了（称物时称尾高）：t'ai⁵¹kəu³⁵liau⁵³

太平了（称物时称尾低）：t'ai⁵¹biẽŋ²¹²liau⁵³

（四）交通

铁路：t'i⁵³liau²²

铁轨：t'i⁵³kuei⁴⁴

火车：xo⁴⁴tɕ'ie³⁵

火车站：xo⁴⁴tɕ'ie³⁵ʑiæŋ²²

马路（公路）：ma⁵³liau²²

汽车：tɕ'i⁵¹tɕ'ie³⁵

客车：k'a⁵³tɕ'ie³⁵

货车：xo⁵¹tɕ'ie³⁵

公共汽车：kõŋ³⁵kõŋ²²tɕ'i⁵¹tɕ'ie³⁵

□车（小轿车）：ni⁵¹tɕ'ie³⁵

单车：tæŋ³⁵tɕ'ie³⁵

板车（骡马拉的运货车，北方多用。）：pæŋ⁴⁴tɕ'ie³⁵

车轮儿：tɕ'ie³⁵nẽŋ²¹²lie²¹²

车盘：tɕ'ie³⁵bõŋ²¹²

车身：tɕ'ie³⁵ɕiẽŋ³⁵

车厢：tɕ'ie³⁵ɕiõŋ³⁵

车把：tɕ'ie³⁵pa⁵¹

船：suẽŋ²¹²

舵：do²²

篙子：ku³⁵lie²¹²

跳板（上下船用）：t'iəu⁵¹pæŋ⁴⁴

渡船：diau²²suẽŋ²¹²

坐船（过河）：zo⁵³suẽŋ²¹²

二十、文化教育

（一）学校

学校：ɕio²²ɕiau⁵¹

上学（开始上小学；去学校上课）：ʑiõŋ⁵³ɕio²²

放学：põŋ⁵¹ɕio²²

学费：ɕio²²xuei⁵¹

放假：põŋ⁵¹ka⁴⁴

请假：tɕ'iẽŋ⁴⁴ka⁴⁴

学谷（旧时用于资助学子求学的谷。）：ɕio²²ku⁵³

学田（旧时办学用的公田，以其收入作为学校经费。）：ɕio²²diẽŋ²¹²

（二）教室、文具

上课：ʑiɔ̃ŋ⁵³k'o⁵¹

下课：ɣa⁵³k'o⁵¹

讲台：tɕiɔ̃ŋ⁴⁴dai²¹²

粉笔：xuã ŋ⁴⁴pei⁵³

点名：tiẽŋ⁴⁴miẽŋ²¹²

板儿（戒尺）：pæ̃ŋ⁴⁴lie²¹²

本儿（笔记本）：pã ŋ⁴⁴lie²¹²

书（课本）：ɕy³⁵

削笔刀：ɕiəu⁵³pei⁵³təu³⁵

大字本：da²²zʅ²²pã ŋ⁴

水笔（钢笔）：suei⁴⁴pei⁵³

毛笔：mu²²pei⁵³

笔筒（笔帽）：pei⁵³dã ŋ²¹²

笔筒牯：pei⁵³dã ŋ²¹²ku⁴⁴

墨盘（砚台）：mai²²bɔ̃ŋ²¹²

磨墨（动宾）：mo²¹²mai²²

墨盒：mai²²ɣo²²

墨水：mai²²suei⁴⁴

书包：ɕy³⁵pio³⁵

（三）读书识字

读书人：diau²²ɕy³⁵ŋ²¹²

认字：niẽŋ²²zʅ²²

冇认字（不识字）：mau⁵³niẽŋ²²zʅ²²

读书：diau²²ɕy³⁵

背书：bei²²çy³⁵

满分：mu⁵³xuãŋ³⁵

发榜：çye⁵³pæ̃ŋ⁴⁴

头名：dau²¹²miẽŋ²¹²

（四）写字

写字：çie⁴⁴zɿ²²

大字（大楷）：da²²zɿ²²

□字（小楷）：ni⁵³zɿ²²

细字：çi⁵¹zɿ²²

字帖：zɿ²²t'ie⁵³

写白字：çie⁴⁴ba²²zɿ²²

写反字 çie⁴⁴pæ̃ŋ⁴⁴zɿ²²

漏字：lau²²zɿ²²

抄好：ts'o³⁵xu⁴⁴

一点：i⁵³tiẽŋ⁴⁴

一横：i⁵³ɣuẽŋ²¹²

一竖：i⁵³çy⁵³

一撇：i⁵³p'i⁵³

一捺：i⁵³la²²

一勾：i⁵³kau³⁵

一提：i⁵³di²¹²

二十一、文体活动

（一）游戏、玩具

踢印儿（踢毽子）：t'ie⁵³iẽŋ⁵¹lie²¹²

跳田：t'iəu⁵¹diẽŋ²¹²

□拳（喝酒时划拳）：ai²²guẽŋ²¹²

猜拳：tç'ie³⁵guẽŋ²¹²

话谜儿（出谜语）：ɣua²²mi²¹²lie²¹²

猜谜儿：tɕ'ie³⁵mi²¹²lie²¹²

押宝：a⁵³pu⁴⁴

火炮：xo⁴⁴p'io²²

放火炮：põŋ⁵¹xo⁴⁴p'io²²

（二）体育

象棋：ɕiõŋ⁵¹ʐi²¹²

下棋：ɣa⁵³ʐi²¹²

游水（游泳）：iei²¹²suei⁴⁴

打沕子（潜水）：ta⁴⁴mi²²lie²¹²

□球（打球）：xẽŋ⁵³ʐiei²¹²

跳远：t'iəu⁵¹uẽŋ⁵³

跳高：t'iəu⁵¹ku³⁵

（三）武术、舞蹈

巴筋斗（翻一个跟头）：pa⁵¹tɕiẽŋ³⁵dau²¹²

舞狮儿：u⁵³sʅ³⁵lie²¹²

踩高脚（踩高跷）：lau²²ku³⁵tɕiəu⁵³

□腰鼓（打腰鼓）：xẽŋ⁵³iəu³⁵ku⁴⁴

跳舞：t'iəu⁵¹u⁵³

（四）戏剧

唱大戏：tɕ'yõŋ⁵¹da²²ɕi⁵¹

戏台儿：ɕi⁵¹die²¹²lie²¹²

二十二、动作

（一）一般动作

徛：ʐi⁵³

□（蹲）：tɕiau²¹²dau²¹²au³⁵

跌跤过（跌倒了）：ti⁵³tɕiau⁵³ko⁵¹

爬抵来（爬起来）：ba²¹²dei⁵³lie²¹²

摇头：iau²¹²dau²¹²

点头：tiẽ⁴⁴dau²¹²

抬头：die²¹²dau²¹²

低头：ti³⁵dau²¹²

回头：ɣuei²¹²dau²¹²

面皮转过去（脸转过去）：miẽ²²bei²¹²tsuẽ⁵¹ko⁵¹xu⁵¹

□开眼睛（睁眼）：kua⁴⁴xai³⁵iẽ⁵³tɕiẽ³⁵

鼓起眼睛（瞪眼）：ku⁴⁴xi⁴⁴iẽ⁵³tɕiẽ³⁵

眠起眼睛（闭眼）：miã²¹²xi⁴⁴iẽ⁵³tɕiẽ³⁵

眨眼睛：tɕia⁵³iẽ⁵³tɕiẽ³⁵

遇着过了（遇见）：uei²²tɕi⁵³ko⁵¹liau⁵³

瞅：tsʻei⁵³

眼睛乱转：iẽ⁵³tɕiẽ³⁵nɔŋ²²tsuẽ⁵¹

颓眼泪水（流眼泪）：tʻuei³⁵iẽ⁵³luei²²suei⁴⁴

□嘴（张嘴）：ia²¹²tsei⁴⁴

闭嘴：pi⁵¹tsei⁴⁴

翘嘴（噘嘴）：tɕʻiəu⁵¹tsei⁴⁴

举手：tɕy⁴⁴sei⁴⁴

握手：o⁵³sei⁴⁴

摆手：pie⁴⁴sei⁴⁴

伸手：ɕiẽ³⁵sei⁴⁴

动手（只许动口，不许～）：dãŋ⁵³sei⁴⁴

拍手：pʻa⁵³sei⁴⁴

背起手：pei⁵¹xi⁴⁴sei⁴⁴

叉手：tɕʻia³⁵sei⁴⁴

捂（捂住）：u⁵³

拥（捂住）：õŋ⁴⁴

摸（摩挲）：mo³⁵

搊（用手托着向上）：tɕʻiau³⁵

扶着：pu²¹²tɕi⁵³

弹手指头：dæŋ²¹²sei⁴⁴tsʅ⁴⁴dau²¹²

抓起锤子（攥起拳头）：tsua³⁵xi⁴⁴ʐy²¹²lie²¹²

□脚（跺脚）：ʑia²²tɕiəu⁵³

顶脚（踮脚）：tiẽŋ⁴⁴tɕiəu⁵³

撩脚（跷二郎腿）：liəu²¹²tɕiəu⁵³

抖□一脚（抖腿）：tau⁵³ni⁵³i⁵³tɕiəu⁵³

踢脚（踢腿）：tʻie⁵³tɕiəu⁵³

弯腰：uæŋ³⁵iəu³⁵

伸腰：ɕiẽŋ³⁵iəu³⁵

伸懒腰：tɕʻiẽŋ³⁵næŋ⁵³iəu³⁵

翘屁股（撅屁股）：tɕʻiəu⁵¹pʻi⁵¹ku⁴⁴

捶背：ʐy²¹²pei⁵¹

擤（鼻涕）：sõŋ⁵³bei²¹²tʻi⁵³

打喷嚏：ta⁴⁴xuẽŋ³⁵tɕʻiəu³⁵

闻：uẽŋ²¹²

嫌弃：ɣiẽŋ²¹²xi⁵³

哭：xu⁵³

掼：kuæŋ⁵¹

话：ɣua²²

逃：diəu²¹²

走：tsau⁴⁴

安（放）：uõŋ³⁵

掺：tɕʻæŋ³⁵

□起（提起）：pa³⁵xi⁴⁴

拈抵来（捡起来）：niẽŋ³⁵dei²²lie²¹²

擦脱（擦掉）：tɕʻie⁵³tʻo⁵³

落过（丢失）：la²²ko⁵¹

落脱过（遗落东西）la²²t'o⁵³ko⁵¹

寻着过（找着了）：di²²tɕi⁵³ko⁵¹

藏着（把东西藏起来）：zɔ̃²¹²tɕi⁵³

躲着（人藏起来）：to⁴⁴tɕi⁵³

垛起（码起来）：do²²xi⁴⁴

（二）心理活动

晓得：ɕiəu⁴⁴lie⁵³

认得：niẽŋ²²lie⁵³

认不得：niẽŋ²²pu⁵³tai⁵³

认字：niẽŋ²²zɿ²²

想一想：sæŋ³⁵i⁵³sæŋ³⁵

想主意：sæŋ³⁵tsu⁴⁴i⁵¹

猜一猜：tɕ'ie³⁵i⁵³tɕ'ie³⁵

信（相信）：ɕiẽŋ⁵¹

疑心：i²¹²ɕiẽŋ³⁵

小心：ɕiəu⁴⁴ɕiẽŋ³⁵

怕：p'a⁵¹

吓着过了：xa⁵³tɕi⁵³ko⁵¹liau⁵³

着急：tiəu²²tɕi⁵³

挂着（挂念）：kua⁵¹tɕi⁵³

放心：xɔ̃ŋ⁵¹ɕiẽŋ³⁵

巴不得：pa³⁵pu⁵³tai⁵³

记着过（不要忘）：tɕi⁵¹tɕi⁵³ko⁵¹

学熟过了：io²²ɕiau²²ko⁵¹liau⁵³

学到了：io²²təu⁵¹liau⁵³

估死个（料定）：ku³⁵suei⁴⁴ko⁵¹

忘记过：mɔ̃ŋ²²tɕi⁵³ko⁵¹

想起过了：sæŋ³⁵xi⁴⁴ko⁵¹liau⁵³

眼睛骨生得浅（眼红嫉妒）：iẽ⁵³tɕiẽ³⁵kuai⁵³ɕiãŋ³⁵tai⁵³tɕ'iẽ⁵³

逗人嫌（讨厌）：dəu²²ŋ²¹²ɕiẽŋ²¹²

偏心：p'iẽŋ³⁵ɕiẽŋ³⁵

怄气：au⁵¹tɕ'i⁵¹

憋气：pi⁵³tɕ'i⁵¹

生气：ɕiãŋ³⁵tɕ'i⁵¹

惯（娇惯）：kuãŋ⁵¹

（三）语言动作

话事（说话）：ɣua²²zai²²

冇作声：mau⁵³tso⁵¹ɕiẽŋ³⁵

骗：p'iẽŋ⁵¹

告诉：ku⁵¹su⁵¹

吵架儿：ts'o⁴⁴tɕio⁵¹lie²¹²

打架儿：ta⁴⁴tɕio⁵¹lie²¹²

□（骂）：tɕ'ia³⁵

二十三、位置

上面：ʑiɔ̃ŋ²²miẽŋ²²

下面：ɣa⁵³miẽŋ²²

地底：duei²²ti⁴⁴

天上：t'iẽŋ³⁵ʑiɔ̃ŋ²²

山上：sæŋ³⁵ʑiɔ̃ŋ²²

路上：liau²²ʑiɔ̃ŋ²²

街上：ke³⁵ʑiɔ̃ŋ²²

墙上：ʑiɔ̃ŋ²¹²ʑiɔ̃ŋ²²

门上：mãŋ²¹²ʑiɔ̃ŋ²²

桌上：tso⁵³ʑiɔ̃ŋ²²

椅子上：i⁵³lie²¹²ʑiɔ̃ŋ²²

边上：piẽŋ³⁵ʑiɔ̃ŋ²²

里头：lei⁵³dau²¹²

外口：uei²²xau⁴⁴

手里头：sei⁴⁴lei⁵³dau²¹²

心里头：ɕiẽŋ³⁵lei⁵³dau²¹²

大门外口：da²²mãŋ²¹²uei²²xau⁴⁴

门外口：mãŋ²¹²uei²²xau⁴⁴

墙外口：ʑiɔ̃ŋ²¹²uei²²xau⁴⁴

窗子外口：tsʻɔ̃ŋ³⁵lie²¹²uei²²xau⁴⁴

车上：tɕʻie³⁵ʑiɔ̃ŋ²²

车子外口：tɕʻie³⁵lie²¹²uei²²xau⁴⁴

车子面前：tɕʻie³⁵lie²¹²miẽŋ²²ʑiẽŋ²¹²

车子背底：tɕʻie³⁵lie²¹²pei⁵¹ti⁴⁴

面前：miẽŋ²²ʑiẽŋ²¹²

背底：pei⁵¹ti⁴⁴

山面前：sæ̃ŋ³⁵miẽŋ²²ʑiẽŋ²¹²

山背底：sæ̃ŋ³⁵pei⁵¹ti⁴⁴

屋背底：u⁵³pei⁵¹ti⁴⁴

背底：pei⁵¹ti⁴⁴

以上：i⁵³ʑiɔ̃ŋ²²

以下：i⁵³ɣa⁵³

东：tãŋ³⁵

西：ɕi³⁵

南：nɔ̃ŋ²¹²

北：pai⁵³

路边：liau²²piẽŋ³⁵

中心：tiãŋ³⁵ɕiẽŋ³⁵

床底下：ʑɔ̃ŋ²¹²ti⁴⁴ɣa⁵³

楼底下：lau²¹²ti⁴⁴ɣa⁵³

脚底下：tɕiəu⁵³ti⁴⁴ɣa⁵³

碗底：õŋ⁴⁴ti⁴⁴

铛底：tɕ'iãŋ³⁵ti⁴⁴

缸底：kõŋ³⁵ti⁴⁴

旁边：bõŋ²¹²piẽŋ³⁵

边近（附近）：piẽŋ³⁵ʑiẽŋ⁵³

眼面前：iẽŋ⁵³miẽŋ²²ʑiẽŋ²¹²

甚个地方（什么地方）：ŋ⁵³ka⁵³dei²²ɕio⁵³

左边：tso⁵³piẽŋ³⁵

右边：iei²²piẽŋ³⁵

往里头走：uõŋ⁵³lei⁵³dau²¹²tsau⁴⁴

往外口走：uõŋ⁵³uei²²xau⁴⁴tsau⁴⁴

往东走：uõŋ⁵³dãŋ³⁵tsau⁴⁴

往西走：uõŋ⁵³ɕi³⁵tsau⁴⁴

往回走：uõŋ⁵³ɣuei²¹²tsau⁴⁴

往前走：uõŋ⁵³ʑiẽŋ²¹²tsau⁴⁴

二十四、代词等

我：na⁴⁴

我人（我们）：nai³⁵niẽŋ²¹²

你：ni⁴⁴

你人（你们）：ni³⁵niẽŋ²¹²

其（他）：tɕie²¹²

其人（他们）：tɕie³⁵niẽŋ²¹²

我的：na⁴⁴tai⁵³

人家：ŋ²¹²ka³⁵

大口（大家）：da²²ɕi⁵³

底个（谁）：ta⁴⁴ko⁵¹

□个（这个）：o²²ko⁵¹

底个（哪个）：ta⁴⁴ko⁵¹

□□（这些）：o²²k'a⁵³

甚□（哪些）：ŋ⁵³k'a⁵³

□□（这里）：o²²xai⁵³

甚垲（那里）：ŋ⁵³xai⁵³

几垲（哪里）：tɕi⁴⁴xai⁵³

□□高（这么高）：o³⁵ɕie⁵³ku³⁵

□□做（这么做）：o³⁵ɕie⁵³tso⁵¹

甚□高（那么高）：ŋ⁵³ɕie⁵³ku³⁵

甚□做（那么做）：ŋ⁵³ɕie⁵³tso⁵¹

几□做（怎么做）：tɕi⁴⁴ɕie⁵³tso⁵¹

几□办（怎么办）：tɕi⁴⁴ɕie⁵³bæŋ³⁵

为甚个（为什么）：uei²²ŋ⁵³ka⁵³

好多（多少）：xu⁴⁴to³⁵

好（久、高、大、厚、重）？：xu⁴⁴（tɕiei⁴⁴、ku³⁵、da²²、ɣau⁵³、zõŋ⁵³）

我两个：nai⁴⁴niõŋ⁵³ko⁵¹

两公婆（夫妻俩）：niõŋ⁵³kõŋ³⁵bo²¹²

两娘崽（娘儿俩）：niõŋ⁵³niõŋ²¹²tsai⁴⁴

两爷崽（爷儿俩）：niõŋ⁵³ie²²tsai⁴⁴

两公孙（爷孙俩）：niõŋ⁵³kõŋ³⁵sãŋ³⁵

两弟兄（兄弟俩）：niõŋ⁵³di²²ɕiõŋ³⁵

两姊妹（姐妹俩）：niõŋ⁵³tsʅ⁴⁴mei²²

两兄妹（兄妹俩）：niõŋ⁵³ɕiõŋ³⁵mei²²

两甥舅（舅甥俩）：niõŋ⁵³sãŋ³⁵ʑiəu⁵³

两姑侄（姑侄俩）：niõŋ⁵³ku³⁵zʅ²²

两叔侄（叔侄俩）：niõŋ⁵³səu³⁵zʅ²²

两师徒（师徒俩）：niõŋ⁵³sʅ³⁵diəu²¹²

外婆屋去（外婆屋里）：uei²²bo²¹²u⁵³xu⁵¹

家去（家里）：ka^{35}xu^{51}

外家：uei^{22}ka^{35}

娘家：niɔ̃ŋ^{212}ka^{35}

二十五、形容词

好：xu^{44}

冇错（挺好）：mau^{53}ts'əu^{53}

差不多：tɕ'ia^{35}pu^{53}to^{35}

冇□□（不怎么样）：mau^{53}tɕi^{44}ɕie^{44}

冇用（不顶事）：mau^{53}iɔ̃ŋ^{22}

坏：ɕye^{22}

就着使（凑合）：zei^{53}tɕi^{53}sai^{44}

漂亮 / 好瞅：p'io^{51}niɔ̃ŋ^{22}/xu^{44}ts'ei^{53}

难瞅 / 冇好瞅：næŋ^{212}ts'ei^{53}/mau^{53}xu^{44}ts'ei^{53}

要紧：iɔ̃ŋ^{22}tɕiẽŋ^{44}

闹热：nɔ̃ŋ^{22}nie^{22}

顽（硬）：ɣuæ̃ŋ^{212}

软：luei^{53}

爽利（能干）：sɔ̃ŋ^{44}luei^{22}

邋遢：lie^{22}t'ie^{53}

咸：ɣã ŋ^{212}

淡：dɔ̃ŋ^{53}

香：ɕiɔ̃ŋ^{35}

臭：ts'ei^{53}

酸：suɔ̃ŋ^{35}

甜：diẽŋ^{212}

苦：k'u^{44}

辣：lie^{22}

清：tɕ'iẽŋ^{35}

顽：xuæ̃ŋ²¹²

稀：çi³⁵

密：mei⁵³

壮：tsɔ̃ŋ⁵¹

瘦：çiau⁵¹

瘦菜（瘦肉）：çiau⁵¹tç'ie⁵¹

难受：næ̃ŋ²¹²sei⁵³

怕人笑（腼腆）：p'a⁵¹ ŋ²¹²çiəu⁵¹

在行（乖）：dzai²²ɣã̃ŋ²¹²

淘气：dəu²¹²tç'i⁵¹

冇行（不能干）：mau⁵³ʑiẽŋ²¹²

□气鬼（吝啬鬼）：ni⁵³tç'i⁵¹kuei⁴⁴

□气（小气）：ni⁵³tç'i⁵¹

量气大（大方）：niɔ̃ŋ²²tç'i⁵¹da²²

一身（全身）：i⁵³çiẽŋ³⁵

凉兮（凉快）：niɔ̃ŋ²¹²çi²²

晏（迟）：æ̃ŋ⁵¹

多：to³⁵

少：çiəu⁴⁴

大：da²²

□（小）：ni⁵³

长：diɔ̃ŋ⁴⁴

短：tɔ̃ŋ⁴⁴

阔：xo⁵³

窄：tçia⁵³

厚：ɣau⁵³

薄：bu²²

深：çiẽŋ³⁵

浅：tç'iẽŋ⁴⁴

高：ku³⁵

低：ti³⁵

矮：ie⁴⁴

正：tɕiẽŋ⁵¹

歪：ye³⁵

斜：tɕ'ie⁵³

红：ɣõŋ²¹²

蓝：nõŋ²¹²

绿：liau²²

白：ba²²

灰白：xuei³⁵ba²²

漂白：p'io⁵¹ba²²

灰：xuei³⁵

黄：ɣɔ̃ŋ²¹²

青：tɕ'iẽŋ³⁵

紫：tsɿ⁴⁴

黑：xai⁵³

二十六、副词和介词等

□刚（刚刚）：iãŋ²¹²tɕiãŋ³⁵

□刚（刚好）：iãŋ²¹²tɕiãŋ³⁵

□刚（正好）：iãŋ²¹²tɕiãŋ³⁵

□刚（刚巧）：iãŋ²¹²tɕiãŋ³⁵

光：kɔ̃ŋ³⁵

有点：ɣau⁵³tiãŋ⁴⁴

差点个：tɕ'ia³⁵tia⁴⁴ka⁵³

冇…冇：mau⁵³…mau⁵³

一下子（马上）：i⁵³ɣa²²tsai⁴⁴

等下：dãŋ⁴⁴ɣa²²

搭早（趁早儿）：to⁵³tsəu⁴⁴

快（眼看）：k'ye⁵¹

全靠（幸亏）：ʑyẽŋ²¹²k'u⁵¹

当面：tõŋ³⁵miẽŋ²²

背着（背地）：pei⁵¹tɕi⁵³

一起：i⁵³tɕ'i⁴⁴

条个（自己）：diəu²¹²ko⁵¹

顺着（顺便）：zõŋ²²tɕi⁵³

到底：tau⁵¹ti⁴⁴

实在：zʅ²²dzai²²

快（接近）：k'ye⁵¹

一起：i⁵³tɕ'i⁴⁴

冇要（不要）：mau⁵³iəu⁵¹

白（不要钱）：ba²²

白（空）：ba²²

偏：p'iẽŋ³⁵

乱：nõŋ²²

先：ɕiẽŋ³⁵

□（被）：pãŋ³⁵

拿（把）：nia⁵³

对：tuei⁵¹

对着：tuei⁵¹tɕi⁵³

到：təu⁵¹

在：die²²

从：zõŋ²¹²

自从：zʅ⁵³zõŋ²¹²

照：tɕiəu⁵¹

依（照）：i³⁵

使：sai⁴⁴

顺着：zõŋ⁵³tɕi⁵³

朝：ʑiəu²¹²

替 / 帮：t'i⁵¹/põŋ³⁵

为 / 帮：uei²²/põŋ³⁵

同（表示祈使语气）：dõŋ²¹²

和：ɣo²¹²

拿……叫：nia⁵³

拿……当：nia⁵³……tõŋ⁵¹

从□（从小）：zõŋ²¹²ni⁵³

□（赶）：y²²

（好）得很：（xu⁴⁴）lie⁵³xiẽ⁵³

（好）得要命 / 死：（xu⁴⁴）lie⁵³iəu⁵¹miẽŋ²²/iəu⁵¹sɿ⁴⁴

（好）死了：（xu⁴⁴）sɿ⁴⁴liau⁵³

（好）得不得了：（xu⁴⁴）lie⁵³pu⁵³te⁵³liau⁵³

（饿）得慌：o³⁵te⁵³xõŋ³⁵

冇个食法：mau⁵³ko⁵¹ie²²xua⁵³

冇个喝法：mau⁵³ko⁵¹xo⁵³xua⁵³

冇个瞅法：mau⁵³ko⁵¹ts'ei⁵³xua⁵³

走过了（走了）：tsau⁴⁴ko⁵¹liau⁵³

食完过了（吃完了）：ie²²uæŋ²¹²ko⁵¹liau⁵³

食不得了（吃不了）：ie²²pu⁵³tai⁵³liau⁵³

着：tɕi⁵³

晓得：ɕiəu⁴⁴lie⁵³

是得：sai⁵³lie⁵³

我的 / 你的 / 他的：na⁴⁴tai⁵³/ni⁵³tai⁵³/tɕie²¹²tai⁵³

二十七、量词

一把（椅子）：i⁵³pa⁴⁴（i⁵³lie²¹²）

一枚（奖章）：i⁵³mei²¹²（tɕiãŋ³⁵tsãŋ²¹²）

一本（书）：i⁵³pãŋ⁴⁴（ɕy³⁵）

一笔（款）：i⁵³pei⁵³（kʻuãŋ⁵³）

一只（牛）：i⁵³tɕie⁵³（iau²¹²）

一封（信）：i⁵³xɔ̃ŋ³⁵（ɕiẽŋ⁵¹）

一副（药）：i⁵³xu⁵¹（iəu²²）

一帖（药）：i⁵³tʻi⁵³（iəu²²）

一样（药）：i⁵³iɔ̃ŋ⁵¹（iəu²²）

一条（河）：i⁵³diəu²¹²（ɣo²¹²）

一顶（帽儿）：i⁵³tiẽŋ⁴⁴（mu²²lie²¹²）

一块（墨）：i⁵³kye⁵¹（mai²²）

一堆（事）：i⁵³tuei³⁵（zai²²）

一朵（花）：i⁵³to⁴⁴（xua³⁵）

一顿（饭）：i⁵³tãŋ⁵¹（bai²²）

一条/块（手巾）：i⁵³diəu²¹²/kʻye⁵¹（sei⁴⁴tɕiẽŋ³⁵）

一架（车）：i⁵³ka⁵¹（tɕʻie⁵¹）

一掐（香）：i⁵³kʻa⁵³（ɕiɔ̃ŋ³⁵）

一朵（花）：i⁵³to⁴⁴（xua³⁵）

一只（手）：i⁵³tɕie⁵¹（sei⁴⁴）

一盏（灯）：i⁵³tsãŋ⁴⁴（tãŋ³⁵）

一张（桌儿）：i⁵³tiɔ̃ŋ³⁵（tso⁵³lie²¹²）

一桌（酒）：i⁵³tso⁵³（tsei⁴⁴）

一场（雨）：i⁵³zãŋ²¹²（y⁵³）

一出（戏）：i⁵³tɕʻy⁵³（ɕi⁵¹）

一床（被窝）：i⁵³zɔ̃ŋ²¹²（bei²²xo³⁵）

一领（夹衣）：i⁵³niẽŋ⁵³（ka⁵³i³⁵）

一把（枪）：i⁵³pa⁴⁴（tɕʻiɔ̃ŋ³⁵）

一支（笔）：i⁵³tsɿ³⁵（pei⁵³）

一条（头发）：i⁵³diəu²¹²（dau²¹²xie⁵³）

一兜（木柴）（一棵树）：i⁵³tau³⁵（mu²²ʑie²²）

一颗（米）：i⁵³k'o⁵³（mi⁵³）

一块 / 个（砖）：i⁵³k'ye⁵¹/ko⁵¹（tsuẽŋ³⁵）

一只（牛）：i⁵³tɕie⁵³（iau²¹²）

一个（人）：i⁵³ko⁵¹（ŋ²¹²）

一堆（人）：i⁵³tuei³⁵（ŋ²¹²）

一间（铺儿）：i⁵³kæ̃ŋ³⁵（p'u⁵¹lie²¹²）

一架（飞机）：i⁵³ka⁵¹（xuei³⁵tɕi³⁵）

一间（屋）：i⁵³kæ̃ŋ³⁵u⁵³

一座（屋）：i⁵³zo²²u⁵³

一领（衣）：i⁵³niẽŋ⁵³（i³⁵）

一路（字）：i⁵³liau²²（zɿ²²）

一片（好心）：i⁵³p'iẽŋ⁵¹（xu⁴⁴ɕiẽŋ³⁵）

一兜（菜）：i⁵³tei⁵³（tɕ'ie⁵¹）

一口（旗儿）：i⁵³k'a⁴⁴（ʑi²¹²lie²¹²）

一层（纸）：i⁵³zã̃ŋ²¹²（tsɿ⁴⁴）

一股（香味）：i⁵³ku⁴⁴（ɕiɔ̃ŋ³⁵uei²²）

一座（桥）：i⁵³zo²²（ʑiəu²¹²）

一盘（棋）：i⁵³bɔ̃ŋ²¹²（ʑi²¹²）

一门（亲）：i⁵³mã̃ŋ²¹²（tɕ'iẽŋ³⁵）

一刀（纸）：i⁵³təu³⁵（tsɿ⁴⁴）

一沓（纸）：i⁵³do²²（tsɿ⁴⁴）

一桩（事）：i⁵³tsɔ̃ŋ³⁵（zai²²）

一缸（水）：i⁵³kɔ̃ŋ³⁵（suei⁴⁴）

一碗（饭）：i⁵³uã̃ŋ⁵³（bai²²）

一杯（茶）：i⁵³pei³⁵（ʑia²¹²）

一抓（米）：i⁵³tsua³⁵（mi⁵³）

一吊（红薯）：i⁵³tiəu⁵¹（ɣoŋ²¹²zei²²）

一包（生豆花生）：i⁵³pio³⁵（sẽŋ³⁵dəu²²）

一包（行李）：i⁵³pio³⁵（ʑiẽŋ²¹²li⁵³）

一担（米）：i⁵³tõŋ³⁵（mi⁵³）

一担（水）：i⁵³tõŋ³⁵（suei⁴⁴）

一排（桌子）：i⁵³bie²¹²（tso⁵³lie²¹²）

一编（火炮）：i⁵³piẽŋ³⁵（xo⁴⁴p'io⁵¹）

一句（事）：i⁵³tɕy⁵¹（zai²²）

一个（客）：i⁵³ko⁵¹（k'a⁵³）

一双（鞋）：i⁵³sõŋ³⁵（ɣie²¹²）

一对（花瓶）：i⁵³tuei⁵¹（xua³⁵biẽŋ²¹²）

一副（眼镜）：i⁵³xu⁵³（iẽŋ⁵³tɕiẽŋ³⁵）

一套（书）：i⁵³t'əu⁵¹（ɕy³⁵）

一样（虫）：i⁵³iõŋ⁵¹（diẽŋ²¹²）

一伙（人）：i⁵³xo⁴⁴（ŋ²¹²）

一帮（人）：i⁵³põŋ³⁵（ŋ²¹²）

一批（货）：i⁵³p'i⁵³（xo⁵¹）

一个：i⁵³ko⁵¹

一起：i⁵³tɕ'i⁴⁴

一窝（蜂儿）：i⁵³xo³⁵（pãŋ³⁵lie²¹²）

一串/拽（葡萄）：i⁵³ts'uẽŋ⁵¹/ʑye²²（bu²¹²dau²¹²）

（食）一顿：（ie²²）i⁵³tãŋ⁵¹

（走）一□：（tsau⁴⁴）i⁵³tsẽŋ⁵¹

（□打）一下：（xẽŋ⁵³）i⁵³ɣa²²

（瞅）一眼：（ts'ei⁵³）i⁵³iẽŋ⁵³

（食）一口：（ie²²）i⁵³xau⁴⁴

（话）一下（谈一会儿）：（ɣua²²）i⁵³ɣa²²

（落）一阵（雨）：（ləu²²）i⁵³ʑiẽŋ²²（y⁵³）

（搅过）一场：（xau⁵³ko⁵¹）i⁵³zõŋ²¹²

（见）一面：（tɕiẽŋ⁵¹）i⁵³miẽŋ²²

一个（菩萨）：i⁵³ko⁵¹（bu²¹²sa³⁵）

一扇（门）：i⁵³ɕiẽŋ⁵¹（mãŋ²¹²）

一张（画）：i⁵³tiõŋ³⁵（xua⁵¹）

一条（墙）：i⁵³diəu²¹²（ʑiõŋ²¹²）

一个（地方）：i⁵³ko⁵¹（dei²²ɕiau⁵³）

一部（书）：i⁵³xu²²（ɕy³⁵）

（洗）一到水（衣裳）：（ɕi⁴⁴）i⁵³təu⁵¹suei⁴⁴（i³⁵ɕiõŋ²¹²）

（烧）一窑（砖）：i⁵³iəu²¹²（tsuẽŋ³⁵）

一砣（泥）：i⁵³do²¹²（li²¹²）

一堆（雪）：i⁵³tuei³⁵（suei⁵³）

一口（牙）：i⁵³xau⁴⁴（ia²¹²）

一架（火车）：i⁵³ka⁵¹（xo⁴⁴tɕ'ie³⁵）

一路（公共汽车）：i⁵³liau²²（kõŋ³⁵kõŋ²²tɕ'i⁵¹tɕ'ie³⁵）

一师（兵）：i⁵³sʅ³⁵（piẽŋ³⁵）

一旅（兵）：i⁵³ly⁵³（piẽŋ³⁵）

一团（兵）：i⁵³duãŋ²¹²（piẽŋ³⁵）

一营（兵）：i⁵³iõŋ²¹²（piẽŋ³⁵）

一连（兵）：i⁵³niẽŋ²¹²（piẽŋ³⁵）

一排（兵）：i⁵³bie²¹²（piẽŋ³⁵）

一班（兵）：i⁵³pæ̃ŋ³⁵（piẽŋ³⁵）

一撮（毛）：i⁵³tso³⁵mu²¹²

一坨（线）：i⁵³do²¹²（ɕiẽŋ⁵¹）

（写）一手（好字）：（ɕie⁴⁴）i⁵³sei⁴⁴（xu⁴⁴zʅ²²）

（写）一笔（好字）：（ɕie⁴⁴）i⁵³pei⁵³（xu⁴⁴zʅ²²）

（开）一届（会）：（xai³⁵）i⁵³ke⁵¹（ɣuei²²）

（做）一任（官）：（tso⁵¹）i⁵³iẽŋ⁵¹（kuõŋ³⁵）

（下）一盘（棋）：（ɣa⁵³）i⁵³põŋ²¹²（ʑi²¹²）

（请）一桌（客）：（tɕ'iẽŋ⁴⁴）i⁵³tso⁵³（k'a⁵³）

（□）一盘（麻将）：（xẽŋ⁵³）i⁵³põŋ²¹²（ma²¹²tɕiõŋ）

（唱）一台（戏）：（tɕ'iõŋ⁵¹）i⁵³die²¹²（ɕi⁵¹）

一点□（肉）：i⁵³tiãŋ⁵³ka⁵³（o³⁵）

一点□（面粉）：i⁵³tiãŋ⁵³ka⁵³（miẽŋ²²xuæ̃ŋ⁴⁴）

一滴（雨）：i⁵³ti⁵³（y⁵³）

一盒（火柴）：i⁵³ɣo²¹²（xo⁴⁴ʑie²¹²）

一箱儿（衣裳）：i⁵³ɕiõŋ³⁵lie²¹²（i³⁵ɕiẽŋ³⁵）

一柜（书）：i⁵³guei²²（ɕy³⁵）

一抽屉（书）：i⁵³tsʻei³⁵tʻi⁵³（ɕy³⁵）

一花篮（梨儿）：i⁵³xua³⁵nãŋ²¹²（luei²¹²lie²¹²）

一篓儿（炭）：i⁵³lau⁵³lie²¹²（tʻæ̃ŋ⁵¹）

一炉儿（灰）：i⁵³liau²¹²lie²¹²（xuei³⁵）

一包（书）：i⁵³pio³⁵（ɕy³⁵）

一袋子（粮食）：i⁵³die²²lie²¹²（niõŋ²¹²ʐɿ²²）

一塘（水）：i⁵³dõŋ²¹²（suei⁴⁴）

一瓶（醋）：i⁵³biẽŋ²¹²（tɕʻiau⁵¹）

一胖瓶（糖）：i⁵³pʻæ̃ŋ⁵¹biẽŋ²¹²（dõŋ²¹²）

一坛（酒）：i⁵³dõŋ²¹²（tsei⁴⁴）

一桶（汽油）：i⁵³tʻãŋ⁴⁴（tɕʻi⁵¹iei²¹²）

一提儿（酒）：i⁵³di²¹²lie²¹²（tsei⁴⁴）

一盆（洗澡水）：i⁵³bãŋ²¹²（ɕi⁴⁴tsəu⁴⁴suei⁴⁴）

一壶（茶）：i⁵³ɣu²¹²（ʑia²¹²）

一铛（饭）：i⁵³tɕʻiãŋ³⁵（bai²²）

一笼（鸡）：i⁵³nãŋ²¹²（tɕi³⁵）

一盘（水果）i⁵³bõŋ²¹²（suei⁴⁴ko⁴⁴）

一盘儿（小菜）：i⁵³bõŋ²¹²lie²¹²（ɕiəu⁴⁴tɕʻie⁵¹）

一碗（饭）：i⁵³uõŋ⁴⁴（bai²²）

一杯（茶）：i⁵³pei³⁵（ʑia²¹²）

一杯（酒）：i⁵³pei³⁵（tsei⁴⁴）

一瓢（汤）：i⁵³biəu²¹²（tʻõŋ³⁵）

几个：tɕi⁵³ko⁵¹

好多个：xu⁴⁴to³⁵ko⁵¹

好几个：xu⁴⁴tɕi⁵³ko⁵¹

好点了：xu⁴⁴tei⁴⁴liau⁵³

大点□（大一些）：da²²tiã⁴⁴ka⁵³

一点□（一点儿）：i⁵³tiã⁴⁴ka⁵³

一点□（一点点）：i⁵³tiã⁴⁴ka⁵³

十多个：zʅ²²to³⁵ko⁵¹

百多个：pa⁵³to³⁵ko⁵¹

十来个：zʅ²²lai²¹²ko⁵¹

小十个：ɕiəu⁴⁴zʅ²²ko⁵¹

千数个：tɕʻiẽŋ³⁵ɕiəu⁵¹ko⁵¹

百十个：pa⁵³zʅ²²ko⁵¹

半个：põŋ⁵¹ko⁵¹

一半：i⁵³põŋ⁵¹

两半：niõŋ⁵³põŋ⁵¹

大半儿：da²²põŋ⁵¹luei⁵³

一个半：i⁵³ko⁵¹põŋ⁵¹

……上下：……ʑiõŋ⁵³ɣa²²

……左右：……tso⁴⁴iəu³⁵

个掐两个：ko⁵¹kʻa⁵³niõŋ⁵³ko⁵¹

千掐人：tɕʻiẽŋ³⁵kʻa⁵³ŋ²¹²

万掐块钱：uæ̃²²kʻa⁵³kʻye⁵¹ʑiẽŋ²¹²

里掐路：luei⁵³kʻa⁵³liau²²

里掐两里路：luei⁵³kʻa⁵³niõŋ⁵³luei⁵³liau²²

里掐两亩：luei⁵³kʻa⁵³niõŋ⁵³mu⁵³

二十八、数字等

一号（指日期，下同）：i⁵³ɣau²²

二号：ə²²ɣau²²

三号：sɔ̃ŋ³⁵ɣau²²

四号：suei⁵¹ɣau²²

五号：ŋ⁵³ɣau²²

六号：lei²²ɣau²²

七号：ts'uei⁵³ɣau²²

八号：pie⁵³ɣau²²

九号：tɕiei⁴⁴ɣau²²

十号：zɿ²²ɣau²²

初一：tɕ'iau³⁵i⁵³

初二：tɕ'iau³⁵luei²²

初三：tɕ'iau³⁵sɔ̃ŋ³⁵

初四：tɕ'iau³⁵suei⁵¹

初五：tɕ'iau³⁵ŋ⁵³

初六：tɕ'iau³⁵lei²²

初七：tɕ'iau³⁵ts'uei⁵³

初八：tɕ'iau³⁵pie⁵³

初九：tɕ'iau³⁵tɕiei⁴⁴

初十：tɕ'iau³⁵zɿ²²

老大：lau⁵³da²²

老二儿：lau⁵³luei²²lie²¹²

老三：lau⁵³sɔ̃ŋ³⁵

老四：lau⁵³suei⁵¹

老五：lau⁵³ŋ⁵³

老六：lau⁵³lei²²

老七：lau⁵³ts'uei⁵³

老八：lau⁵³pie⁵³

老九：lau⁵³tɕiei⁴⁴

老十：lau⁵³zɿ²²

大哥：da^{22}ko^{35}

二哥：luei^{22}ko^{35}

一个：i^{53}ko^{51}

两个：niõŋ^{53}ko^{51}

三个：sɔ̃ŋ^{35}ko^{51}

四个：suei^{51}ko^{51}

五个：ŋ^{53}ko^{51}

六个：lei^{22}ko^{51}

七个：ts'uei^{53}ko^{51}

八个：pie^{53}ko^{51}

九个：tɕiei^{44}ko^{51}

十个：zʅ^{22}ko^{51}

第一：di^{22}i^{53}

第二：di^{22}luei^{22}

第三：di^{22}sɔ̃ŋ^{35}

第四：di^{22}suei^{51}

第五：di^{22}ŋ^{53}

第六：di^{22}lei^{22}

第七：di^{22}ts'uei^{53}

第八：di^{22}pie^{53}

第九：di^{22}tɕiei^{44}

第十：di^{22}zʅ^{22}

第一个：di^{22}i^{53}ko^{51}

第二个：di^{22}luei^{22}ko^{51}

第三个：di^{22}sɔ̃ŋ^{35}ko^{51}

第四个：di^{22}suei^{51}ko^{51}

第五个：di^{22}ŋ^{53}ko^{51}

第六个：di^{22}lei^{22}ko^{51}

第七个：di^{22}ts'uei^{53}ko^{51}

第八个：di^{22}pie^{53}ko^{51}

第九个：di^{22}tɕiei^{44}ko^{51}

第十个：di^{22}ʐɿ^{22}ko^{51}

一：i^{53}

二：luei^{22}

三：sõŋ^{35}

四：suei^{51}

五：ŋ^{53}

六：lei^{22}

七：ts'uei^{53}

八：pie^{53}

九：tɕiei^{44}

十：ʐɿ^{22}

十一：ʐɿ^{22}i^{53}

十二：ʑyẽŋ^{22}luei^{22}

二十：luei^{22}ʐɿ^{22}

二十一：luei^{22}ʐɿ^{22}i^{53}

三十：sõŋ^{35}ʐɿ^{22}

三十一：sõŋ^{35}ʐɿ^{22}i^{53}

四十：suei^{51}ʐɿ^{22}

四十一：suei^{51}ʐɿ^{22}i^{53}

五十：ŋ^{53}ʐɿ^{22}

五十一 ŋ^{53}ʐɿ^{22}i^{53}

六十：lei^{22}ʐɿ^{22}

六十一：lei^{22}ʐɿ^{22}i^{53}

七十：ts'uei^{53}ʐɿ^{22}

七十一：ts'uei^{53}ʐɿ^{22}i^{53}

八十：pie^{53}z̩^{22}

八十一：pie^{53}z̩^{22}i^{53}

九十：tɕiei^{44}z̩^{22}

九十一：tɕiei^{44}z̩^{22}i^{53}

一百：i^{53}pa^{53}

一千：i^{53}tɕ'iẽŋ^{35}

一百一十（一百一）：i^{53}pa^{53}i^{53}（z̩^{22}）

一百一十个：i^{53}pa^{53}i^{53}z̩^{22}ko^{51}

一百一十一：i^{53}pa^{53}i^{53}z̩^{22}i^{53}

一百一十二：i^{53}pa^{53}i^{53}z̩^{22}luei^{22}

一百二（十）：i^{53}pa^{53}luei^{22}（z̩^{22}）

一百三（十）：i^{53}pa^{53}sɔ̃ŋ^{35}（z̩^{22}）

一百五（十）：i^{53}pa^{53}ŋ^{53}（z̩^{22}）

一百五十个：i^{53}pa^{53}ŋ^{53}z̩^{22}ko^{51}

二百五十：niõŋ^{53}pa^{53}ŋ^{53}z̩^{22}

三百一（十）：sɔ̃ŋ^{35}pa^{53}i^{53}（z̩^{22}）

三百三（十）：sɔ̃ŋ^{35}pa^{53}sɔ̃ŋ^{35}（z̩^{22}）

三百六（十）：sɔ̃ŋ^{35}pa^{53}lei^{22}（z̩^{22}）

三百八（十）：sɔ̃ŋ^{35}pa^{53}pie^{53}（z̩^{22}）

一千一（百）：i^{53}tɕ'iẽŋ^{35}i^{53}（pa^{53}）

一千一百个：i^{53}tɕ'iẽŋ^{35}i^{53}pa^{53}ko^{51}

一千九（百）：i^{53}tɕ'iẽŋ^{35}tɕiei^{44}（pa^{53}）

一千九百个：i^{53}tɕ'iẽŋ^{35}tɕiei^{44}pa^{53}ko^{51}

三千：sɔ̃ŋ^{35}tɕ'iẽŋ^{35}

五千：ŋ^{53}tɕ'iẽŋ^{35}

八千：pie^{53}tɕ'iẽŋ^{35}

一万：i^{53}uæ̃ŋ^{22}

一万两千（一万二）：i^{53}uæ̃ŋ^{22}niõŋ^{53}tɕ'iẽŋ^{35}（i^{53}uæ̃ŋ^{22}luei^{22}）

一万两千个：i^{53}uæŋ^{22}niõŋ^{53}tɕ'iẽŋ^{35}ko^{51}

三万五（千）：sõŋ^{35}uæŋ^{22}ŋ^{53}（tɕ'iẽŋ^{35}）

三万五千个：sõŋ^{35}uæŋ^{22}ŋ^{53}tɕ'iẽŋ^{35}ko^{51}

零：niẽŋ^{212}

第八章　宅首土话语法

第一节　词法

8.1.1 名词

一、重叠

宅首土话中表示具体事物的名称有重叠，格式为 AA 式。例如：板板（小木板）、盖盖、顶顶等。

从形式上看，这种重叠式有的是独立存在的，有的和其他词素结合在一起，如：

蔸蔸	嫂嫂	鸟鸟
痂痂（鼻涕痂痂）	铲铲（灰铲铲）	果果（松木果果）
籽籽（油菜籽籽）		
杆杆（鼻头杆杆）	苞苞（花苞苞）	崽崽（叶崽崽：小伙子）
爪爪（猪脚爪爪）	刮刮（灰水刮刮）	
索索裤 / 扎扎裤（死裆裤，相对开裆裤而言）：		
爪爪帽子（带檐帽子）		
蚪蚪拐（蝌蚪）		
咩咩蛘（蜻蜓）		
嘻嘻蛘（蝉）		

从作用上看，宅首土话的重叠有的表"小称"，如："松木果果""油菜籽籽""花苞苞"形容"松木果""油菜仔""花苞"小。有的表状摹，如：爪爪帽子，"爪爪"说明帽子的特点；咩咩蜱、嘻嘻蜱，"咩咩""嘻嘻"分别状摹蜻蜓和蝉叫的声音。

总的特点，宅首土话以单音节为主体。这些特点制约了名词重叠小称的构式发展。

二、附加

附加是把词缀附加在词根上构词的方法。宅首土话词尾丰富，有"lie""牯""牯子""公""崽""婆""家""头""晡"等，特别是"lie"尾、"牯""崽"。

1. 后缀

（1）"子"尾

宅首土话的"子［lie^{53}］［tsʅ^{53}］"尾特别丰富，如：

çia^{35}lie^{53} 沙子　　　　　　　luei^{22}lie^{53} 日子

　沙 子　　　　　　　　　　日　子

ku^{53}lie^{53} 稻谷　　　　　　　ma^{22}lie^{53} 小麦

　谷 子　　　　　　　　　　麦　子

çie^{35}lie^{53} 筛子　　　　　　　tõŋ^{51}lie^{53} 扁担

　筛 子　　　　　　　　　　担　子

bie^{22}lie^{53} 稗子　　　　　　　ʑie^{212}lie^{53} 茄子

　稗 子　　　　　　　　　　茄　子

tei^{53}lie^{53} 竹子　　　　　　　ma^{212}lie^{53} 麻子

　竹 子　　　　　　　　　　麻　子（脸上有麻子的人）

tei^{53}i^{22}lie^{53} 竹叶子　　　　luei^{53}lie^{53} 李子

　竹 叶　　　　　　　　　　李　子

iei^{22}lie^{53} 柚子　　　　　　　kuei^{53}lie^{53} 橘子

　柚 子　　　　　　　　　　橘　子（此处橘与柑无分别）

zẽŋ²¹²lie⁵³ 橙子　　　　　　　　　t'iau⁵¹lie⁵³ 兔子

　橙　子（圆形）　　　　　　　　兔　子

tɕi³⁵tso⁴⁴lie⁵³ 鸡爪　　　　　　　sʅ³⁵lie⁵³ 狮子

鸡 爪 子　　　　　　　　　　　狮子

iẽŋ²²lie⁵³ 燕子　　　　　　　　　mãŋ²¹²lie⁵³ 蚊子

燕　子　　　　　　　　　　　　　蚊　子

sai⁵³lie⁵³ 虱子　　　　　　　　　uẽ²²lie⁵³ 院子

虱　子　　　　　　　　　　　　　院　子

dei²²lie⁵³ 柱子　　　　　　　　　tsɔ̃³⁵lie⁵³ 窗户

　柱　子　　　　　　　　　　　　窗　子

bɔ̃²¹²lie⁵³ 盘子　　　　　　　　　tsei⁴⁴dɔ̃²¹²lie⁵³ 酒坛

盘　　子　　　　　　　　　　　　酒　坛　子

tã³⁵lie⁵³ 簟子　　　　　　　　　biẽŋ²¹²lie⁵³ 瓶子

簟　子　　　　　　　　　　　　　瓶　　子

bio²²lie⁵³ 刨子　　　　　　　　　tsɔ̃⁵¹lie⁵³ 锥子

刨　子　　　　　　　　　　　　　钻　子

tɕy⁵¹lie⁵³ 锯子　　　　　　　　　zəu²²lie⁵³ 凿子

锯　子　　　　　　　　　　　　　凿　子

səu⁵³lie⁵³ 绳索　　　　　　　　　zɔ̃⁵³lie⁵³ 錾子

　索　子　　　　　　　　　　　　錾　子

ɕiau³⁵lie⁵³ 梳子　　　　　　　　　ɕiẽŋ⁵¹lie⁵³ 扇子

梳　子　　　　　　　　　　　　　扇　子

p'iẽŋ⁵¹lie⁵³ 骗子　　　　　　　　biẽŋ⁵³lie⁵³ 辫子

　骗　子　　　　　　　　　　　　辫　子

k'u⁵¹lie⁵³ 裤子　　　　　　　　　mu²²lie⁵³ 帽子

裤　子　　　　　　　　　　　　　帽　子

liəu²²lie⁵³ 木料　　　　　　　　　di²¹²lie⁵³ 蹄子

料　子（做棺材的木材）　　　　蹄　子（猪腿靠近身体的部位）

k'au⁵¹lie⁵³ 纽扣

　扣　子

ko³⁵mei²²lie⁵³ 锅烟子

　锅　煤　子

ku³⁵niõŋ²¹²kæŋ⁴⁴lie⁵³ 高粱秆儿

　高　粱　秆　子

ts'o³⁵i³⁵pæŋ⁴⁴lie⁵³ 搓衣板

　搓衣　板　子

do²¹²lie⁵³ 罗锅儿

　驼　子

luei²²tsŋ⁴⁴ 铜板儿

　利　子

çiẽŋ³⁵lie⁵³ 星星

　星　子

piẽŋ⁴⁴lie⁵³ 扁担

　扁　子

sõŋ⁴⁴lie⁵³ 竹笋

　笋　子

mi²²lie⁵³ 篾片

　篾　子

luei²¹²lie⁵³ 梨

　梨　子

ma⁵³ku⁴⁴lie⁵³ 公马

　马　牯　子

a⁵³lie⁵³ 鸭子

　鸭　子

tçi³⁵kõŋ³⁵lie⁵³ 鸡冠

　鸡　冠　子

tsəu⁴⁴lie⁵³ 枣

　枣　子

xai⁴⁴tçiau⁵³xuãŋ⁴⁴lie⁵³ 辣椒面

　海　椒　粉　子

ləu²²lie⁵³ 集市

　闹　子

iẽŋ⁵³tçy³⁵lic⁵³ 眼珠

　眼　珠　子

p'iau⁴⁴tsŋ⁵³ 一只眼儿

　瞟　子（一只眼睛是瞎的）

bu⁵³lie⁵³ 冰雹

　雹　子

sei⁵³lie⁵³ 粟

　粟　子

ts'ãŋ³⁵i²²lie⁵³ 葱叶

　葱　叶子

sõŋ⁴⁴çyo⁵³lie⁵³ 笋壳

　笋　壳　子

dəu²¹²lie⁵³ 桃子

　桃　子

suei⁴⁴tei⁵³lie⁵³ 芦苇

　水　竹　子

iau²¹²ku⁴⁴lie⁵³ 公牛

　牛　牯　子

lo²¹²lie⁵³ 骡子

　骡　子

gu⁴⁴a⁵³lie⁵³ 公鸭

　牯　鸭　子

k'au⁵¹lie⁵³扣子（中式、西式的纽扣）　　t'iau⁴⁴sai⁵³lie⁵³土鳖

　扣　子　　　　　　　　　　　　　　　　土　虱　子

ɣo²¹²kæ̃ŋ⁴⁴lie⁵³稻秆　　　　　　　　　mai²²kæ̃ŋ⁴⁴lie⁵³麦秸

　禾　秆　子　　　　　　　　　　　　　麦　秆　子

so³⁵lie⁵³梭（织布用的）　　　　　　　tɕy⁵¹ɕy⁵³lie⁵³锯末

　梭　子　　　　　　　　　　　　　　　锯　屑　子

ʑy²¹²lie⁵³钉锤　　　　　　　　　　　　ɕi⁴⁴tsəu⁴⁴bãŋ²¹²lie⁵³洗澡盆

　锤　子　　　　　　　　　　　　　　　洗　澡　盆　子

tɕio⁵¹xua³⁵lie⁵³乞丐　　　　　　　　　tsei⁵³lie⁵³髻（中老年盘在脑后的发结）

　叫　花　子　　　　　　　　　　　　　髻　子

i²²lie⁵³舌头　　　　　　　　　　　　　y²¹²lie⁵³拳头

　舌　子　　　　　　　　　　　　　　　□　子

tiau⁵³lie⁵³胃　　　　　　　　　　　　iəu³⁵lie⁵³肾

　肚　子　　　　　　　　　　　　　　　腰　子

suei⁴⁴dau²¹²lie⁵³水痘　　　　　　　　p'io⁵¹lie⁵³钞票

　水　痘　子　　　　　　　　　　　　　票　子

ɣau²¹²lie⁵³硬币　　　　　　　　　　　k'uai⁵³ia²¹²tsʅ⁵³豁牙

　毫　子　　　　　　　　　　　　　　　缺　牙　子

tso⁵³p'ia⁵³tsʅ⁵³左撇　　　　　　　　k'u⁵¹tie⁵¹lie⁵³裤腰带

　左　撇　子　　　　　　　　　　　　　裤　带　子

iau²¹²i²²lie⁵³牛舌头　　　　　　　　　iẽŋ³⁵i²²lie⁵³烟叶

　牛　舌　子　　　　　　　　　　　　　烟　叶　子

dau²²xu⁵³ləu⁵³lie⁵³豆腐脑　　　　　　iẽŋ³⁵ɣo²¹²lie⁵³烟盒

　豆　腐　脑　子　　　　　　　　　　　烟　盒　子

iau²¹²tiau⁵³lie⁵³牛肚　　　　　　　　mu²²ʑie²¹²iɔ̃ŋ³⁵lie⁵³树苗

　牛　肚　子　　　　　　　　　　　　　木　柴　秧　子

mu²²ʑie²¹²i²²lie⁵³树叶　　　　　　　mu²²ʑie²¹²ka⁴⁴lie⁵³树枝

　木　柴　叶　子　　　　　　　　　　　木　柴　桠　子

çia³⁵mu²²diau²¹²lie⁵³杉篙　　　　　　mi⁵³dau²¹²lie⁵³米粒状的雪

　杉　木　条　子　　　　　　　　　　米　头　子

xa²²sãŋ⁵³tsʅ⁵³公鸭嗓儿（嗓音沙哑）kua⁵¹lie⁵³玦

　哈　嗓　子　　　　　　　　　　　　卦　子

（2）"儿〔lie²¹²〕"尾

ka⁵¹lie²¹²架子　　　　　　　　　　iɔ̃ŋ²²lie²¹²样子

　架　儿　　　　　　　　　　　　　　样　儿

pu⁵¹lie²¹²铺子　　　　　　　　　　t'ɔ̃ŋ³⁵lie²¹²摊子

　铺　儿　　　　　　　　　　　　　　摊　儿

ʑiɔ̃ŋ⁵³kuæ̃ŋ⁴⁴lie²¹²上馆子　　　　　sʅ³⁵lie²¹²狮子

　上　　馆　儿　　　　　　　　　　　狮　儿

i⁵³lie²¹²椅子　　　　　　　　　　　suei⁴⁴a⁵³lie²¹²水鸭子

　椅　儿　　　　　　　　　　　　　　水　鸭　儿

tiɔ̃ŋ⁵¹lie²¹²帐子　　　　　　　　　　tçiẽŋ⁵¹lie²¹²镜子

　帐　儿　　　　　　　　　　　　　　镜　　儿

dãŋ²¹²lie²¹²藤子　　　　　　　　　　mi²¹²lie²¹²谜语

　藤　　儿　　　　　　　　　　　　　谜　儿

bei⁵³xo³⁵çio⁵³lie²¹²被窝　　　　　　tãŋ⁴⁴lie²¹²戥子

　被　窝　壳　儿　　　　　　　　　　等　儿

tçiẽ⁴⁴lie²¹²请帖　　　　　　　　　　ku³⁵lie²¹²蒿

　请　儿　　　　　　　　　　　　　　蒿　儿

pæ̃ŋ⁴⁴lie²¹²戒尺　　　　　　　　　　pãŋ⁴⁴lie²¹²本子

　板　儿　　　　　　　　　　　　　　本　儿

iẽŋ⁵¹lie²¹²毽子　　　　　　　　　　ta⁴⁴mi²²lie²¹²潜水

　印　儿　　　　　　　　　　　　　　打　沕　儿

çi⁵¹die²¹²lie²¹²戏台　　　　　　　　ts'o⁴⁴tçio⁵¹lie²¹²吵架

　戏　台　儿　　　　　　　　　　　　吵　架　儿

p'ãŋ³⁵lie²¹²蜜蜂　　　　　　　　　　ma²¹²lie²¹²芝麻

　蜂　儿　　　　　　　　　　　　　　麻　儿

çiãŋ³⁵tçi⁵³lie²¹²长疔　　　　　tçiẽŋ³⁵ke⁵¹lie²¹²金戒指

　生　疔　儿　　　　　　　　　金　戒　儿

kye⁴⁴lie²¹²扒手

　拐　儿

　　我们上面所述的"子"尾、"儿"尾，从语源上说，其实都是"儿"尾。[lie²¹²]尾在语音上对应该土话的"儿"字音，证据在于：土话里（白读）日母字保留古读泥，而后与泥母一样变读为[1]。值得注意的是，该土话中，"儿"尾后来受到移入地"子"尾"子"字调的影响，读成"子"字调的多一些。"子"字阴上，本调为44，在词尾变读为53。正因为如此，我们把受"子"尾影响而变调为53的[lie⁵³]尾标记为"子"尾，而将读其原调的[lie²¹²]尾标记为"儿"尾，以区别二者的源流。

（3）"牯"尾

tei⁵³səu⁵¹ku⁴⁴竹扫帚

竹　扫　牯

səu⁵¹ku⁴⁴扫帚

扫　牯

da²²ma²²ku⁴⁴大麦

大　麦　牯

niãŋ²¹²ku⁴⁴聋子

聋　　牯

ts'o⁵³ko⁵¹xau⁴⁴ku⁴⁴刺个口子

戳　过　口　牯

pei⁵³dãŋ²¹²ku⁴⁴笔筒

笔　筒　牯

还有"牯"尾后再加一个"子"尾，如：

ma⁵³ku⁴⁴lie⁵³公马　　　　　　iau²¹²ku⁴⁴lie⁵³公牛

马　牯　子　　　　　　　　　牛　牯　子

iõŋ²¹²ku⁴⁴lie²¹²公羊　　　　　tãŋ³⁵çi³⁵ku⁴⁴lie⁵³单身汉

羊　牯　子　　　　　　　　　单　身　牯　子

diau²¹²xu²¹²ku⁴⁴lie⁵³ 屠户

　屠　夫　牯　子

（4）"崽"尾

宅首土话"崽"尾表"小称"和"爱称"，如：

iau²¹²tsai⁵³ 小牛　　　　　　　iɔ̃ŋ²¹²tsai⁵³ 小羊

　牛　崽　　　　　　　　　　羊　崽

kau⁴⁴tsai⁵³ 幼犬　　　　　　　tei³⁵tsai⁵³ 小猪

　狗　崽　　　　　　　　　　猪　崽

tiəu⁴⁴tsai⁵³ 幼鸟　　　　　　　pei³⁵bo²¹²tsai⁵³ 灯蛾 / 蝴蝶

　鸟　崽　　　　　　　　　　飞　婆　崽

ie⁵³tsai⁴⁴tsai⁵³ 小伙子　　　　　sãŋ³⁵tsai⁵³ 孙子

　叶　崽　崽　　　　　　　　孙　崽

"牯""崽"尾还可以放在动词后，成为名词，如：

iẽŋ³⁵ku⁴⁴iau²¹² 阉过的公牛　　　tɕiəu⁵¹tɕi³⁵tsai⁴⁴ 蟋蟀

　阉　牯　牛　　　　　　　　叫　吱　崽

（5）"头"尾

宅首土话还有"头"尾，表"小称"，如：

luei²²dau²¹² 斗笠　　　　　　　zo²²dau²¹² 镯子

　笠　头　　　　　　　　　　镯　头

sai⁵³dau²¹² 颜色　　　　　　　tsɿ⁴⁴mei²¹²dau²¹² 纸煤儿

　色　头　　　　　　　　　　纸　煤　头

ni²²dau²² 太阳　　　　　　　　xɔ̃ŋ³⁵dau²¹²suei⁵³ 毛毛雪

　日　头　　　　　　　　　　糠　头　雪

mi⁵³dau²¹²lie⁵³ 雪珠子：米粒状的雪　ts'ɔ̃ŋ³⁵dau²¹² 春天

　米　头　子　　　　　　　　春　头

iau²¹²kuə̃ŋ⁵¹dau²¹² 牛鼻桊儿　　　li²¹²dau²¹² 犁铧

　牛　桊　头　　　　　　　　犁　头

niẽŋ²¹²dau²¹² 一年的开始

　年　头

ẓiau²¹²dau²¹² 锄头　　　　　　sɔ̃⁵¹dau²² 蒜

　锄　头　　　　　　　　　蒜　头

tei³⁵dau²¹² 种猪　　　　　　kuei⁴⁴dau²¹²pʻã³⁵ 马蜂

　猪　头　　　　　　　　　鬼　头　蜂

mã̃ŋ²¹²dau²¹² 门楼儿　　　　diẽ²²dau²¹² 枕头

　门　头　　　　　　　　　垫　头

pu⁴⁴dau²¹² 斧子　　　　　　tɕiẽ³⁵bei²²dau²¹² 针鼻儿

　斧　头　　　　　　　　　针　鼻　头

bã̃ŋ²²dau²¹² 棒槌　　　　　　bei²¹²dau²¹² 鼻子

　棒　头　　　　　　　　　鼻　头

pei⁵³dau²¹² 肩膀　　　　　　sei⁴⁴tsʅ⁴⁴dau²¹² 手指

　膊　头　　　　　　　　　手　指　头

suei⁵³dau²¹²kuai⁴⁴ 膝盖　　　lei⁵³dau²¹² 里面

　膝　头　骨　　　　　　　里　头

（6）"公"尾、"嫚"尾、"婆"尾

"公"尾、"嫚"尾在宅首土话中跟性别有关，雄性用"公"，如：

iau²¹²kõŋ³⁵ 公牛　　　　　　iɔ̃ŋ²¹²kõŋ³⁵ 公羊

　牛　公　　　　　　　　　羊　公

ɕiẽ³⁵nõŋ²¹²kõŋ³⁵ 新郎　　　　sai³⁵kõŋ³⁵ 道士：出家的道教徒

　新　郎　公　　　　　　　师　公

ka³⁵kõŋ³⁵ 公公：夫之父

　家　公

而雌性用"嫚""婆"，如：

ma⁵³mã̃ŋ⁵³ 母马　　　　　　iau²¹²mã̃ŋ⁵³ 母牛

　马　嫚　　　　　　　　　牛　嫚

iɔ̃ŋ²¹²mã̃ŋ⁵³ 母羊　　　　　kau⁴⁴mã̃ŋ⁵³ 母狗

　羊　嫚　　　　　　　　　狗　嫚

tei³⁵mã̃ŋ⁵³ 母猪　　　　　　tɕi³⁵mã̃ŋ⁵³ 母鸡

　猪　嫚　　　　　　　　　鸡　嫚

lie⁵¹bu²²mãŋ⁵³ 正在孵蛋的母鸡　　a⁵³mãŋ⁵³ 母鸭

赖　孵　嫚　　　　　　　　　　鸭　嫚

ləu⁵³xu⁴⁴mãŋ⁵³ 母老虎　　　　mio²¹²luei⁵³mãŋ⁵³ 母猫

老　虎　嫚　　　　　　　　　猫　女　嫚

kua⁴⁴bo²¹²mãŋ⁵³ 寡妇　　　　tɕie³⁵ku⁴⁴mãŋ⁵³ 尼姑

寡　婆　嫚　　　　　　　　　斋　牯　嫚

mei²¹²bo²¹²mãŋ⁵³ 媒人　　　　ka³⁵bo²¹² 婆婆：夫之母

媒　婆　嫚　　　　　　　　　家　婆

kuei⁴⁴bo²¹² 巫婆

鬼　婆

而有些跟雌性、雄性无关，如：

ma²²dau²¹²kɔ̃ŋ³⁵ 麦茬儿　　　səu³⁵ka⁴⁴mãŋ⁵³ 蟑螂

麦　兜　公　　　　　　　　　骚　寡　嫚

ãŋ²²iẽŋ³⁵bo²¹² 猫头鹰　　　pei³⁵bo²¹²tsai⁴⁴ 飞蛾

岸　鹰　婆　　　　　　　　　飞　婆　崽

（7）"晡"尾

"晡"尾主要表示"日""天"，还有的可以用在时间名词后，如：

tɕi³⁵pu⁵³ 今天　　　　　zɔ̃²²pu⁵³ 昨天

今　晡　　　　　　　　　昨　晡

ʑi²¹²pu⁵³ 前天　　　　　ʑiɔ̃⁵³pu⁵³ 上午

前　晡　　　　　　　　　上　晡

i⁵³pu⁵³xai⁵³ti⁴⁴ 整夜　　　mei⁵³pu⁵³xai⁵³ti⁴⁴ 每天晚上

一　晡　黑　底　　　　　每　晡　黑　底

ɣau⁵³ni²²pu⁵³ 后天

后　日　晡

2. 前缀

宅首土话中"阿"加在某些亲属名称前有表示亲昵，如：

a³⁵ma²¹² 母亲　　　　　a³⁵bo²¹² 妻子

阿妈　　　　　　　　　阿婆

还有一些亲属称谓则是重叠，如：

ba²²ba²² 曾祖父　　　　　　　　　ba²²ba²² 曾祖母

□　□　　　　　　　　　　　　　□　□

tie³⁵tie³⁵ 祖父　　　　　　　　　　lai⁵³lai⁵³ 祖母

爹　爹　　　　　　　　　　　　　奶　奶

da²²da²² 父亲　　　　　　　　　　nɔ̃ŋ²¹²pa⁵³pa⁵³ 伯父

大　大　　　　　　　　　　　　　男　伯　伯

luei⁵³pa⁵³pa⁵³ 伯母　　　　　　　mãŋ⁵³mãŋ⁵³ 叔父

女　伯　伯　　　　　　　　　　　晚　晚

niãŋ²¹²niãŋ²¹² 姑妈　　　　　　　ko³⁵ko³⁵ 哥哥

娘　娘　　　　　　　　　　　　　哥　哥

səu⁴⁴səu⁴⁴ 嫂嫂　　　　　　　　tɕie⁴⁴tɕie⁴⁴ 姐姐

嫂　嫂　　　　　　　　　　　　　姐　姐

8.1.2 动词

一、动词的特殊小类

（一）能愿动词

1. 肯［xãŋ⁴⁴］

表示主观上愿意做某事。如：

只　要　其　肯　来，我　就　冇　得　甚　□［ka⁵³］事　话　了。

tsɿ⁵³iəu⁵¹tɕie⁴⁴xãŋ⁴⁴lie²¹², na⁴⁴dei⁵³mau⁵³tai⁵³ŋ⁵³ka⁵³　zai²²ɣua²²liau⁵³。（只要他肯来，我就没的说了。）

2. 思［sai³⁵］

宅首土话的"思"相当于北京话里的"想"，做能愿动词时，表达做某事的愿望。如：

① "你　思　食　冇？""我　思　食。"（你想吃吗？我想吃）

　　"ni⁵³sai³⁵ie²²mau⁰？""na⁴⁴sai³⁵ie²²。"

②你 思 食 就 钻 了 袋 儿 里 头 食 个 够。(你想吃就钻进袋子里去吃个够。)

ni⁴⁴sai³⁵ie²²dei⁵³tsuõŋ³⁵lie⁵³die²²lie²¹²lei⁵³dau²¹²ie²²ko⁵¹kau⁵¹。

3. 敢〔kãŋ⁴⁴〕

表示有无做某事的胆量，可单独回答问题。否定式为"冇敢"。如：

①其 敢 不 敢 去？ 冇 敢。(他敢不敢去？不敢。)

tçie⁴⁴kãŋ⁴⁴pu⁵³kãŋ⁴⁴xu³⁵？ mau⁵³kãŋ⁴⁴。

②县 老 爷 回 到 衙 门， 从 此 再 也 冇 敢 追 究

ɣɣẽŋ²²ləu⁵³ie²¹²ɣuei²¹²təu⁵¹ia²¹²mãŋ²¹²，zõŋ²¹²ts'i⁴⁴tsai⁵¹ie⁴⁴mau⁵³kãŋ⁴⁴tsuei²¹²tçiəu⁵³

□这个贼。(县老爷回到衙门，从此再也没找这个贼的事。)

o³⁵ko⁵¹zai²²。

4. 愿〔uẽŋ²²〕

表示做某事符合心意。如：

其 愿 不 愿 意 讲 话？（他愿意说不愿意说？）

tçie⁴⁴uẽŋ²²pu⁵³uẽŋ²²i⁵¹tçiõŋ⁴⁴ ɣua²²？

5. 要〔io²²〕

表示主观上想做某事，可单独回答问题。否定式为"冇要"。如：

①也 冇 敢 话 要 做 贼。

ie⁴⁴mau⁵³kãŋ⁴⁴ɣua²²io²²tso⁵¹zai²²。

②要 讲 其 的 好 事， 冇 要 讲 其 的 坏 事。(要说他的好话，不要说他的坏话。)

iəu⁵¹tçiõŋ⁴⁴tçie⁴⁴tai⁵³xu⁴⁴zai²²，mau⁵³iəu⁵¹tçiõŋ⁴⁴tçie⁴⁴tai⁵³çye²²zai²²。

③冇 要 急， 慢 慢 点 □〔ka⁵³〕来。(别着急，慢慢来。)

mau⁵³iəu⁵¹tçi⁵³，mẽn⁵³mẽn⁵³tiã⁵³ka⁵³ lie²¹²。

④走 好 点 崽， 冇 要 逃。(好好走，不要跑。)

tsau⁴⁴xu⁴⁴tiẽŋ⁴⁴tsai⁵³，mau⁵³iəu⁵¹diəu²¹²。

（二）系词

1. 判断句的类型

宅首土话的系词用"是"，否定形式"冇是"。如：

①我　讲　得　冇　是　你。（我不是说得你。）

　　na^{44}tɕiɔ̃^{44}a^{53}mau^{53}ʐ̩^{53}ni^{53}。

②其　甚　晡　见　得是　老　张　嘞，　冇　是　老　王。（他那天见得是老张，不是老王。）

　　tɕie^{44} ŋ^{53}pu^{53} tɕiẽ^{51}a^{53}ʐ̩^{53} ləu^{53}tsã^{35} lie^{53}，　mau^{53}ʐ̩^{53}ləu^{53}uɔ̃^{212}。

根据主语跟表语在语义关系上的不同，使用系词的判断句可以分成下面几类：

（1）表示等同关系。即主语和表语完全相同，两者可以互换位置。如：

我 是 老　三　儿。（我是老三。）

na^{44}ʐ̩^{22}ləu^{53}sɔ̃^{35}lie^{212}。

（2）表领属关系。表语表示主语的类别、身份。

　桌　儿　上　的　书 是 底 个 的？（桌子上的书是谁的？）

　tso^{53} lie^{212}ʑiɔ̃^{53}tai^{53}ɕy^{35}ʐ̩^{53}ta^{53}ko^{51}tai^{53} ？

是 老 王　的。（是老王的。）

ʐ̩^{53}ləu^{53}uɔ̃^{212}tai^{53}。

2. "是"作焦点标记

"是"的作用主要是凸显宾语。如：

①今 晡 开 会 是 底 个 当　主　席？（今天开会谁当主席？）

　tɕi^{35} pu^{53}xai^{35}ɣui^{22}ʐ̩^{22}ta^{53}ko^{51}tɔ̃^{35}tɕy^{44}ʑi^{22} ？

②是　熟　啊，食 得。（这是熟的，可以吃。）

　ʐ̩^{53} zei^{22}a^{0}，ie^{22}lie^{53}。

③真　的，　其　是　在 我 屋 □ 食 过 饭。（真的，他是在我家吃的饭。）

tɕiẽ^{35}ai^{53}，tɕie^{44}ʐ̩^{53}die^{22}na^{44}u^{53}xu^{51}ie^{22}ko^{53}bai^{22}。

④我 是 前　年　到 北　京。（我是前年到的北京。）

na^{44}ʐ̩^{53}ʑiẽ^{212}niẽ^{212}təu^{51}pai^{53}tɕiẽ^{53}。

235

3. "X 是 X" 结构

表示一种让步或者强调。如：

①□[o³⁵]东 西 好 是 好，就 是 太 贵 了。（这东西好是好，可是太贵。）

　　　o³⁵　　　ai³⁵çi³⁵xu⁴⁴ẓ̩⁵³xu⁴⁴, dei²²ẓ̩⁵³t'ai⁵¹kuei⁵¹liau⁵³。

②□[o³⁵]东 西 贵 是 贵，不 过 蛮 结 实。（这东西贵是贵，可是挺结实。）

　　　o³⁵　　　ai³⁵çi³⁵kuei⁵¹ ẓ̩⁵³kuei⁵¹, pu⁵³ko⁵³ mæ̃²¹²tçi⁵³ẓi²²。

（三）趋向动词

宅首话的趋向动词主要有"来、出来、起来、上来、去、下去、出去"等。如：

①你 快 过 来，我 分 你 两 颗。（你快过来，我给你两颗。）

　　ni⁵³k'ye⁵¹ko⁵¹lie²¹², na⁴⁴pãŋ³⁵ni⁵³nio⁵³k'o⁵³。

②主 家 拿 来 一 个 大 袋 儿。（主人拿来一个大袋子。）

　　tçy⁴⁴ka⁵³nia⁵³lie²¹²i⁵³ko⁵³da²²die²²lie²¹²。

③□[ka⁵³]县 老 爷 从 袋 儿 里 头 放 出 来。（把县老爷从袋子里放出来。）

　　ka⁵³　　　ɣɣẽŋ²²ləu⁵³ie²¹²zõŋ²¹²die²²lie²¹²lei⁵³dau²¹²põŋ⁵¹tç'y⁵³lie²¹²。

④讲 着 讲 着，笑 起 来 了。（说着说着，笑起来了。）

　　tçiõŋ⁴⁴tçi⁵³tçiõŋ⁴⁴tçi⁵³, çiəu⁵¹xi⁴⁴lie²¹²liau⁵³。

⑤爬 也 爬 不 上 来。（爬也爬不上来。）

　　ba²¹²ie⁵³ba²¹²pu⁵³ ẓiõŋ⁵³lie²¹²。

⑥大 人 食 过 做 事 去。（大人吃完就去做事了。）

　　da¹²niẽŋ²¹ie²²ko⁵¹tsuo⁵¹zai²²xu⁵¹。

⑦小 心 点，冇 要 跌 下 去。（小心点，不要跌下去。）

　　çiəu⁴⁴çiẽŋ³⁵tiẽŋ⁴⁴, mau⁵³iəu⁵¹ti⁵³ɣa²²xu⁵¹。

⑧我 分 你 □[o⁴⁴]这 张 凳 拿 出 去。（我帮你把这张凳子拿出去。）

　　na⁴⁴pãŋ³⁵ni⁴⁴ o⁴⁴　　　tiõŋ³⁵tãŋ⁵¹nia⁵³tç'iəu³⁵xu⁵¹。

如果趋向补语和动词宾语同时出现时，形成"动词＋受事＋趋向动词"

的形式。如：

①你 到 几 垲 去?　 我 到 街 儿 去。(你到哪里去? 我到街上去。)

　ni⁵³təu⁵¹tçi⁴⁴xai⁴⁴xu³⁵ ?　na⁴⁴təu⁵¹ke³⁵lie²¹²xu³⁵。

②其□提 起 鸟 崽 笼 来 到 公　 园　 去。(他提着鸟笼去公园。)

　tçie³⁵pa³⁵xi⁴⁴tiəu⁴⁴tsai⁴⁴nãŋ²¹²lie²¹²təu⁵¹kõŋ³⁵yuãŋ²¹²xu⁵¹。

二、动词"尝试义"表示法

宅首土话动词的"尝试义"不用重叠形式，而是用表示"短暂义"的"一下"或者"下"来表达。表示"短暂义"的，如：

①医生 □〔au⁵¹〕你 多　入 一 下。(医生让你多睡一会。)

　i³⁵sẽŋ³⁵au⁵¹　 ni⁴⁴to³⁵ni⁵³i⁵³ɣa²²。

②你 去　瞅 一 下。(你去看看。)

　ni⁴⁴ xu⁵¹ts'ei⁵³i⁵³ɣa²²。

③我 食 过 黑 饭，　 又 走 过 一下。(我吃了晚饭，又去走走。)

　na⁴⁴ie⁵³ko⁵¹xai⁵³bai²², iəu³⁵tsau⁴⁴ko⁵¹i⁵³ɣa²²。

④其　瞅 过 一 下 就 走 过 了。(他看看就走了。)

　tçie⁴⁴ts'ei⁵³ko⁵¹i⁵³ɣa²²dei⁵³tsau⁴⁴ko⁵¹liau⁵³。

表示"尝试义"的，如：

①今 晡 黑 底 我 带 你 去 试一下。(今天晚上我带你去试试。)

　tçi³⁵pu⁵³xai⁵³tei⁵³na⁴⁴die⁵¹ni⁴⁴xu⁵¹sʅ⁵¹i⁵³ɣa²²。

②我 食 一 下。(我吃一下。)

　na⁴⁴ie²² i⁵³ɣa²。

8.1.3 数词

一、"二"与"两"

宅首土话中，"二"与"两"有各自的使用范围。

(一) 二

"二"有文白异读，文读"〔ə²²〕"，只在"二号〔ə²²xau²²〕"中使用，白读为"[luei²²]"主要用于以下场合：

1. 数数

luei²² 　　　　　　　　　　　 ʐyẽŋ²²luei²² 十二

　二 　　　　　　　　　　　　　剩　二

luei²²zʅ²² 二十 　　　　　　　 i⁵³pa⁵³i⁵³zʅ²²luei²² 一百一十二

　二　十 　　　　　　　　　　 一　百一　十二

i⁵³pa⁵³luei²²（zʅ²²）一百二

一百　二　（十）

但是在"百（两百、两百五十）"、"千（两千）""万（两万）"前用"两[niõŋ⁵³]"，不用"二[luei²²]"。

niõŋ⁵³pa⁵³ 　　　　　　　　　 niõŋ⁵³pa⁵³ŋ⁵³zʅ²²

　两　百 　　　　　　　　　　 　两　百五十

niõŋ⁵³tɕ'iẽŋ³⁵ 　　　　　　　 niõŋ⁵³uæ̃ŋ²²

　两　千 　　　　　　　　　　 　两　万

2. 排行

lau⁵³luei²² 　　　　　　　　　 luei²²ko³⁵

　老　二 　　　　　　　　　　 　二　哥

di²²luei²² 　　　　　　　　　　 di²²luei²²ko⁵¹

　第　二 　　　　　　　　　　 　第　二　个

3. 日期

tɕ'iau³⁵luei²²

　初　二

（二）两

"两[niõŋ⁵³]"用在以下场合：

1. 度量衡量词

除了在"两、丈、担"度量衡前用"二[luei²²]"外，其他度量衡词前"两[niõŋ⁵³]"，如：

niõŋ⁵³tɕiẽŋ³⁵

　两　斤

niõŋ⁵³ziẽŋ⁵³

　两　钱

niõŋ⁵³xuãŋ³⁵

　两　分

niõŋ⁵³li²²

　两　厘

niõŋ⁵³tɕ'ie⁵³

　两　尺

niõŋ⁵³ts'ãŋ⁵¹

　两　寸

niõŋ⁵³luei⁵³

　两　里

niõŋ⁵³tau⁴⁴

　两　斗

niõŋ⁵³ɕiẽŋ³⁵

　两　升

niõŋ⁵³kye⁵³

　两　合

niõŋ⁵³mu⁵³

　两　亩

niõŋ⁵³pɔ̃ŋ⁵¹

　两　半

2. 其他度量词

niõŋ⁵³ko⁵¹

　两　个

niõŋ⁵³tɕie³⁵

　两　只

niõŋ⁵³diəu²¹²

　两　条

niõŋ⁵³t'iẽŋ³⁵

　两　天

niõŋ⁵³pãŋ⁴⁴

　两　本

niõŋ⁵³tɕ'ie³⁵

　两　车

此外，"两"还可以用在亲属名词前，表示成对，如：

nai⁴⁴niõŋ⁵³ko⁵³ 我们俩

　我　两　个

niõŋ⁵³kõŋ³⁵bo²¹² 夫妻俩

　两　公　婆

niõŋ⁵³niõŋ²¹²tsai⁴⁴ 娘儿俩

　两　娘　崽

niõŋ⁵³ie²²tsai⁴⁴ 爷儿俩

　两　爷　崽

niõŋ⁵³kõŋ³⁵sãŋ³⁵ 爷孙俩

　两　公　孙

niõŋ⁵³di²²ɕiõŋ³⁵ 兄弟俩

　两　弟　兄

niõŋ⁵³tsʅ⁴⁴mei²² 姐妹俩

　两　姊　妹

niõŋ⁵³ɕiõŋ³⁵mei²² 兄妹俩

　两　兄　妹

niõŋ⁵³sãŋ³⁵ʑiəu⁵³ 舅甥俩　　　　　　niõŋ⁵³ku³⁵zɿ²² 姑侄俩

　两　甥　舅　　　　　　　　　两　姑　侄

niõŋ⁵³səu³⁵zɿ²² 叔侄俩　　　　　　niõŋ⁵³sɿ³⁵diəu²¹² 师徒俩

　两　叔　侄　　　　　　　　　两　师　徒

8.1.4 形容词

宅首土话形容词除了少数几个，如漂漂亮亮、白白胖胖、雪白雪白有重叠外，一般没有重叠。形容词前加表示程度的修饰词语组成的短语形式重叠用法多，如：

高≠高高的

好高　　　好高好高［xu⁴⁴ku³⁵ xu⁴⁴ku³⁵］√

大≠大大的

好大　　　好大好大［xu⁴⁴da²² xu⁴⁴da²²］√

白≠白白的

好白　　　好白好白［xu⁴⁴ba²² xu⁴⁴ba²²］√

长≠长长的

好长　　　好长好长［xu⁴⁴diõŋ²¹² xu⁴⁴diõŋ²¹²］√

少数两个形容词组成的短语可以重叠，重叠后程度加深，如：

黑瘦　　　黑瘦黑瘦［xai⁵³ɕiau⁵¹ xai⁵³ɕiau⁵¹］√

上述重叠所表示的意义，更多用的是"又A又B"式，这与使用宅首土话的族人坚守单音词语素有关。如：

又黑又瘦　又瘦又高

又白又胖　又细又长

8.1.5 代词

一、人称代词

宅首土话人称代词有单数、复数的区别：

单数	复数

第一人称　我［na⁴⁴］　　　　　　我人（我们）［nai³⁵niẽŋ²¹²］

第二人称　你［ni⁴⁴］　　　　　　你人（你们）［ni³⁵niẽŋ²¹²］

第三人称　其［tɕie⁴⁴］（他）　　其人（他们）［tɕie³⁵niẽŋ²¹²］

二、其他人称

bie²²ko⁵³别人　　　　　　　bõŋ²¹²piẽŋ³⁵ŋ²¹²别人
　别　个　　　　　　　　　　旁　边　人

ŋ²¹²ka⁵³别人　　　　　　　　zɿ²²ka⁵³自己
人　家　　　　　　　　　　自　家

da²²ɕi⁵¹大家

大　口

　　第三人称代词，本书写作"其［tɕie44］"，其他方言如吴语、粤语、客家话等写为"佢"或者"渠"。"其"，从韵母上看，在宅首土话音系中开口三等见组字韵母读成 i 或者 ie，合口三等见组字读成 y 或者 uei，将第三人称代词记作"其"更为妥当，本来应该为［tɕie²¹²］，但是宅首土话的人称代词一律变调为阴上调，因此记作［tɕie⁴⁴］。

　　宅首人称代词的变调值得注意：

　　按照声调演变规律，宅首土话第一人称单数、第二人称单数应该读成阳上，调值为53，第三人称单数应该为阳平，调值为212，但是宅首土话人称代词单数一律读阴上调。

　　复数声调一律变成阳平，调值为35，"我"加词尾"人"，构成"我人"、"你人""其人"，同时第一人称代词韵母由［a］变为［ai］。上述复数形式里面的"人"含有类属的意义，所以可以用来作为复数名称，如同上古汉语里的"侪""属"和后代的"辈"一样。

　　其他人称代词单数不用"别人"而是用"别个""人家"和"自家"，复数用"旁边人"和"大口［da²²ɕi⁵¹］"。

三、指示代词

宅首土话指示代词分为近指和远指两种：

	近指	远指
指人或事物	□个〔o⁴⁴ko⁵³〕（这个）	甚个〔ŋ⁴⁴ko⁵³〕（那个）
	□□〔o⁴⁴k'a⁵³〕（这些）	甚□〔ŋ⁴⁴k'a⁵³〕（那些）
指处所	□垲〔o⁴⁴xai⁵³〕（这里）	甚垲〔ŋ⁴⁴xai⁵³〕（那里）
指程度、方式	□□〔o⁴⁴çie⁵³〕（这么、这样）	甚□〔ŋ⁴⁴çie⁵³〕（那么、那样）

"〔o⁴⁴〕（这）"和"〔ŋ⁴⁴〕（那）"以及由它们构成的一系列指示代词，语法功能和北京话基本一致。

表示远指的"甚"，跟"人"一样共同经历了"ʑiẽŋ → jiẽŋ → jẽŋ → ŋ"这样的音变历程，而且土话里的"甚"对应地用作通语的"哪"后，再仿照通语一词二用，再用作"那"，因此在宅首土话里"甚"可以表示远指代词，也可以用作疑问代词，如"甚个〔ŋ⁴⁴ka⁵³〕什么"。

四、疑问代词

疑问代词和指示代词"〔o⁴⁴〕（这 ）"和"〔ŋ⁴⁴〕（那 ）"相呼应的是"〔tçi⁴⁴〕（哪 ）"，疑问代词分为：

问人　　　几个〔tçi⁴⁴ko⁵³〕/〔ta⁴⁴ko⁵¹〕/底个（哪个）

问事物　　几个〔tçi⁴⁴ko⁵³〕（哪个）/ 甚个〔ŋ⁴⁴ka⁵³〕（什么）

问地方　　几垲〔tçi⁴⁴xai⁵³〕（哪里）

问数量　　好多〔xu⁴⁴to³⁵〕（多少）

问时间　　好久〔xu⁴⁴tçiei⁴⁴〕

问原因　　为甚个〔uei²²ŋ⁵³ka⁵³〕（为什么）

问程度　　好〔xu⁴⁴〕（多、大、长）

问方式　　几□〔tçi⁴⁴çie⁵³〕（怎么）

另外，当问多人时用"几□〔tçi⁴⁴k'a⁵³〕（哪些人）"。

第二节 虚词

8.2.1 副词

宅首土话有否定副词"不 [pu^{53}]"和"冇 [mau^{53}]"，与北京话中的否定副词"不"对应。

一、不

"不"除了通常表示一般否定，还用在反复问句及部分答问之中，如：

（1）去不去 [xu^{51}pu^{53}xu^{51}] 型

①开 不 开 会

　xai^{35}pu^{53}xai^{35}ɣui^{22}

②愿 不 愿 （说）话

　uẽŋ^{22}pu^{53}uẽŋ^{22}　　ɣua^{22}

③是 不 是

　zɿ^{22}pu^{53}zɿ^{22}

④好 不 好

　xu^{44}pu^{53}xu^{44}

（2）晓不晓得 [ɕiəu^{44}pu^{53}ɕiəu^{44}lie^{53}] 型

①认 不 认 得

　niẽŋ^{53}pu^{53}niẽŋ^{53}lie^{53}

②值 不 值 得

　zɿ^{22} pu^{53} zɿ^{22}lie^{53}

③食 不 食 得

　ʑi^{22}pu^{53}ʑi^{22}lie^{53}

在第（1）类例句中，否定回答用"冇"，不用"不"，各句的否定回答为"冇去""冇开""冇愿意（说）话""冇是""冇好"。而在第（2）类例句中，否定回答用"不"，不用"冇"，各句的回答为"晓不得""认不得""值不得""食不得"。

二、冇

"不"是一个使用频率非常高的副词，宅首土话中的高频否定副词是"冇"。"冇"可以用在动词和形容词前表否定，如：

冇服（不服）

冇送了（不送了）

冇要客气（不要客气）

冇认字（不识字）

冇作声（不作声）

冇用（不用）

冇好瞅（不好看）

冇行（不行）

冇吃（不吃）

冇管（不管）

冇好（不好）

另外，"冇"还跟"没"的用法对应，如"没错"，宅首土话用"冇错"，其他如：

嘴冇味（嘴没味儿）

冇得事（没事）

冇要紧（没关系）

冇个食法（没吃头）

冇个喝法（没喝头儿）

冇个瞅法（没看头儿）

冇的食得（没的吃）

冇的那□事话了（没的说）

冇骑过马（没骑过马）

冇住过人（没住过人）

食过饭冇？（吃过饭没？）

冇了过了（没有了）

"冇"还可以用在选择句末，代表选择问句的否定方面，也与普通话的"没"相当，如：

①你 思 食 冇？（你想吃吗？）

 ni^{53}sai^{35} ie^{22} mau^{53}？

②甚 □那个 好 食 冇？（那个好吃吗？）

 ŋ^{53} çie^{53} xu^{44} ie^{22} mau^{53}？

③其 食过 饭 了， 你 食过 饭 冇？（他吃过饭了，你吃过了吗？）

 tçie^{44}ie^{53}ko^{51}bai^{22}liau^{53}, ni^{44} ie^{53}ko^{51}bai^{22}mau^{53}？

④铛 里 头 还 有 饭 冇？（锅里面还有饭吗？）

 tç'iã^{35}luei^{53}dau^{212} ɣai^{212}ɣau^{53}bai^{22}mau^{53}？

另外，宅首土话中，"冇……冇"表条件复句，如："不到八点不开会"，在宅首土话中说"冇到八点冇开会"。

8.2.3 介词

一、宅首土话介词概貌

在常用介词中宅首土话和北京话多数相同或相近，不同的是某些介词的来源，动词、介词关系紧密的程度以及某些用法方面。宅首土话和北京话介词对比情况如下：

比较项	北京话	宅首土话
1.引进施事	被、让、叫	分［pãŋ^{35}］
2.引进与事	给、为、对	分［pãŋ^{35}］、给［ko^{53}］ 为［uei^{22}］、对［tuei^{51}］
3.引进受事	把	拿［nia^{35}］

续表

比较项	北京话	宅首土话
4.引进凭借的工具法等	拿、用	使［sai⁴⁴］、拿［nia³⁵］ 经过［tɕiẽŋ³⁵ko⁵³］
5.指示动作方向	朝、向、对着	朝［ziəu²¹²］、向［ɕiɔ̃ŋ⁵¹］ 对着［tuei⁵¹tɕi⁵³］
6.表示起点	从、自从	从［zɔŋ²¹²］、自从［zʅ⁵³zɔŋ²¹²］

二、介词用法举例

宅首土话中介词"分""拿"比较特殊，"分"可以表示引进施事、与事，"拿"可以表示引进受事，同时也可以表示引进动作凭借的工具和方法，各种用法如下：

1.表示引进施事，用"分［pãŋ³⁵］"

我　分　狗　咬　过一下。（我被狗咬了一下。）

na⁴⁴pãŋ³⁵ kau⁴⁴io⁵³ ko⁵³i⁵³ ɣa²²。

2.表示引进与事，用"分［pãŋ³⁵］""给［ko⁵³］"

①我　分　你□［o⁴⁴］这　张　凳拿　出　去。（我帮你把这张凳子拿出去。）

na⁴⁴pãŋ³⁵ni⁴⁴o⁴⁴ tiɔ̃ŋ³⁵tãŋ⁵¹nia⁵³tɕʻiəu³⁵xu⁵¹。

②我　分　你□［o⁴⁴］ᴢₕᵢ这张凳拿　分　你。（我帮你把这张凳子拿给你。）

na⁴⁴pãŋ³⁵ni⁴⁴ o⁴⁴ tiɔ̃ŋ³⁵tãŋ⁵¹nia⁵³pɔ̃ŋ³⁵ni⁴⁴。

③我　分□̃［o⁴⁴］ᴢₕᵢ张凳拿　给你。（我把这张凳子拿给你。）

na⁴⁴pãŋ³⁵o⁴⁴ tiɔ̃ŋ³⁵tãŋ⁵¹nia⁵³ko⁵³ni⁴⁴。

④我　分　你　拿□［o⁴⁴］ᴢₕᵢ这张凳　出　去。（我帮你把这张凳子拿出去。）

na⁴⁴pãŋ³⁵ ni⁴⁴ nia⁵³o⁴⁴ tiɔ̃ŋ³⁵tãŋ⁵¹tɕʻiəu³⁵xu⁵¹。

⑤我　给你　拿□［o⁴⁴］这　张　凳　出　去。（我给你把这张凳子拿出去。）

na⁴⁴ko⁵³ni⁴⁴nia⁵³ o⁴⁴ tiɔ̃ŋ³⁵tãŋ⁵¹tɕʻiəu³⁵xu⁵¹。

3.表示引进受事，用"拿［nia⁵³］"

我　拿　碗　□［xẽŋ²²］ᵈᵃ烂　过。（我把碗打烂了。）

na⁴⁴nia⁵³uæ̃ŋ⁴⁴xẽŋ²²　næ̃ŋ²² ko⁵³。

4.引进凭借的工具、方法等，用"使［sai⁴⁴］""拿［nia⁵³］""经过［tiẽŋ³⁵ko⁵³］"

①我 使 毛 笔 写 字。（我用毛笔写字。）

　na⁴⁴sai⁴⁴mu²¹²pei⁵³ɕie⁴⁴zʅ²²。

②我 拿 锄 头 挖 地。（我用锄头挖地。）

　na⁴⁴nia⁵³ziau²¹²dau²¹²ye⁵³duei²²。

③其 经 过 努 力 学 习， 考 上 个 好 大 学。

　tɕie⁴⁴tiẽŋ³⁵ko⁵³nəu⁵³li²²ɕio²²ɕi²¹²，k'u⁴⁴ziõŋ⁵³ko⁵¹xu⁴⁴da²²ɕio²²。（他经过努力学习考上了一所好大学）

④其 使 棒 儿 □打 我。（他用筷子打我。）

　tɕie⁴⁴sai⁴⁴biõŋ⁵³lie²¹²xẽ⁵³na⁴⁴。

⑤我 使 铁 铛 煮 饭。（我用铁锅做饭。）

　na⁴⁴sai⁴⁴t'i⁵³ tɕ'iãŋ³⁵tsei⁴⁴bai²²。

⑥其 从 来 冇 使 头 骨 思 问 题。（他从来不用脑子想问题。）

　tɕie⁴⁴zõŋ²¹²lie²¹²mau⁵³sai⁴⁴dau²¹²kuai⁵³sai⁵¹uẽ²²di²¹²。

5.引进动作方向，用"朝［ziəu²¹²］""向［ɕiõŋ⁵¹］""对着［tuei⁵¹tɕi⁵³］"

①其 朝 我 走 来。（他向我走来。）

　tɕie⁴⁴ziəu²¹²na⁴⁴tsau⁴⁴lie²¹²。

②其 向 我 走 来。（他向我走来。）

　tɕie⁴⁴ɕiõŋ⁵¹na⁴⁴tsau⁴⁴lie²¹²。

③其 对 着 我 走 来。（他向我走来。）

　tɕie⁴⁴tuei⁵¹tɕi⁵³na⁴⁴tsau⁴⁴lie²¹²。

6.引进动作所自、所由，用"从［zõŋ²¹²］""自从［zʅ²²zõŋ²¹²］"

从 灌 阳 到 桂 林 的 直 达 班 车 只 要 一 个 半 小 时。

zõŋ²¹²kõŋ⁵¹iãŋ²¹²təu⁵¹kuei⁵¹liẽŋ²¹²ti⁵³zʅ²²da²¹²pæ̃ŋ³⁵tɕ'ie³⁵tsʅ⁴⁴iəu⁵¹i⁵³ko⁵¹põŋ⁵¹ɕiəu⁴⁴zʅ²¹²。

（从灌阳到桂林的直达班车需要一个半小时。）

7.方式状语不用介词的多，直接用行为短语表示方式

其 走 路 到 □这 垱 的。（他走到这里的。）

tɕie⁴⁴ tsau⁴⁴liau²²təu⁵¹ o⁴⁴ xai⁵³ti⁵³。

247

8.有些介词在动词系统里也非常活跃，像"分［pãŋ³⁵］""拿［nia⁵³］""使
［sai⁴⁴］"

①你 分 本 书 分 我。（你拿本书给我。）

ni⁴⁴ pãŋ³⁵ pãŋ⁴⁴çy³⁵ pãŋ³⁵ na⁴⁴。

②其 拿 得 起，我 拿 不 起。（他拿得动，我拿不动。）

tçie⁴⁴nia⁵³tai⁵³xi⁴⁴，na⁴⁴nia⁵³pu⁵³xi⁴⁴。

③拿 本 书 给 我。（拿本书给我。）

nia⁵³pãŋ⁴⁴çy³⁵ ko⁵³ na⁴⁴。

8.2.4 助词

一、动态助词

（一）完成体

宅首土话表示完成体用"过"，不用"了"。

1.动＋过＋宾

①你 食 过 饭 有？（你吃过饭了吗？）

ni⁴⁴ʐi²² ko⁵¹bai²² mau⁵³？

②我 喝 过 茶 还 颈 旱。（我喝了茶还渴。）

na⁴⁴ xo⁵³ ko⁵¹ ʐia²¹² ɣai²¹² tçiẽŋ⁵¹ ɣã²²。

③你 食 过 饭 再 去。（你吃过饭再去。）

ni⁴⁴ʐi²² ko⁵³ bai²²tsai⁵¹ xu⁵¹。

④等 你 到 过 □这 垱 其 就 走 过 了，你 现 在 就 □打

tãŋ⁴⁴ ni⁴⁴ təu⁵¹ ko⁵¹ o⁴⁴ xai⁵³ tçie⁴⁴ dei⁵³ tsau⁴⁴ ko⁵³ liau⁵³，ni⁴⁴ xiẽŋ⁵¹ dzai²² dei⁵³xẽŋ⁵³

个 电 话 分 其。

ko⁵¹ diẽŋ²² ɣua²² pãŋ³⁵ tçie³⁵。（等你到这里他就走了，你现在就给他打电
话。）

以上各例表示动作的完成，其中②③表示前一动作完成后再发生后一情
况，④表示前一情况是后一情况产生的假设条件。

2.动＋过＋了

表示动作完成，还表示状态已改变。

①雨 停 过 了。(雨停了。)

　　y⁵³ dieŋ²¹² ko⁵¹ liau⁵³。

②你 食 过 饭 冇？ 我 食 过 了。(你吃过饭吗？我吃过了。)

　　ni⁴⁴ʑi²² ko⁵¹ bai²² mau⁵³ ？ na⁴⁴ ie²² ko⁵¹ liau⁵³。

③西 瓜 跌 在 地 底 就 碎 过 了。(西瓜掉到地上就碎了。)

　　çi³⁵ kua³⁵ ti⁵³ lie⁵³ duei²² ti⁴⁴ dei²² suei⁵¹ ko⁵¹ liau⁵³。

3.动＋过＋宾＋了

①我 食 过 饭 了。(我吃过饭了。)

　　na⁴⁴ ie²² ko⁵¹ bai²²liau⁵³。

②天 上 出 过 月 亮 了。(天上出月亮了。)

　　t'iaŋ³⁵ ʑiɔ̃ŋ⁵³ tç'y⁵³ ko⁵¹ ye²² niɔ̃ŋ²² liau⁵³。

③我 5 点 就 起 过 床 了。(我5点就起床了。)

　　na⁴⁴ ŋ⁵³ tieŋ⁴⁴ dei²² xi⁴⁴ ko⁵¹zɔ̃ŋ²¹² liau⁵³。

①②结合在一起组成"动＋过＋宾＋了"式，这种格式既表示动作完成，还表示状态有了变化。

4.动＋补＋过＋宾

①我 做 完 过 事 就 去 □ 你。(我做完事就去叫你。)

　　na⁴⁴ tso⁵¹ uæ̃ŋ²¹² ko⁵¹zai²²ʑiəŋ²² xu⁵¹ au⁵¹ ni⁴⁴。

②甚 晡 我 是 洗 完 过 衣 才 去 街 的。

　　ŋ⁵³ pu⁵³ na⁴⁴ zɿ⁵³ çi⁴⁴ uæ̃ŋ²¹² ko⁵¹i³⁵ ʥai²¹² xu⁵¹ ke³⁵ lie²¹²。(那天我是洗完衣服才去逛街的。)

由上例看，"过"除了能够直接跟在动词后，还可以跟在动补结构后面，表示完成。

5.动＋补＋过＋了

我 入 着 过 了。(我睡着了。)

　　na⁴⁴ ni²² tiəu⁵³ ko⁵¹ liau⁵³。

6. 动 + 补 + 过 + 宾 + 了

①我 做 完　过 事 了。（我做完事了。）

　　na⁴⁴tso⁵¹uæŋ²¹²ko⁵¹zai²²liau⁵³。

②我 食 完　过 饭 了。（我吃完饭了。）

　　na⁴⁴ ie²²uæŋ²¹² ko⁵³bai²²liau⁵³。

7. 动 + 过

"动 + 过"不能独立成句，出现在紧缩句或前置句里，"过"表示动作的
某种结果。如：

①你 食 过　再 去。（你吃完再去。）

　　ni⁴⁴ie²²ko⁵¹tsai⁵¹xu⁵¹。

②□［kʻa⁵³］把/拿 桌 儿 上　的　灰　揩　过。（把桌子上的灰擦了。）

　　kʻa⁵³/　　nia⁵³tso⁵³lie²¹²ʑiɔ̃²²te⁵³xuei³⁵tɕʻie⁵³ko⁵¹。

③□［kʻa⁵³］把/拿 那 张 纸 □　过。（把那张纸扔了。）

　　kʻa⁵³/　　nia⁵³ŋ⁵³tiɔ̃³⁵tsʅ⁴⁴piã⁵¹ko⁵¹。

④□［kʻa⁵³］把/拿 灯 关 着。（把灯关上。）

　　kʻa⁵³/　　nia⁵³tãŋ³⁵kuæŋ³⁵tɕi⁵³。

⑤□［kʻa⁵³］把/拿 门　关 着。（把门关上。）

　　kʻa⁵³/　　nia⁵³mãŋ²¹²kuæŋ³⁵tɕi⁵³。

"着"相当于"了"，"着"强调完成，还强调完成体的持续，而"过"没
有这个意思。"过"只是强调动作的完成。

8. 动 + 过 + 补

"动 + 过 + 补"格式里，补语是数量结构，表示动作的次数或动作延续的
时间，如：

①其 吓 过 一 跳。（他吓了一跳。）

　　tɕie⁴⁴ xa⁵³ ko⁵¹ i⁵³ tʻiəu⁵¹。

②到 街 儿 去过 一 转。（到街上走一圈。）

　　təu⁵¹ke³⁵lie²¹²xu⁵¹ko⁵¹i⁵³tsuæ̃⁵¹。

③其 看 过 一 下 就 走 过 了。（他看了一下就走了。）

　　tɕie⁴⁴kʻã̃ŋ⁵¹ko⁵¹i⁵³ɣa²²dei⁵³tsau⁴⁴ko⁵¹liau⁵³。

④其 到 桂 林 去过 半 个 月 了。（他到桂林半个月了。）

tɕie⁴⁴təu⁵¹kuei⁵¹niẽŋ²¹²xu⁵¹ko⁵¹põŋ⁵¹ko⁵¹y²²liau⁵³.。

9. 形 + 过 + 了

①天 色 太 爁过了。（天太热了。）

t'iẽŋ³⁵sai⁵³t'ie⁵¹liau²²ko⁵¹liau⁵³。

②其 今 晡 比 昨 晡 好 过 了。（他今天比昨天好了。）

tɕic⁴⁴tɕi³⁵pu⁵³pci⁴⁴zõŋ²²pu⁵³xu⁴⁴ko⁵¹liau⁵³。

（二）进行体

宅首土话表示进行体，除了跟北京话一样可以用"着"，还可以用"倒
［təu⁵¹］"和"□［pei⁵³］"。

1. 加在动词之后，表示动作正在进行，在动词前可加副词"正、正在、
在"

①其 正 在 和 一 个 朋 友 话 倒 事。（他正在和一位朋友聊着
天。）

tɕie⁴⁴tɕiẽŋ⁵¹ die⁵³ɣo²¹²i⁵³ko⁵¹bõŋ²¹²iəu⁵³ɣua²²təu⁵¹zai²²。

②我 正 在 食 倒 饭。（我正吃着饭。）

na⁴⁴tɕiẽŋ⁵¹ die⁵³ ie²² təu⁵¹ bai²²。

③其 人 在 河 边 坐 倒 聊 倒 天。（他们在河边坐着聊天。）

tɕie³⁵ niẽŋ²¹² die⁵³ ɣo²¹² piẽŋ³⁵zo⁵³təu⁵¹liəu³⁵təu⁵¹t'iãŋ³⁵。

④其 在 瞅 倒 书， 其 老 公 在 喝 倒 茶。（她在看书，她老
公在喝茶。）

tɕie³⁵die⁵³ts'ei⁴⁴təu⁵¹ɕy³⁵， tɕie³⁵ləu⁵³kõŋ³⁵die⁵³xo⁵³təu⁵¹ʑia²¹²。

这几个例子中的"倒"都可以换成"着［tɕi⁵³］"。

2. 很多时候副词"在、正在、正"在表示持续状态"倒［təu⁵¹］""着
［tɕi⁵³］"和"□［pei⁵³］"的句子里可以省略

这种情况通常出现在连谓句中，"动词¹+'倒/着'"表示"动²"的状态，
是使言语简练的一种策略：副词"在、正在、正"所表示的时间上、状态上的
持续与"倒"的意义重复，省去不妨碍表达，因而在连谓句中就被省略了。如：

①其 捧 着 / 倒 马 勺 喝 过 一 大 勺 水。(他捧着马勺喝了一大勺水。)

tɕie³⁵p'aŋ⁴⁴tɕi⁵³/təu⁵¹ma⁵³ʑiəu²²xo⁵³ko⁵¹i⁵³da²²ʑiəu²²suei⁴⁴。

②其 靠着 / 倒 窗子 瞅 着 / 倒 外 口。(他靠着窗子看着外面。)

tɕie³⁵k'u⁵¹tɕi⁵³/təu⁵¹ts'ɔ̃³⁵lie²¹²ts'ei⁴⁴tɕi⁵³/təu⁵¹uei²²xau²¹²。

③其 气得 鼓起 眼 睛 瞅 着 / 倒, 话事 不出。

tɕie³⁵tɕ'i⁵¹lie⁵³ku⁴⁴xi⁴⁴iẽ⁵³tɕiẽ³⁵ts'ei⁴⁴tɕi⁵³/təu⁵¹, ɣua²²zai²²pu⁵³tɕ'y⁵³。(他气得鼓着眼睛说不出话来。)

④其 偷 着 / 倒 走 过 两 回。(他偷着走了两回。)

tɕie³⁵t'au³⁵tɕi⁵³/təu⁵¹tsau⁴⁴ko⁵¹niõŋ⁵³ɣuei²¹².

3. 在祈使句里,"动词1+倒〔təu⁵¹〕/着〔tɕi⁵³〕/□〔pei⁵³〕",表示要求对方保持某种状态

①坐着 / 倒 / □, 冇 要 倚着 / 倒 / □, 挡 着别个。

zo²²tɕi⁵³/təu⁵¹/pei⁵³, mau⁵³iəu⁵¹ʑi⁵³tɕi⁵³/təu⁵¹/pei⁵³, tɔ̃⁴⁴tɕi⁵³bi²²ko⁵¹。(坐着,不要站着,挡着别人。)

②入 着 / 倒 / □, 冇 要 乱 动。(睡着,不要乱动。)

nie⁵³tɕi⁵³/təu⁵¹/pei⁵³, mau⁵³iəu⁵¹nuãŋ²²dãŋ⁵³。

4.有时,"动1+着/倒"用了重叠形式,即构成"动1+倒/着+动1+倒/着",表示该动作行为之后有新的情况出现

①其 讲 着 / 倒 讲 着 / 倒, 就 哭 起 来 了。(他讲着讲着就哭了。)

tɕie³⁵tɕiɔ̃⁴⁴tɕi⁵³/təu⁵¹tɕiɔ̃⁴⁴tɕi⁵³/təu⁵¹, dei²²xu⁵³xi⁴⁴lie²¹²liau⁵³。

②其 靠 着 / 倒 靠 着 / 倒, 就 入 着 过 了。(他靠着靠着就睡着了。)

tɕie³⁵k'u⁵¹tɕi⁵³/təu⁵¹k'u⁵¹tɕi⁵³/təu⁵¹, dei²²nie²²tiəu⁵¹ko⁵¹liau⁵³。

③其思 着 / 倒 思着 / 倒, 就 坐 不 安 了。(他想着想着就坐不住了。)

tɕie³⁵sai³⁵tɕi⁵³/təu⁵¹sai³⁵tɕi⁵³/təu⁵¹, dei²²zo²²pu⁵³ɔ̃³⁵liau⁵³。

时态助词"过"可以放在否定词"冇"的后面,表示对否定的确认,如:

④走 着 / 倒 走着 / 倒, 前 面 就 冇 过 路 了。

tsau⁴⁴tɕi⁵³/təu⁵¹tsau⁴⁴tɕi⁵³/təu⁵¹, ʑiẽ²¹²miẽ²²dei²²mau⁵³ko⁵³liau²²liau⁵³。(走着走着,前面就没有路了。)

5. 存在句中，"动词 + 着 / 倒 [tɕi⁵³/təu⁵¹]" 表示动作产生的状态仍在继续。

①桌 儿 上 放 着 / 倒 一 本 书。（桌子上放着一本书。）

tso⁵³ lie²¹²ʑiɔ̃ŋ⁵³ɔ̃ŋ³⁵tɕi⁵³/təu⁵¹i⁵³pã̃ŋ⁴⁴ɕy³⁵。

②地 里 头 种 着 / 倒 苞 谷。（地里种着玉米。）

duei²² lei⁵³ dau²¹²tsõŋ⁵¹tɕi⁵³/təu⁵¹pau³⁵ku⁵³。

③墙 上 挂 着 / 倒 一 个 钟。（墙上挂着一个钟。）

ʑiɔ̃ŋ²¹² ʑiɔ̃ŋ⁵³kua⁵¹tɕi⁵³/təu⁵¹i⁵³ko⁵¹tsõŋ³⁵。

④河 边 徛 □ / 着 / 倒 一 堆 人。（河边站着一堆人。）

ɣo²¹²piẽ̃³⁵zei⁵³pei⁵³/tɕi⁵³/təu⁵¹i⁵³tuei³⁵ŋ²¹²。

前 3 例一般不用 "□ [pei⁵³]"，可见 "□ [pei⁵³]" 和 "着 / 倒" 的用法还是有所区别。根据考察，"□ [pei⁵³]" 通常用在 "坐、入（睡）、徛" 三个动词后面，其他动词后面 "着 / 倒" 都可以使用。

6. 有时，宅首土话也用 "起 [xi⁴⁴]" 表示状态的持续

①其 鼓 起 劲 去 挖 地。（他鼓着劲去挖地。）

tɕie³⁵ku⁴⁴xi⁴⁴tɕiẽ̃ŋ⁵¹xu⁵¹ye⁵³duei²²。

②其 弯 起 腰 在 地 里 头 锄 草。（他弯着腰在地里除草。）

tɕie³⁵uæ̃n³⁵xi⁴⁴iəu³⁵die²²duei²²lei⁵³dau²¹²ʑiau²¹²tsʻəu⁴⁴。

③其 撩 起 脚 吹 着 叫 叫ₒ哨。（他撩着脚吹着口哨。）

 tɕie³⁵liau²¹²xi⁴⁴tɕiau⁵³tɕʻy³⁵tɕi⁵³tɕiəu⁵¹tɕiəu⁵¹。

④其 □提起 鸟 崽 笼 来 到 公 园 去。（他提着鸟笼去公园。）

tɕie³⁵ pa³⁵xi⁴⁴tiəu⁴⁴tsai⁴⁴nã̃ŋ²¹²lie²¹²təu⁵¹kõŋ³⁵yuã̃ŋ²¹²xu⁵¹。

二、结构助词

宅首土话的结构助词 "个 [ko⁵¹]" "得" 相当于北京话中的 "的"。

1. "个 [ko⁵¹]" 放在动词后，相当于北京话中的 "的"

①头 一 回，是 哪个 请 个 客？（上次是谁请的客？）

dau²¹² i⁵³ ɣuei²¹²，ʐ̩⁵³ta⁵³ko⁵¹tɕʻiẽ̃⁴⁴ko⁵¹kʻʻa⁵³？

②其 在 几垲 食 个 饭？（他在哪儿吃的饭？）

tɕie⁴⁴die⁵³tɕi⁴⁴xai⁵³ie⁵³ko⁵³bai²²？

③其 在 我 屋 口 食 个 饭。（他是在我家里吃的饭。）

tɕie⁴⁴die⁵³na⁴⁴u⁵³xu⁵¹ie⁵³ko⁵³bai²²。

④唱　 个 甚 个_{什么}歌？（唱的什么歌？）

tɕ'iɔŋ⁵¹ko⁵¹ŋ⁴⁴ka⁵¹ ko³⁵?

⑤唱　 个 东安李 大 哥。（唱的东安李大哥。）

tɕ'iɔŋ³⁵ko⁵¹ lãŋ³⁵a⁴⁴li⁵³da²²ko³⁵。

2. "得 [lie53]"放在动词、代词后，构成"得"字短语，相当于名词

①从 前 做 个 也 冇 得 食 得。（从前做了也没得吃的。）

zõŋ²¹²ʑiẽŋ²¹²tso⁵¹ko⁵¹ie⁵³mau⁵³lie⁵³ie²²lie⁵³。

②桌 儿 上 的 书 是 哪 个 的？（桌子上的书是谁的？）

tso⁵³ lie²¹² ʑiɔŋ⁵³tai⁵³ɕy³⁵ zʅ⁵³ ta⁵³ko⁵¹tai⁵³?

8.2.6 语气词

北京话中的"的"一方面作结构助词，一方面作语气词，宅首土话中"个"也是既用来作结构助词，也用来作语气词。"个 [ko⁵¹]"用在句子末尾，一般用来加强肯定语气。

①是 我 请 个。（是我请的。）

zʅ²²na⁴⁴ tɕ'iẽŋ⁴⁴ko⁵¹。

②甚 本 书 是 其 哥哥 个。（那本书是他哥哥的。）

ŋ⁴⁴pãŋ⁴⁴ɕy³⁵zʅ⁵³tɕie⁴⁴ko³⁵ko³⁵ko⁵³。

③大 口 [ɕi⁵¹] 也 晓 得 是 其 偷 个。（大家也知道是他偷的。）

da²² ɕi⁵¹　 ie²² ɕiau⁴⁴lie⁵³ zʅ⁵³ tɕie⁴⁴t'au³⁵ko⁵¹。

"个"的这种用法逐渐被"的 [tai⁵³]、[lie⁵³]"代替，如：

①甚 本 书 是 老 王 的。（那本书是老王的。）

ŋ⁴⁴ pãŋ⁴⁴ɕy³⁵zʅ⁵³ləu⁵³ uɔŋ²¹²tai⁵³。

②其 那 晡 见 得 是 老 张 的，冇 是 老 王。（他那天见得是老张，不是老王。）

tɕie⁴⁴ ŋ⁵³pu⁵³tɕiẽŋ⁵¹a⁵³zʅ⁵³ləu⁵³tsãŋ³⁵lie⁵³, mau⁵³zʅ⁵³ləu⁵³uɔŋ²¹²。

这种现象是官话影响所致。

第三节 句法特点

8.3.1 语序

一、状语位置

北京话中的某些状语在宅首话里有的插到动词中间，有的移到宾语后面。

1. 否定副词"不"在动词后表示否定

晓 不 得	认 不 得
$\text{ɕiəu}^{44}\text{pu}^{53}\text{lie}^{53}$	$\text{niẽŋ}^{53}\text{pu}^{53}\text{lie}^{53}$
值 不 得	食 不 得
$\text{ʐ̩}^{22}\text{pu}^{53}\text{lie}^{53}$	$\text{ʑi}^{22}\text{pu}^{53}\text{lie}^{53}$
记 不 得	来 不 得
$\text{tɕi}^{51}\text{pu}^{53}\text{lie}^{53}$	$\text{lie}^{212}\text{pu}^{53}\text{lie}^{53}$

2. 方位词充当的状语在某些词语中有特殊的位置

打 南 闪	打 北 闪
$\text{ta}^{44}\text{nɔ̃}^{212}\text{ɕiẽŋ}^{53}$	$\text{ta}^{44}\text{pai}^{53}\text{ɕiẽŋ}^{53}$
打 东 闪	打 西 闪
$\text{ta}^{44}\text{tã}^{35}\text{ɕiẽŋ}^{53}$	$\text{ta}^{44}\text{ɕi}^{35}\text{ɕiẽŋ}^{53}$

宅首土话中在什么方位闪电，方位词插入"打闪"这个动词的中间去了。这是方位名词与"闪"现行构词，表达"闪电"出现在什么方位，它是古汉语常见的以方位名词修饰动词的结构。后来"打闪"这个词产生后，径直以方言中带方位名词的词组代入，因而有"打……闪"这类结构。

3. 状语挪到动词性短语的后面

走 好 点 崽，冇 要 逃。（好好地走，不要跑。）

tsau⁴⁴xu⁴⁴tiẽŋ⁴⁴tsai⁵³，mau⁵³iəu⁵¹diəu²¹²。

二、宾补位置

在动词后面出现补语或者宾语时，其否定格式常见的说法是"动＋宾＋补"，如：

1. 话 其 不 过（讲不过他）

ɣua²² tɕie⁴⁴ pu⁵³ ko⁵¹。

2. 讲 其 不 过（讲不过他）

tɕiõŋ⁴⁴ tɕie⁴⁴pu⁵³ko⁵¹。

3. 你 哄 我 不 倒（你骗不了我。）

ni⁴⁴xõŋ⁴⁴na⁴⁴pu⁵³təu⁵¹。

这种用法因受官话影响也出现了"动＋补＋宾"的格式，如"话过一遍（讲了一遍）"，"话不过其"和"话不过其"两种说法都有。

三、双宾语位置

跟北京话的"动词＋间接宾语＋直接宾语"格式相比，宅首土话的直接宾语紧跟动词，间接宾语在后面受另外一个动词支配，构成"动词＋直接宾语＋动词＋间接宾语"的格式，如：

①分 本 书 分 我。（给我一本书。）

pãŋ³⁵ pãŋ⁴⁴ ɕy³⁵ pãŋ³⁵ na⁴⁴。

②拿 本 书 给 我。（给我拿本书）

nia⁵³ pãŋ⁴⁴ ɕy³⁵ ko⁵³na⁴⁴。

③我 分 □这张 凳 拿 给 你。（我拿张凳子给你）

na⁴⁴pãŋ³⁵o⁴⁴tiõŋ³⁵tãŋ⁵¹nia⁵³ ko⁵³ni⁴⁴。

④拿 那 个 东 西 分 我。（拿那个东西给我。）

nia⁵³ŋ⁵³ko⁵¹ai³⁵ɕi³⁵pãŋ³⁵ na⁴⁴。

上面这些例子，严格说起来没有一个是典型的双宾语格式。在这个方言里，汉语双宾语结构表达的语义通常是由两个动词短语连缀起来表达的。前一个动词短语有虚化为介词短语的趋向。我们在调查的过程中也发现，发音人也会说"动词＋间接宾语＋直接宾语"的格式，如，"我分你这张凳拿出去。""我分你这张凳拿分你。""我分你两颗糖。"这应该是受官话影响所致。"分"在宅首土话中使用频率很高，既可以作介词又可以作动词。

8.3.2 被动句

宅首土话中表示被动时不用"被"字，而是用"分［pãŋ³⁵］"。例如："我被狗咬过一下"，在宅首土话中说"我分狗咬过一下"。

"分"与"被"的一个显著不同在于"分"的动词性比较强，如：

①分 本 书 分我。（给我本书。）

pãŋ³⁵pãŋ⁴⁴ɕy³⁵pãŋ³⁵na⁴⁴。

②拿 那 个 东西分 我。（拿那个东西给我。）

nia⁵³ ŋ⁵³ko⁵¹ai³⁵ɕi³⁵pãŋ³⁵na⁴⁴。

③我 分 □［o⁴⁴］这张凳 拿 给 你。（我拿张凳子给你）

na⁴⁴ pãŋ³⁵o⁴⁴ tiõŋ³⁵tãŋ⁵¹nia⁵³ko⁵³ni⁴⁴。

"分［pãŋ³⁵］"作为介词，大体相当于北京话的"给"字，它可以引进施事、与事，这里重点介绍引进施事，相当于北京话的"被"字句。

①其 偷过 蛮 多东西， 从 来 没 分人 抓 着。

tɕie⁴⁴t'au³⁵ko⁵¹mæ²¹²to³⁵ai³⁵ ɕi⁵³, zõŋ²¹²lie²¹²ma⁵³pãŋ³⁵ŋ²¹²tsua³⁵tɕi⁵³。（他偷了很多东西，从来没被抓到过。）

②小 王 分 其打过一下。（小王被他打了一下。）

ɕiəu⁴⁴uõŋ²¹²pãŋ³⁵tɕie⁴⁴ta⁴⁴ko⁵³i⁵³ya²²。

③男 崽 伙分阿婆话 过两句。（丈夫被老婆说了两句。）

nõŋ³⁵tsai⁵³xo⁴⁴pãŋ³⁵a³⁵bo²¹²ɣua²²ko⁵³niõŋ⁵³tɕy⁵¹.

④其 腰 分 人家打伤 过 了。（他腰被别人打伤了。）

tɕie⁴⁴iəu³⁵pãŋ³⁵ŋ²¹²ka⁵³ta⁴⁴ɕiõŋ³⁵ko⁵³liau⁵³。

北京话的"被"字句施事主语可以不出现，如："他被打了。"在对宅首土话的调查过程中没有发现表被动的"分"后面施事主语缺失的情况。

另外，北京话中表被动的"被"字经常和"给"配合使用，在宅首土话中也没有发现这种情况。

8.3.3 把字句

北京话使用"把"，宅首土话使用"拿[nia⁵³]""□[ka⁵³]""掐[kʻa⁵³]"。

1."拿"字句

"拿"本义为"持也"。跟"把"虚化为介词用法一致，"拿"使用的过程中虚化为介词，在宅首土话中用作引进动作、行为所凭借的工具、材料或方法等，相当于"用"，引进所处置的对象，相当于"把"。"拿"在宅首土话中读音发生了例外音变，读[nia⁵³]，如"拿出糖[nia⁵³tɕʻy⁵³dãŋ²¹²]"，相当于"用"，前面介词部分已写过，这部分主要介绍"拿"相当于"把"的用法，如：

①拿 □这 碗 饭 食 过。（把这碗饭吃了。）

nia⁵³ o³⁵ uõŋ⁴⁴bai²²ie⁵³ko⁵¹。

②贼 急 忙 拿 裤子 脱下来 掼 在 地底。

zai²²tɕi⁵³mãŋ²¹²nia⁵³kʻu⁵¹lie²¹²tʻo⁵³ɣa²²lie²¹²kuãŋ⁵¹lie⁵³duei²²ti⁵³。（贼赶紧把裤子脱下来扔到地上。）

③拿 那个 东西 □给我。（把那个东西拿给我。）

nia⁵³ŋ⁵³ko⁵¹ai³⁵ɕi⁵³pãŋ³⁵na⁴⁴。

④你 拿 茶 拿 到 外 头 去 喝。（你把茶拿到外面去喝。）

ni⁴⁴nia⁵³ʑia²¹²nia⁵³ təu⁵³ uei²² xau⁵³ xu⁵¹ xo⁵³。

⑤拿 桌 子 上 的 灰 揩过。（把桌子上的灰擦了。）

nia⁵³tso⁵³lie²¹²ʑiõŋ²²te⁵³xuei³⁵tɕʻie⁵³ko⁵¹。

⑥拿 那 张 纸 □ 过。（把那张纸扔了。）

nia⁵³ŋ⁵³tiõŋ³⁵tsʅ⁴⁴piãŋ⁵¹ko⁵¹。

⑦拿 灯 关 着。（把灯关上。）

nia⁵³tãŋ³⁵kuãŋ³⁵tɕi⁵³。

⑧拿 门 关 着。（把门关上。）

nia⁵³mãŋ²¹²kuãŋ³⁵tɕi⁵³。

2. "□［ka⁵³］"字句

"□ka⁵³"字句作"把"字句的标志的，如：

①冇　要□［ka⁵³］把茶　杯　□打烂　过。（不要把茶碗砸了。）

mau⁵³iəu⁵¹ka⁵³ʑia²¹²pei³⁵xẽ⁵³nɐ̃²²ko⁵¹。

②再　□［ka⁵³］把主　家　的　老　太　爷装　里去。（再把主家的老太爷装进去。）

tsai³⁵ka⁵³tɕy⁴⁴ka³⁵tai⁵³ləu⁵³tʻai⁵¹ie²¹²tsɔ̃³⁵luei²²xu⁵¹。

③老　爷见　其　又□［ka⁵³］把□［ni⁵³］和尚　偷过来　了。

ləu⁵³ie²¹²tɕiẽ⁵¹tɕie⁴⁴iəu³⁵ka⁵³ni⁵³ɣo²¹²ʑiɔ̃⁵³tʻau³⁵ko⁵¹lie²¹²liau⁵³。（老爷见他又把小和尚偷来了。）

④□［o³⁵］这个贼　悄　悄　入来□［ka⁵³］把裤子拿走　过了。

o³⁵ko⁵¹zai²²tɕʻiəu³⁵tɕʻiəu³⁵luei²²lie²¹²ka⁵³kʻu⁵¹lie⁵³nia⁵³tsau⁴⁴ko⁵¹liau⁵³。（这个贼悄悄地进来把裤子拿走了。）

3. "□［kʻa⁵³］"字句

"□［kʻa⁵³］"作"把"字句的标志的，这些都可以用"拿"（见"拿"字句把字句）如：

①□［kʻa⁵³］把桌儿　上的灰　揩　过。（把桌子上的灰擦了。）

kʻa⁵³　　　　　tso⁵³lie²¹²ʑiɔ̃²²te⁵³xuei³⁵tɕʻie⁵³ko⁵¹。

②□［kʻa⁵³］把那张纸　□过。（把那张纸扔了。）

kʻa⁴⁴　　　　　ŋ⁵³tiɔ̃³⁵tsʅ⁴⁴piã⁵¹ko⁵¹。

③□［kʻa⁵³］把灯　关　着。（把灯关上。）

kʻa⁵³　　　　　tã³⁵kuæ̃³⁵tɕi⁵³。

④□［kʻa⁵³］把门　关　着。（把门关上。）

kʻa⁵³　　　　　mã²¹²kuæ̃³⁵tɕi⁵³。

和"把"字句构成的条件相同，这些表处置的句子中，都不是只有"拿""□［ka⁵³］""□［kʻa⁵³］"这些简单的动词，而是一个动词短语，或者动词后面跟上动态助词。如果出现否定词，否定词要放在这些动词前面。

8.3.4 疑问句

1. 是非问句

是非问句就是一般疑问句。它们是在陈述句的基础上加上语气词，或者不用语气词、只用疑问语气。回答时，需要对整个命题作出肯定或者否定的回答。例如：

①拈 得 动 吗？（拿得动吗？）

nia^{53}te^{53}dãŋ^{53}ma^0 ？

我 拈 得 起，其 拈 不 起。（我拿得动，他拿不动。）

na^{44}nia^{53}te^{53}xi^{44}，tɕie^{44}nia^{53}pu^{53}xi^{44}。

②这 个 比 那 个 好？（这个比那个好？）

o^{35}ko^{51}pei^{44}ŋ^{53}ko^{51}xu^{44} ？

③其 还 没 讲 完 吗？（他还没有说完吗？）

tɕie^{44}ɣai^{212}ma^{53}tɕiõŋ^{44}uẽŋ^{212}ma^{53} ？

2. 特指疑问句

特指疑问句是就话语里某个特定的"内容"提问，希望对方就疑问点作出答复。例如：①底 个 啊？ 我 是 老 三 儿。（谁啊？我是老三）

ta^{53}ko^{51}a^{212} ？ na^{44}ẓ̩^{22}ləu^{53}sõŋ^{35}lie^{212}。

②其 今 年 好 大 年 纪？（他今年多大岁数？）

tɕie^{44}tɕiẽ^{35}niẽŋ^{212}xu^{44}da^{22}niẽŋ^{212}tɕi^{53} ？

③大 概 有 三 十 岁 吧。（大概有三十岁吧。）

da^{22}kai^{53}ɣau^{53}sõŋ^{35}ẓ̩^{22}suei^{51}pa^0。

④口 [o^{35}] 个 东 西 有 好 重 嘞？（这个东西有多重呢？）

o^{35}ko^{51}ai^{35}ɕi^{35}ɣau^{53}xu^{44}ɖiẽŋ^{53}lie ？

有 五 十 斤 重。（有五十斤重。）

ɣau^{33}ŋ^{33}ẓ̩^{22}tɕiẽ^{33}ɖiẽŋ^{33}。

⑤你 到 几 垲 去？（你到哪里去？）

ni^{53}təu^{51}tɕi^{44}xai^{44}xu^{35} ？

我 到 街 儿 去。（我到街上去。）

na^{44}təu^{51}ke^{35}lie^{212}xu^{35}。

⑥你 □ [noŋ⁵³] 家 高 姓 啊？（你贵姓啊？）

ni⁴⁴noŋ⁵³ka³⁵ku⁵¹ɕiẽŋ⁵¹a⁰？

我 □ [ɕiau⁵³] 姓 王。（我姓王。）

na⁴⁴ɕiau⁵³ɕiẽŋ⁵¹uõŋ²¹²。

⑦你 是 几 时 年 来 啊？（你是哪一年来的？）

ni⁴⁴z̩⁵³tɕi⁴⁴z̩²¹²niẽŋ²¹²lie²¹²a⁰？

我 是 前 年 到 北 京。（我是前年到的北京。）

na⁴⁴z̩⁵³ʑiẽŋ²¹²niẽŋ²¹²təu⁵¹pai⁵³tɕiẽŋ⁵³。

⑧其 在 几 垲 食 过 饭？（他在哪儿吃的饭？）

tɕie⁴⁴ȡie⁵³tɕi⁴⁴xai⁵³ie⁵³ko⁵³bai²²？

⑨到 底 在 几 垲 呢？（到底在哪儿呢？）

tau³⁵ti⁵³die⁵³tɕie⁵³xai⁵³ne⁰？

⑩几 □ [ɕie⁵³] 办 呢？（怎么办呢？）

tɕi⁵³ɕie⁵³bãŋ³⁵ne⁰？

⑪要 好 多 才 够 呢？（要多少才够呢？）

iəu⁵¹xu⁴⁴to³⁵die²¹²kau⁵¹ne⁰？

⑫你 还 有 好 久 就 走？（你多会儿去？）

ni⁵³ɣai²¹²iəu⁵¹xu⁴⁴tɕiei⁴⁴dei⁵³tsau⁴⁴？

⑬你 去 做 甚 个 事？（你去干什么去？）

ni⁵³ xu⁵¹tso⁵¹ŋ⁵³ka⁵³zai²²？

⑭老 张 在 做 甚 个 事 呢？（老张在干什么呢？）

lau⁵³tsãŋ³⁵ die²²tso⁵¹ ŋ²¹²ka⁵³zai²²lie⁰？

⑮今 晡 开 会 是 底 个 当 主 席？（今天开会谁当主席？）

tɕi³⁵ pu⁵³ xai³⁵ɣui²²z̩²² ta⁵³ko⁵¹tõŋ³⁵tɕy⁴⁴ʑi²²？

⑯□ [o³⁵] 句 事 使 灌 阳 事 几 □ 话？（这句话用灌阳话怎么说？）

o³⁵   tɕy⁵³zai²²sai⁴⁴kuõŋ⁵¹iõŋ²¹²zai²²tɕi⁵³ ɕie⁵³ɣua²²？

3. 正反疑问句

正反疑问句，问题里包含两个对立的预设答案，要求听者就此二者作出判断。例如：

①铛 里 头 还 有 饭 冇?（锅里还有饭没有？）

tɕ'iã³⁵luei⁵³dau²¹²ɣai²¹²ɣau⁵³bai²²mau⁵³？

②你 到 过 北 京 冇?/你 去 过 北 京 冇?（你到过北京没有？）

ni⁴⁴təu⁵¹ko⁵¹pai⁵³tɕiẽ³⁵mau⁵³？ /ni⁴⁴xu³⁵ko⁵¹pai⁵³tɕiẽ³⁵mau⁵³？

③其 食 过 饭 了，你 食 过 饭 冇?（他吃过饭了，你吃过饭了没有呢？）

tɕie⁴⁴ ie⁵³ko⁵¹bai²²liau⁵³，ni⁴⁴ie⁵³ko⁵¹bai²²mau⁵³？

这是宅首土话里正反问句的常式："反"面预设答案不再陈述事项，只用一个否定副词"冇"或者"冇得"。也有跟当地官话一样的形式。例如："还有饭冇 ɣai²¹²ɣau⁵³bai²²mau⁵³？"，也可以说成"还有不有饭?（还有饭没有？）ɣai²¹²ɣau⁵³pu ⁵³ɣau⁵³bai²²？"。其余用官话句式，如：

①其 讲 得 快 不 快?（他说得快不快？）

tɕie⁴⁴tɕiõŋ⁴⁴lie⁵³k'ye⁵³pu⁵³k'ye⁵³？

②其 讲 得 快 还 是 讲 不 快?（他说得快还是说得不快？）

tɕie⁴⁴tɕiõŋ⁴⁴lie⁵³k'ye⁵³ɣai²¹²zʅ²²tɕiõŋ⁴⁴pu⁵³k'ye⁵³？

③你 人 来 不 来 得?（你们来得了来不了？）

ni³⁵niẽŋ²¹²lie²¹²pu⁵³lie²¹²lie⁵³？

④□[o³⁵]□[ka⁵³]果 子 食 不 食 得?（这些果子吃得吃不得？）

o³⁵ka⁵³ko⁴⁴lie²¹²ie²²pu⁵³ie²²lie⁵³？

是 熟 啊，食 得。（这是熟的，吃得。）

zʅ⁵³ zei²² a⁰，ie²²lie⁵³.

⑤我 该 不 该 来?（我该不该来？）

na⁴⁴kai³⁵pu⁵³kai³⁵lie²¹²？

⑥其 愿 不 愿 意 讲/话?（他愿不愿意讲话？）

tɕie⁴⁴uẽŋ²²pu⁵³uẽŋ²²i⁵¹tɕiõŋ⁴⁴/ɣua²²？

⑦你 晓 不 晓 得?（你知道不知道？）

ni⁴⁴ɕiəu⁴⁴pu⁵³ɕiəu⁴⁴lie⁵³？

⑧你 认 不 认 得?（你认不认得？）

ni⁴⁴niẽŋ²²pu⁵³niẽŋ²²lie⁵³？

⑨你 还 记 不 记 得？（你还记不记得？）

ni⁴⁴ɣai²¹²tɕi⁵¹pu⁵³tɕi⁵¹lie⁵³？

⑩你 话 得 蛮 好，你 还 有 哪 个 要 话 得？

ni⁵³ɣua²²lie⁵³mæ²¹²xu⁴⁴，ni⁵³ɣai²¹² xau⁵³ŋ⁵³ko⁵³iəu⁵¹ɣua²²lie？（你说得很好，你还会说点什么呢？）

4. 选择疑问句

选择疑问句是提出两个选项给受话人选择。它跟正反疑问句的差别主要有两点：一是选择问句的回答主要取决受话人的主观意愿，而正反疑问句的回答，通常需要依据客观标准来判定是非优劣。二是正反问句主要是观念上的取向，而选择问句则带有较强的"行为"取向。

①食 过 饭 再 去 好 不 好？（吃了饭再去好不好？）

ie²²ko⁵¹bai²²tsai⁵¹xu⁵¹xu⁴⁴pu⁵³xu⁴⁴？

②坐 着 / □〔pei⁵³〕食 好，还 是 徛 着 / □ 食 好？（坐着吃好，还是站着吃好？）

zo⁵³tɕi⁵³/pei⁵³ie²²xu⁴⁴，ɣai²¹²z̩⁵³zi⁵³tɕi⁵³/pei⁵³ie²²xu⁴⁴？

③你 是 喝 烟 呢，还 是 喝 茶？（你是抽烟呢，还是喝茶？）

ni⁴⁴z̩²²xo⁵³iẽŋ³⁵ne，ɣai²¹²z̩²²xo⁵³zia²¹²？

④你 去 还 是 冇 去？（你去还是不去？）

ni⁴⁴xu³⁵ɣai²¹²z̩²²mau⁵³xu³⁵？

⑤你 来 不 来？（你能来不能？）

ni⁴⁴lie²¹²pu⁵³lie²¹²？

⑥其 敢 不 敢 去？（他敢不敢去？）

tɕie⁴⁴kãŋ⁴⁴pu⁵³kãŋ⁴⁴xu³⁵？

⑦□〔o³⁵〕个 大，那 个 □，□〔o³⁵〕两 个 几 □〔z̩²²〕一 个 好 点 呢？

o³⁵ ko⁵¹da²²，ŋ⁵³ko⁵¹ni⁵³，o³⁵ niõŋ⁵³ko⁵¹tɕi⁵³z̩²² i⁵³ko⁵¹xu⁴⁴tiã⁴⁴ne⁰？（这个大，那个小，这两个哪个好点呢？）

5. 反问句

宅首土话的反问句一般不需要疑问副词、语气词来表达，而是直接在陈述句后面用一个比较强的语气来表达。如：

①其 讲 个 就 走，几 起 那 半 日 还 在 屋□？

tɕie⁴⁴tɕiõŋ⁴⁴ko⁵¹dei⁵³tsau⁴⁴, tɕi⁵³ɕi⁵³o³⁵pɔ̃ŋ⁵¹luei²²ɣai²¹²die²²u⁵³xu⁵¹？（他说马上走，怎么这么半天了还在家里呢？）

②其 晓 不 得？（他知道）

tɕie⁴⁴ɕiəu⁴⁴pu⁵³lie⁵³？

③我 认 不 得？（我认得。）

na⁴⁴niẽŋ²²pu⁵³lie⁵³？

这样加副词的反问句很少，通常是例②、例③这样的句式。在土话社区，如果在这类例疑问句里用语气副词"难道""怎么"或者句末语气词"吗""呢"，会让人觉得那是在"拿腔拿调"。

第四节　语法例句

语法例句一

1.底 个 啊？我 是 老 三 儿。（谁啊？我是老三）

ta⁵³ko⁵¹a²¹²？ na⁴⁴zɿ²²ləu⁵³sõŋ³⁵lie²¹²。

2.老 四 儿 呢？其 正 在 和 一 个 朋 友 话 倒/着 事 嘞。

ləu⁵³suei⁵¹lie²¹²ne⁵³？ tɕie⁴⁴tɕiẽŋ⁵¹die²²ɣo²¹²i⁵³ko⁵¹bõŋ²¹²iəu⁵³ɣua²²təu⁴⁴/tɕi⁵³zai²²lie⁵³。（老四呢？他正在跟一个朋友说着话呢。）

3.其 还 没 讲 完 吗？（他还没有说完吗？）

tɕie⁴⁴ ɣai²¹²ma⁵³tɕiõŋ⁴⁴uẽŋ²¹²ma⁵³？

4.还 冇 咧，人 概 再 等 一 下 就 讲 完 个 了。

ɣai²¹²mau⁵³lie⁵³, da²²kai⁵³tsai⁵¹daŋ⁴⁴i⁵³ɣa²²dei⁵³tɕiõŋ⁴⁴uẽŋ²¹²ko⁵¹liau⁵³。（还没有，大概再有一会说完了。）

5.其 讲 个 就 走，几 □[ɕie⁵³]□[o³⁵]半 日 还 在 屋□ 呢？

tɕie⁴⁴tɕiõŋ⁴⁴ko⁵¹dei⁵³tsau⁴⁴, tɕi⁵³ɕie⁵³ o³⁵ pɔ̃ŋ⁵¹luei²²ɣai²¹²die²²u⁵³xu⁵¹ne⁰？（他

说马上走，怎么这么半天了还在家里呢？）

6. 你 到 几 垲 去？ 我 到 街 儿 去。（你到哪里去？我到街上去。）

ni⁵³təu⁵¹tɕi⁴⁴xai⁴⁴xu³⁵ ？ na⁴⁴təu⁵¹ke³⁵lie²¹²xu³⁵。

7. 在 那 垲，冇 在 □[o³⁵]垲。（在那里，没在这里。）

die⁵³ŋ⁵³xai⁴⁴，mau⁵³die⁵³o³⁵　xai⁴⁴。

8. 冇 是 那 □[ɕie⁵³]做，而 要 □[o³⁵]□[ɕie⁵³]做。（不要那么做，而要这么做。）

mau⁵³zɿ²²ŋ⁵³ ɕie⁵³　tso⁵¹，e²² iəu⁵¹o³⁵　ɕie⁵³　tso⁵¹。

9. 太 多 了，冇 要 □[o³⁵]□[ɕie⁵³]多，有 □[o³⁵]□[ɕie⁵³]多 就 够 了。

tʻie⁵¹to³⁵liau⁵³，mau⁵³iəu⁵¹o³⁵　ɕie⁵³ to³⁵，xau⁵³ o³⁵　ɕie⁵³　to³⁵dei³³ kau⁵¹liau⁵³。（太多了，不要这么多，有这么多就够了。）

10. □[o³⁵]个 大，那个 □[ni⁵³]，□[o³⁵] 两 个 几 □[zɿ²²]一 个 好 点 呢？

o³⁵　ko⁵¹da²²，ŋ⁵³ko⁵¹ni⁵³，　o³⁵　niõŋ⁵³ko⁵¹tɕi⁵³zɿ²²　i⁵³ko⁵¹xu⁴⁴tiã⁴⁴ne⁰ ？（这个大，那个小，这两个哪个好点呢？）

11. □[o³⁵]个 比 那个 好。（这个比那个好。）

o³⁵　ko⁵¹pei⁴⁴ ŋ⁵³ko⁵¹xu⁴⁴。

12. □[o³⁵] □kʻa⁵¹屋 比 不 上 那 □屋。（这些房子不如那些房子好。）

o³⁵　kʻa⁵¹ u⁵³ pei⁴⁴pu⁵³ʑiõŋ⁵³ŋ⁵³kʻa⁵¹u⁵³。

13. □[o³⁵]句 事 使 灌 阳 事 几 □[ɕie⁵³]话？ （这句话用灌阳话怎么说？）

o³⁵　tɕy⁵³zai²²sai⁴⁴kuõŋ⁵¹iõŋ²¹²zai²²tɕi⁵³ ɕie⁵³ ɣua²² ？

14. 其 今 年 好 大 年 纪？ （他今年多大岁数？）

tɕie⁴⁴tɕiẽŋ³⁵niẽ²¹²xu⁴⁴da²²niẽ²¹²tɕi⁵³ ？

15. 大 概 有 三 十 岁 吧。（大概有三十岁吧。）

da²²kai⁵³ɣau⁵³sõŋ³⁵zɿ²²suei⁵¹pa⁰。

16. □[o³⁵]个 东 西 有 好 重 嘞？ （这个东西有多重呢？）

o³⁵　ko⁵¹ai³⁵ɕi³⁵ɣau⁵³xu⁴⁴diẽ⁵³lie⁰ ？

17. 有 五 十 斤 重。（有五十斤重。）

ɣau⁵³ŋ⁵³zʅ²²tɕiẽ³⁵diẽŋ⁵³。

18. 拿 得 动 吗？（拿得动吗？）

nia⁵³te⁵³dãŋ⁵³ma⁰？

19. 我 拿 得 起，其 拈 不 起。（我拿得动，他拿不动。）

na⁴⁴nia⁵³te⁵³xi⁴⁴，tɕie⁴⁴nia⁵³pu⁵³xi⁴⁴。

20. 真 是 冇 轻， 重 得 连 我 也 拈 不 动 了。（真是不轻，重得连我也拿不动了。）

tsẽŋ³⁵zʅ²²mau⁵³tɕ'iẽŋ³⁵，diẽŋ⁵³lie⁵³niẽŋ²¹²na⁴⁴ie⁵³nia⁵³pu⁵³dãŋ⁵³liau⁵³。

21. 你 话 得 蛮 好，你 还 有 哪 个 要 话 嘞？

ni⁵³ɣua²²lie⁵³mæ̃²¹²xu⁴⁴，ni⁵³ɣai²¹²xau⁵³ŋ⁵³ko⁵³iəu⁵¹ɣua²²lie⁰？（ 你说得很好，你还会说点什么呢？）

22. 我 冇 会 话，话 / 讲 不 过 其。 （我嘴笨，我说不过他。）

na⁴⁴mau⁵³ɣuei⁵³ɣua²²，ɣua²²/tɕiɔ̃ŋ⁴⁴pu⁵³ko⁵¹tɕie⁴⁴。

话 / 讲 其 不 过。（我说不过他。）

ɣua²²/tɕiɔ̃ŋ⁴⁴tɕie⁴⁴pu⁵³ko⁵¹。

23. 话 过 一 遍，又 话 一 遍。（说了一遍，又说一遍。）

ɣua²²ko⁵¹i⁵³piẽŋ，iəu⁵³ɣua²²i⁵³piẽŋ⁵¹。

24. 请 你 再 话 一 遍。（请你再说一遍。）

tɕ'iẽŋ⁴⁴ni⁵³tsai⁵¹ɣua²²i⁵³piẽŋ⁵¹。

25. 冇 走 了，快 去 吧！（不早了，快去吧！）

mau⁵³tsei⁴⁴liau⁵³，k'ye⁵¹xu³⁵pa⁰！

26. 现 在 还 很 早 嘞，等 一 下 再 去 吧。（现在还很早呢，等一会再去吧。）

ɕiẽŋ⁵¹tsai³⁵ɣai²¹²xẽŋ⁴⁴tsəu⁴⁴lie⁵³，tãŋ⁴⁴i⁵³ɣa²²tsai⁵¹xu³⁵pa⁰。

27. 食 过 饭 再 去，好 吧？（吃过饭再去，好吧？）

ie²²ko⁵¹bai²²tsai⁵¹xu³⁵，xu⁴⁴pa⁰？

28. 慢 慢 地 食，冇 要 急。（慢慢地吃，不要急。）

mãŋ²²mãŋ²²tia⁴⁴ie²²，mau⁵³iəu⁵¹tɕi⁵³。

29. 坐 □［pei⁵³］食 比 倚 □［pei⁵³］食 好。（坐着吃比站着吃好。）

zo⁵³pei⁵³ie²²pei⁴⁴ʑɿ⁵³pei⁵³ie²²xu⁴⁴。

30. 其 食 过 饭 了, 你 食 过 有? （他吃过饭了, 你吃过没有呢? ）

tɕie⁴⁴ie²²ko⁵¹bai²²liau⁵³, ni⁴⁴ie²²ko⁵¹mau⁵³?

31. 其 去 过 上 海, 我 有 去 过。（他去过上海, 我没有去过。）

tɕie⁴⁴xu³⁵ko⁵¹ʑiɔ̃⁵³xai⁴⁴, na⁴⁴mau⁵³xu³⁵ko⁵¹。

32. 来 闻 一 闻 □［o³⁵］朵 化 香 冇 香。（米闻闻这朵化香不香。）

lie²¹²uẽŋ²¹²i⁵³uẽŋ²¹²o³⁵to⁴⁴xua³⁵ɕiɔ̃³⁵mau⁵³ɕiɔ̃³⁵。

33. 分 本 书 分 我。（给我一本书。）

pã̃³⁵pã̃⁴⁴ɕy³⁵pã̃³⁵na⁴⁴。

34. 我 实 在 冇 得 书 啊。（我实在没有书。）

na⁴⁴zɿ²²tsai⁵¹mau⁵³lie⁵³ɕy³⁵a⁴⁴。

35. 你 告 诉 其。（你告诉他。）

ni⁴⁴ku⁵¹su⁵³tɕie⁴⁴。

36. 走 好 点 崽, 冇 要 逃。（好好地走, 不要跑。）

tsau⁴⁴xu⁴⁴tiẽŋ⁴⁴tsai⁵³, mau⁵³iəu⁵¹diəu²¹²。

37. 小 心 点, 冇 要 跌 下 去, 爬 也 爬 不 上 来。

ɕiəu⁴⁴ɕiẽŋ³⁵tiẽŋ⁴⁴, mau⁵³iəu⁵¹ti⁵³ɣa²²xu⁵¹, ba²¹²ie⁵³ba²¹²pu⁵³ ʑiɔ̃⁵³ lie²¹²。（ 小心跌下去爬也爬不上来。）

38. 医 生□［au⁵¹］你 多 入 一 下。（医生让你多睡一会。）

i³⁵sẽŋ³⁵au⁵¹ni⁴⁴to³⁵ni⁵³i⁵³ɣa²²。

39. 喝 烟 还 是 喝 茶 都 冇 行。（吸烟或者喝茶都不行。）

xo⁵³iẽŋ³⁵ɣai²¹²zɿ⁵³xo⁵³ʑia²¹²təu³⁵mau⁵³ʑiẽŋ²¹²。

40. 烟 也 好, 茶 也 好, 我 □［tso⁵¹］□［a³⁵］都 冇 喜 欢。

iẽŋ³⁵ie⁵³xau⁴⁴, ʑia²¹²ie⁵³xau⁴⁴, na⁴⁴ tso⁵¹ a³⁵ təu³⁵mau⁵³ɕi⁴⁴xuã̃³⁵。（烟也好, 茶也好, 我都不喜欢。）

41. 冇 管 你 去 不 去, 横 直 我 要 去。（不管你去不去, 反正我是要去的。）

mau⁵³kã̃⁴⁴ni⁴⁴xu⁵¹pu⁵³xu⁵¹, ɣuã̃²¹²ʑi⁵³na⁴⁴iəu⁵¹xu³⁵。

42. 我 一 定 要 去。（我非去不可。）

na⁴⁴ i⁵³ dieŋ⁵³ iəu⁵¹ xu³⁵。

43. 你 是 几 时 年 来 啊？（你是哪一年来的？）

ni⁴⁴ zʅ⁵³ tɕi⁴⁴ zʅ²¹² nieŋ²¹² lie²¹² a⁰？

44. 我 是 前 年 到 北 京。（我是前年到的北京。）

na⁴⁴ zʅ⁵³ ʑieŋ²¹² nieŋ²¹² təu⁵¹ pai⁵³ tɕieŋ⁵³。

45. 今 晡 开 会 是 哪个 当 主 席？（今天开会谁当主席？）

tɕi³⁵ pu⁵³ xai³⁵ ɣui²² zʅ²² ta⁵³ ko⁵¹ tɔŋ³⁵ tɕy⁴⁴ ʑi²²？

46. 你 要 请 我 的 客。（你得请我客。）

ni⁴⁴ iəu⁵¹ tɕ'ieŋ⁴⁴ na⁴⁴ te⁵³ ka⁵³。

47. 一 边 走，一 边 话。（一边走，一边说。）

i⁵³ pieŋ³⁵ tsau⁴⁴，i⁵³ pieŋ³⁵ ɣua²²。

48. 越 走 越 远，越 话 越 多。（越走越远，越说越多。）

y²² tsau⁴⁴ y²² ueŋ⁵³，y²² ɣua²² y²² to³⁵。

49. 拈 那个 东 西 分 我。（把那个东西拿给我。）

nia⁵³ ŋ⁵³ ko⁵¹ ai³⁵ ɕi³⁵ pãŋ³⁵ na⁴⁴。

50. 有 的 地 方 □［ka⁵³］太 阳 □［au⁵¹］做 日 头。（有的地方把太阳叫作日头。）

ɣau⁵³ ti⁵³ duei²² ɕiõ⁵³ ka⁵³ t'ie⁵¹ iɔ̃ŋ²¹² au⁵¹ tso⁵¹ ni²² dau²¹²。

51. 你 □［nõŋ⁵³］家 高 姓 啊？我 □［ɕiau⁵³］姓 王。（你贵姓啊？我姓王。）

ni⁴⁴ nõŋ⁵³ ka³⁵ ku⁵¹ ɕieŋ⁵¹ a⁰？na⁴⁴ ɕiau⁵³ ɕieŋ⁵¹ uɔ̃ŋ²¹²。

52. 你 姓 王，我 也 姓 王，□ 两 个 □［tso⁵¹］□［a²²］姓 王。

ni⁴⁴ ɕieŋ⁵¹ uɔ̃ŋ²¹²，na⁴⁴ ie⁵³ ɕieŋ⁵¹ uɔ̃ŋ²¹²，nai³⁵ niõŋ⁵³ ko⁵¹ tso⁵¹ a²² ɕieŋ⁵¹ uɔ̃ŋ²¹²。（你姓王，我也姓王，我们都姓王。）

53. 你 先 去 吧，□［nai³⁵］人 等 下 再 去。（你先去吧，我们等一会儿再去。）

ni⁴⁴ ɕieŋ³⁵ xu⁵¹ pa，nai³⁵ nieŋ²¹² tãŋ⁴⁴ ɣa²² tsai⁵¹ xu³⁵。

语法例句二

甲

1. 我 该 不 该 来？（我应该来不应该？）

na⁴⁴kai³⁵pu⁵³kai³⁵lie²¹² ?

2. 其 愿 不 愿意 讲 / 话？（他愿意说不愿意？）

tɕie⁴⁴uẽŋ²²pu⁵³uẽŋ²²i⁵¹tɕiɔ̃ŋ⁴⁴/ɣua²² ?

3. 你 去 还 是 冇 去？（你打算去不打算？）

ni⁴⁴xu³⁵ɣai²¹²zɿ²²mau⁵³xu³⁵ ?

4. 你 来 不 来？（你能来不能？）

ni⁴⁴lie²¹²pu⁵³lie²¹² ?

5. 其 敢 不 敢 去？（他敢不敢去？）

tɕie⁴⁴kã̃ŋ⁴⁴pu⁵³kã̃ŋ⁴⁴xu³⁵ ?

6. 还 有 饭 冇？/还 有 不 有 饭？（还有饭没有？）

ɣai²¹²ɣau⁵³bai²²mau⁵³ ? /ɣai²¹²ɣau⁵³pu⁵³ɣau⁵³bai²² ?

7. 你 到 过 北 京 冇？/你 去 过 北 京 冇？（你到过北京没有？）

ni⁴⁴təu⁵¹ko⁵¹pai⁵³tɕiẽŋ³⁵mau⁵³ ? /ni⁴⁴xu³⁵ko⁵¹pai⁵³tɕiẽŋ³⁵mau⁵³ ?

8. 你 晓 不 晓 得？（你知道不知道？）

ni⁴⁴ɕiəu⁴⁴pu⁵³ɕiəu⁴⁴lie⁵³ ?

9. 他 晓 不 得。（他不知道。）

ni⁴⁴ɕiəu⁴⁴pu⁵³lie⁵³ ?

10. 你 认 不 认 得？（你认得不认得？）

ni⁴⁴niẽŋ²²pu⁵³niẽŋ²²lie⁵³ ?

11. 我 认 不 得。（我不认得。）

na⁴⁴niẽŋ²²pu⁵³lie⁵³.

12. 你 还 记 不 记 得？（你还记得不记得？）

ni⁴⁴ɣai²¹²tɕi⁵¹pu⁵³tɕi⁵¹lie⁵³ ?

乙

1. 这 个 比 那 个 好。（这个比那个好。）

o³⁵ko⁵¹pei⁴⁴ŋ⁵³ko⁵¹xu⁴⁴。

2. 今 晡 比 昨 晡 好 多 了。（今天比昨天好多了。）

tɕi³⁵pu⁵³pei⁴⁴zõŋ²¹²pu⁵³xu⁴⁴to³⁵liau⁵³。

3. □ □ 比 今 晡 还 要 好。（明天比今天还要好。）

sa⁵³ka⁵³pei⁴⁴tɕi³⁵pu⁵³ɣai²¹²iəu⁵¹xu⁴⁴。

4. 这 个 冇 得 那 个 好。（这个没有那个好。）

o³⁵ko⁵¹mau⁵³lie⁵³ŋ⁵³ko⁵¹xu⁴⁴。

5. 这 个 有 那 个 大 冇 得？（这个有那个大没有？）

o³⁵ko⁵¹ɣau⁵³ŋ⁵³ko⁵¹da²²mau⁵³lie⁵³。

6. 这 个 和 那 个 一 样 大。（这个跟那个一般大。）

o³⁵ko⁵¹ɣo²¹²ŋ⁵³ko⁵¹i⁵³iɔ̃ŋ⁵¹da²²。

7. 这 个 和 那 个 不 一 样。（这个跟那个不一样。）

o³⁵ko⁵¹ɣo²¹²ŋ⁵³ko⁵¹pu⁵³ i⁵³ iɔ̃ŋ⁵¹。

8. 这 个 人 比 那 个 人 高，可 是 冇 得 那 个 人 重。

o³⁵ko⁵¹ŋ²¹²pei⁴⁴ŋ⁵³ ko⁵¹ŋ²¹²ku³⁵，kʻo⁴⁴zʅ⁵³mau⁵³lie⁵³ŋ⁵³ko⁵¹ŋ²¹²diẽŋ⁵³。（这个人比那个人高，但是没那个人重。）

9. 这□ 叶 崽 和 猴 子 样 儿，到 处 乱 爬。

o³⁵kʻa⁵³ie²²tsai⁴⁴ɣo²¹²ɣəu²¹²tsʅ⁴⁴iɔ̃ŋ⁵¹lie²¹²，təu⁵¹tɕʻy⁵³nɔ̃ŋ²²ba²¹²。（这群孩子像猴子似的，到处乱爬。）

丙

1. 老 张 在 做 甚 个 事 嘞？（老张在干什么呢？）

lau⁵³tsãŋ³⁵die²²tso⁵¹ŋ²¹²ka⁵³zai²²lie⁰？

2. 其 在 食 着 饭。/食 倒 饭 底。（他着吃着饭呢。）

tɕie⁴⁴die²²ie²²tɕi⁵³bai²²。/ie²²təu⁴⁴bai²²ti⁵³。

3. 你 还 有 好 久 就 走？（你多会儿去？）

ni⁵³ɣai²¹²iəu⁵¹xu⁴⁴tɕiei⁴⁴dei⁵³tsau⁴⁴？

4. 我 一下 子 就 走。（我马上就去。）

na⁴⁴i⁵³ɣa²²tsai⁴⁴dei⁵³tsau⁴⁴。

5. 你 去 做 甚个 事？（你去干什么去？）

ni⁵³xu⁵¹tso⁵¹ŋ⁵³ka⁵³zai²² ？

6. 我 去 买 菜。（我去买菜去。）

na⁴⁴xu⁵¹mie⁵³tɕ'ie⁵¹。

7. 冇 在 那垱，也 冇 在 口［o³⁵］垱。（不在那儿，也不在这儿。）

mau⁵³die⁵³ŋ⁵³xai⁵³，ie⁵³mau⁵³die⁵³o³⁵xai⁵³。

8. 到底 在 几 垱 呢？（到底在哪儿呢？）

tau³⁵ti⁵³die⁵³tɕie⁵³xai⁵³ne⁰ ？

9. 几 口 ɕie⁵³ 办 呢？（怎么办呢？）

tɕi⁵³　　ɕie⁵³bãŋ³⁵ne⁰ ？

10. 要 好多 才 够 呢？（要多少才够呢？）

iəu⁵¹xu⁴⁴to³⁵die²¹²kau⁵¹ne⁰ ？

11. 冇 管 你 几 口 忙，也 要 好 生 读 书。（不管怎么忙，也要好好学习。）

mau⁵³kɔŋ⁴⁴ni⁵³tɕi⁵³ɕie⁵³mæn²¹²，ie⁵³iəu⁵¹xu⁴⁴ɕiẽŋ³⁵diau²²ɕy³⁵。

12. 饭 煮 好 过 了，快 来 食。（饭好了，快来吃吧。）

bai²²tsei⁴⁴xu⁴⁴ko⁵¹liau⁵³，k'ye⁵¹lie²¹²ie²²。

13. 铛 里头 还 有 饭 冇？（锅里还有饭没有？）

tɕ'iã³⁵luei⁵³dau²¹²ɣai²¹²ɣau⁵³bai²²mau⁵³ ？

14. 你 去 瞅 一下。（你去看一看。）

ni⁴⁴xu⁵¹ts'ei⁵³i⁵³ɣa²²。

15. 我 去 瞅 过 了，冇 了 过 了。（我去看了，没有了。）

na⁴⁴xu⁵¹ts'ei⁴⁴ko⁵¹liau⁵³，mau⁵³lie⁵³ko⁵¹liau⁵³。

16. 冇 要 紧。（没关系。）

mau⁵³iəu⁵¹tɕiẽŋ⁴⁴。

17. 你 是 喝 烟 呢，还 是 喝 茶？（你是抽烟还是喝茶？）

ni⁴⁴zɿ²²xo⁵³iẽŋ³⁵ne⁰，ɣai²¹²zɿ²²xo⁵³ʑia²¹² ？

18. 食 过 饭 再 去 好 不 好？（吃了饭再去好不好？）

ie²²ko⁵¹bai²²tsai⁵¹xu⁵¹xu⁴⁴pu⁵³xu⁴⁴？

19. 食 过 饭 再 去 就 晏 过 了。（吃了饭再去就来不及了。）

ie²²ko⁵¹bai²²tsai⁵¹xu⁵¹dei⁵³æn⁵¹ko⁵¹liau⁵³。

20. 你 喜 欢 去 就 去，冇 喜 欢 就 莫 去。（你喜欢去就去，不喜欢就不去。）

ni⁴⁴çi⁵³xuãŋ³⁵xu⁵¹dei⁵³xu⁵¹，mau⁵³çi⁵³xuãŋ³⁵dei⁵³mie²²xu⁵¹。

21. □[o³⁵]东西好是好，就是 太 贵 了。（这东西好是好，可是太贵。）

o³⁵   ai³⁵çi³⁵xu⁴⁴z̩⁵³xu⁴⁴，dei²²z̩⁵³t'ai⁵¹kuei⁵¹liau⁵³。

22. □[o³⁵]东西贵 是 贵，不 过 蛮 结 实。（这东西贵是贵，可是结实。）

o³⁵   ai³⁵çi³⁵kuei⁵¹z̩⁵³kuei⁵¹，pu⁵³ko⁵³mæ²¹²tçi⁵³zi²²。

23. 其 在 几 垲 食过饭？（他在哪儿吃的饭？）

tçie⁴⁴die⁵³tçi⁴⁴xai⁵³ie⁵³ko⁵³bai²²？

24. 其 在 我 屋□食过饭。（他是在我家吃的饭。）

tçie⁴⁴die⁵³na⁴⁴u⁵³xu⁵¹ie⁵³ko⁵³bai²²。

25. 是 真 的 吗？（真的吗？）

z̩⁵³ tçiẽŋ³⁵ ai⁵³ma⁰？

26. 真 的，其 是 在 我 屋□食过饭。（真的，他是在我家吃的饭。）

tçiẽŋ³⁵ai⁵³，tçie⁴⁴z̩⁵³die²²na⁴⁴u⁵³xu⁵¹ie²²ko⁵³bai²²。

27. 昨 晡告诉我六点起床，我五点 半 就□来 过 了。

zõŋ²¹²pu⁵³ku⁵¹su⁵³na⁴⁴lei²²tiẽŋ⁴⁴xi⁵³zõŋ²¹²，na⁴⁴ŋ⁵³tiẽŋ⁴⁴põŋ⁵¹dei⁵³dei⁵¹lie²¹²ko⁵¹liau⁵³。（昨天通知六点起床，我五点半就起来了。）

28. 你 几□[çie⁵³]七 点 才 □来？（你怎么七点才起来？）

ni⁴⁴ tçi⁵³ çie⁵³ ts'uei⁵³tiẽŋ⁴⁴dei²¹²dei⁵³lie²¹²？

29. 三 四个人 盖一床被 窝。（三四个人盖一床被子。）

sõŋ³⁵suei⁵¹ko⁵¹ŋ²¹²kai⁵¹i⁵³zõŋ²¹²bei³⁵xo³⁵。

30. 一床 被 窝盖 三四 个 人。（一床被盖三四个人。）

i⁵³zõŋ²¹²bei³⁵xo³⁵kai⁵¹sõŋ³⁵suei⁵¹ko⁵¹ŋ²¹²。

31. 两 个 人 坐 一 条　 凳。

niõ⁵³ko⁵¹ŋ²¹²zo⁵³i⁵³diəu²¹²tãŋ⁵¹。

32. 一　条　凳 两 个 人 坐。/一 条　凳 坐 两 个 人。(一张凳子坐两个人。)

i⁵³ diəu²¹² tãŋ⁵¹ niõ⁵³ko⁵¹ŋ²¹²zo⁵³./i⁵³ diəu²¹²tãŋ⁵¹zo⁵³niõ⁵³ko⁵¹ŋ²¹²。

33. 十 个 人 食 一 铛 饭。(十个人吃一锅饭。)

zı²²ko⁵¹ŋ²¹²ie²²i⁵³tɕ'iã³⁵bai²²。

34. 一 铛 饭　十 个 人 食(一锅饭十个人吃。)

i⁵³tɕ'iã³⁵bai²²zı²²ko⁵¹ŋ²¹²ie²²。

35. 十 个 人 食 不 完　 一 铛 饭。(十个人吃不了一锅饭。)

zı²²ko⁵¹ŋ²¹²ie²²pu⁵³uãŋ²¹²i⁵³tɕ'iã³⁵bai²²。

36. 一 铛　饭 十 个 人 食 不 完(这一锅饭吃不了十个人。)

i⁵³tɕ'iã³⁵bai²²zı²²ko⁵¹ŋ²¹²ie²²pu⁵³uãŋ²¹²。

37. □[ni⁵³]屋 堆 东 西, 大 屋 住 人。(小屋子堆东西,大屋子住人。)

ni⁵³u⁵³tuei³⁵ai³⁵ɕi³⁵, da²²u⁵³dei⁵³ŋ²¹²。

38. 东 边 那 间 屋, 冇 住 过 人。(东房没有住过人。)

tãŋ³⁵piẽŋ³⁵ŋ⁵³kãn³⁵u⁵³, mau⁵³dei⁵³ko⁵¹ŋ²¹²。

39. □[o³⁵]只 马 拖 过 车, 冇 坐　 过 人。(这匹马拖过车,没被人骑过。)

o³⁵tɕie⁵³ma⁵³t'o³⁵ko⁵¹tɕ'ie³⁵, mau⁵³zo⁵³ko⁵¹ŋ²¹²。

40. □[o³⁵]只 □[ni⁵³]马 冇 坐 过 人,你 坐 下 试 一 试。

o³⁵ tɕie⁵³ ni⁵³ ma⁵³mau⁵³zo⁵³ko⁵¹ŋ²¹², ni⁴⁴zo⁵³ɣa²²sı⁵¹i⁵³sı⁵¹。(这匹小马儿
没有被人骑过,你小心点儿骑。)

41. 我 坐 过　船, 冇 坐 过 马。(我坐过船,没骑过马。)

na⁴⁴zo²²ko⁵¹zuẽŋ²¹², mau⁵³zo²²ko⁵¹ma⁵³。

丁

1. 其 食 过 饭 了,你 食 过 饭 冇?(他吃了饭了,你吃了饭了没有?)

tɕie⁴⁴ie⁵³ko⁵¹bai²²liau⁵³, ni⁴⁴ie⁵³ko⁵¹bai²²mau⁵³?

2. 我 喝 过 茶 还 颈 旱。(我喝了茶还渴。)

na⁴⁴xo⁵³ko⁵¹ʑia²¹²ɣai²¹²tɕiẽŋ⁴⁴ɣãn⁵³。

3. 我 食 过 黑饭，又 走 过 一 下。（我吃了晚饭，溜达了一会。）

na⁴⁴ie⁵³ko⁵¹xai⁵³bai²², iəu³⁵tsau⁴⁴ko⁵¹i⁵³ɣa²²。

4. 背 地 归 来 就 入 过 了。（后来回来就睡下了。）

pei⁵¹ti⁵³kuei³⁵lie²¹²dei⁵³nie²²ko⁵¹liau⁵³。

5. 走 过 个 梦。（做了个梦。）

tsau⁴⁴ko⁵¹ko⁵¹mãŋ²²。

6. 我 照 过 个 相。（我照了个相。）

na⁴⁴tɕiəu⁵¹ko⁵¹ko⁵¹ɕiɔ̃ŋ⁵¹。

7. 我 照 相 了。（我照相了。）

na⁴⁴tɕiəu⁵¹ɕiɔ̃ŋ⁵¹liau⁵³。

8. 我 照 过 一 张 相。（我照了一张相。）

na⁴⁴tɕiəu⁵¹ko⁵¹i⁵³tiɔ̃ŋ³⁵ɕiɔ̃ŋ⁵¹。

9. 有 了 人，甚 个 事 □［tsa⁵³］□［ɣa²²］好 做。（有了人，什么事都好办。）

ɣau⁵³liau⁵³ŋ²¹², ŋ⁵³ka⁵³zai²² tsa⁵³ ɣa²² xu⁴⁴ tso⁵¹。

10. 冇 要 □［ka⁵³］茶 杯 □［xẽŋ⁵³］烂 过。（不要把茶碗砸了。）

mau⁵³ iəu⁵¹ ka⁵³ ʑia²¹²pei³⁵ xẽŋ⁵³ nãn²²ko⁵¹。

11. 食 过 □［o³⁵］碗 饭。（吃了这碗饭。）

ie⁵³ ko⁵¹ o³⁵ uɔ̃ŋ⁴⁴bai²²。

12. 拿 □［o³⁵］碗 饭 食 过。（把这碗饭吃了。）

nia⁵³ o³⁵ uɔ̃ŋ⁴⁴bai²²ie⁵³ko⁵¹。

13. 落 雨 了。（下雨了。）

ləu²²y⁵³liau⁵³。

14. 雨 停 过 了。（雨不下了。）

y⁵³diẽŋ²¹²ko⁵¹liau⁵³。

15. 天 要 晴 了。

t'iẽŋ³⁵iəu⁵¹tɕ'iẽŋ³⁵liau⁵³。

16. 请 过 一 桌 客。（请了一桌客人。）

tɕ'iẽŋ⁴⁴ko⁵¹i⁵³tso⁵³k'a⁵³。

17. 偷 着 走 过 两 次。（逃了两次。）

t'au³⁵tɕi⁵³tsau⁴⁴ko⁵¹nio⁵³tsʻη⁵¹。

18. □［xẽŋ⁵³］过 一 下。（打了一下。）

xẽŋ⁵³　　　ko⁵³i⁵³ɣa²²。

19. 去 过 一 转。（去了一趟。）

xu⁵¹ko⁵¹i⁵³tsuẽŋ⁵¹。

20. 晏 过 了 就 冇 好 了，我 人 快 点 走。

æŋ⁵¹ko⁵¹liau⁵³dei⁵³mau⁵³xu⁴⁴liau⁵³, nai³⁵niẽŋ²¹²kʻye⁵¹tiẽŋ⁴⁴tsau⁴⁴。（迟了就不好了，咱们快点走。）

21. 好 得 很。（好得不得了。）

xu⁴⁴lie⁵³xẽŋ⁵³。

22. 坏 得 很。（坏得不得了。）

çye²²lie⁵³xẽŋ⁵³。

23. 了 不 得，好 了 不 得。（了不得，可了不得。）

liau⁵³pu⁵³lie⁵³, xu⁴⁴liau⁵³pu⁵³lie⁵³。

24. 三 日 做 不 做 得 完。（三天做了做不了。）

sɔŋ³⁵luei²²tso⁵¹pu⁵³tso⁵¹lie⁵³uɔŋ²¹²。

25. 你 做 不 到，我 做 得 到。（你办不了，我办得了。）

ni⁴⁴tso⁵¹pu⁵³təu⁵¹, na⁴⁴tso⁵¹lie⁵³təu⁵¹。

26. 你 哄 我 不 倒。（你骗不了我。）

ni⁴⁴xɔŋ⁴⁴na⁴⁴pu⁵³təu⁵¹。

27. 做 完 □［o³⁵］桩 事 再 走。（做完这件事再走。）

tso⁵¹uɔŋ²¹²o³⁵　tsɔŋ³⁵zai²²tsai⁵¹tsau⁴⁴。

戊

1. 我 人 正 在 讲 事。（我们正在说着话。）

nai³⁵niẽŋ²¹²tɕiẽŋ⁵¹die⁵³tɕiɔŋ⁴⁴zai²²。

2. 桌 子 上 放 着 一 碗 水。（桌上放着一碗水。）

tso⁵³lie⁵³ʑiɔŋ⁵³uɔŋ³⁵tɕi⁵³i⁵³uɔŋ⁴⁴suei⁴⁴。

275

3. 门 口 倚 着一 堆 人。(门口站着一群人。)

mãŋ²¹²xau⁴⁴ʑi⁵³tɕi⁵³i⁵³tuei³⁵ŋ²¹²。

4. 坐 着／□［pei⁵³］食 好，还 是 倚 着／□［pei⁵³］食 好？（坐着吃好，还是站着吃好？）

zo⁵³tɕi⁵³/pei⁵³　ie²²xu⁴⁴，ɣai²¹²ʐɿ⁵³ʑi⁵³tɕi⁵³/pei⁵³　ie²²xu⁴⁴？

5. 思 着 话，冇 又 抢 着 话。(想着说，不要抢着说。)

sai³⁵tɕi⁵³ɣua²²，mau⁵³iəu⁵¹tɕʻiɔ̃⁴⁴tɕi⁵³ɣua²²。

6. 讲 着 讲 着，笑 起 来 了。(说着说着，笑起来了。)

tɕiɔ̃⁴⁴tɕi⁵³tɕiɔ̃⁴⁴tɕi⁵³，ɕiəu⁵¹xi⁴⁴lie²¹²liau⁵³。

7. 大 胆 讲。(大着胆子说。)

da²²tɔ̃⁴⁴tɕiɔ̃⁴⁴。

8. □［o³⁵］个 东 西 蛮 重。(这个东西很重。)

o³⁵　ko⁴¹ai³⁵ɕi³⁵mæ̃²¹²diẽŋ⁵³。

9. 其 对 人 蛮 好。(他对人可好呢。)

tɕie⁴⁴tuei⁵¹ŋ²¹²mæ̃²¹²xu⁴⁴。

10. □［o³⁵］个 叶 崽 蛮 有 力。(这个小伙子很有劲。)

o³⁵　ko⁵¹ie²²tsai⁴⁴mæ̃²¹²xau⁵³luei²²。

11. 倚 着！(站着！)

ʑi⁵³tɕi⁵³！

12. 路 上 小 心！(路上小心！)

liau²²ʐiɔ̃⁵³ɕiəu⁴⁴ɕiẽŋ³⁵。

13. 等 我 思 一 思。(让我想一想。)

tãŋ⁴⁴na⁴⁴sai⁵³i⁵³sai⁵³。

14. 雪 一 落 下 来 就 化 过 了。(雪一落下来就化了。)

suei⁵³i⁵³ləu⁵³ɣa²²lie²¹²dei⁵¹xua⁵¹ko⁵¹liau⁵³。

15. 入 着 过 了。(睡着了。)

nie⁵³tiəu⁵³ko⁵¹liau⁵³。

16. 猜 着 过 了。(猜着了。)

tɕʻie³⁵tɕi⁵³ko⁵¹liau⁵³。

17. 猜 不 猜 得 到?（猜得着猜不着?）

tɕ'ie³⁵pu⁵³tɕ'ie³⁵lie⁵³təu⁵¹？

18. 起 火 了。（着火了。）

ɕi⁴⁴xo⁴⁴liau⁵³。

19. 点 起 过 了。（点着了。）

tiẽ⁴⁴ɕi⁴⁴ko⁵¹liau⁵³。

20. 冷 着 过 了。（着凉了。）

nã⁵³tɕi⁵³ko⁵¹liau⁵³。

21. 冇 要 急，慢 慢 点 □ 来。（别着急，慢慢儿地来。）

mau⁵³iəu⁵¹tɕi⁵³，mæ̃n⁵³mæ̃n⁵³tiã⁵³ka⁵³lie²¹²。

22. 我 正 在 □ [o³⁵] 垱 找，还 没 找 着。（我正在这儿找着呢，还没
找着呢。）

na⁴⁴tɕiẽŋ⁵¹die⁵³o³⁵ xai⁵³tso⁴⁴，ɣai²¹²ma⁵³tso⁴⁴tɕi⁵³.

23. 蛮 爽 利哦。（厉害着呢。）

mæ̃⁵³sæ̃⁴⁴lie⁵¹o⁰。

24. 有 钱 哦。（有钱着呢。）

ɣau⁵³ʑiẽŋ²¹²o⁰。

25. 蛮 阔 气 哦。（阔着呢。）

mæ̃⁵³k'o³⁵tɕ'i⁵¹o⁰。

26. 好 瞅。（好看着呢。）

xu⁴⁴ts'ei⁵³。

己

1. □ [o³⁵] 掐果 儿 食 不 食 得?（这些果子吃得吃不得?）

o³⁵ ka⁵³ko⁴⁴lie²¹²ie²²pu⁵³ie²² lie⁵³？

2. 是 熟 啊，食 得。（这是熟的，吃得。）

zɿ⁵³zei²²a⁰，ie²²lie⁵³。

3. 是 生 啊，食 不 得。（这是生的，吃不得。）

zɿ⁵³ɕiã³⁵a⁰，ie²²pu⁵³lie⁵³。

277

4. 你人 来 不来 得？（你们来得了来不了？）

ni³⁵niẽŋ²¹²lie²¹²pu⁵³lie²¹²lie⁵³？

5. 我 冇 的 事，来 得。（我没事，来得了。）

na⁴⁴mau⁵³lie⁵³zai²²，lie²¹²lie⁵³。

6. 其 忙 得 很，来 不 得。（他太忙，来不了。）

tɕie⁴⁴mæŋ²¹²lie⁵³xẽŋ⁵³，lie²¹²pu⁵³lie⁵³。

7. □〔o³⁵〕个 东 西 蛮 重，拈 不 拈 得 动 哦？（这个东西很重，拿不拿得动？）

o³⁵ko⁵¹ai³⁵ɕi³⁵mæ²¹²diẽŋ⁵³，nia⁵³pu⁵³nia⁵³lie⁵³dãŋ⁵³o⁰？

8. 其 的 手 蛮 灵 巧，画 得 很 好 瞅。（他手巧，画得很好看。）

tɕie⁴⁴te⁵³sei⁴⁴mæ²¹²niẽŋ²¹²tɕʻiau⁵³，ɣua²²lie⁵³xẽŋ⁵³xu⁴⁴tsʻei⁴⁴。

9. 我 的 手 钝，画 得 冇 好 瞅。（我手笨，画得不好看。）

na⁴⁴te⁵³sei⁴⁴dãŋ²²，ɣua²²lie⁵³mau⁵³xu⁴⁴tsʻei⁴⁴。

10. 其 忙 得 很，忙 得 连 饭 也 忘 记 食 了。

tɕie⁴⁴mæŋ²¹²lie⁵³xẽŋ⁵³，mæŋ²¹²lie⁵³liãŋ²¹²bai²²ie⁵³mõŋ²²tɕi⁵¹ie²²liau⁵³。（他很忙，忙得连饭都忘了吃了。）

11. 瞅 其 好 急 哦，急 得 面 皮 也 红 过 了。（看他急得，急得脸都红了。）

tsʻei⁴⁴tɕie⁴⁴xu⁴⁴tɕi⁵³o⁰，tɕi⁵³lie⁵³miẽŋ²²bei²¹²ie⁵³ɣõŋ²¹²ko⁵¹liau⁵³。

12. 完 过 了。（完了。）

uẽŋ²¹²ko⁵¹liau⁵³。

13. 好 了。（好了。）

xu⁴⁴liau⁵³。

14. 蛮 得 意。（挺得意。）

mæ²¹²tai⁵³i⁵¹。

15. 讲 不 讲 得？（说得说不得？）

tɕiõŋ⁴⁴pu⁵³tɕiõŋ⁴⁴lie⁵³？

16. 其 讲 得 快 不 快？（他说得快不快？）

tɕie⁴⁴tɕiõŋ⁴⁴lie⁵³kʻye⁵³pu⁵³kʻye⁵³？

17. 其　讲　得　快　还　是　讲　不　快？（他说得快还是说不快？）

tɕie⁴⁴tɕiɔ̃⁴⁴lie⁵³kʻye⁵³ɣai²¹²zɿ²²tɕiɔ̃⁴⁴puˊ⁵³kʻye⁵³?

18. 跌　得　街　儿　了。（丢到街上了。）

ti⁵³lie⁵³ke³⁵lie²¹²liau⁵³。

19. 放　得　桌　儿　上　了。（搁在桌子上了。）

uɔ̃³⁵lie⁵³tso⁵³lie²¹²ʑiɔ̃⁵³liau⁵³。

20. 跌　得　地　底　了。（掉在地上了。）

ti⁵³lie⁵³duei²²ti⁵³liau⁵³。

21. 莫　走　喽，住　得　我　屋　去　吧。（别走了，住在我家吧。）

mie³⁵tsau⁴⁴lo⁰, dei⁵³lie⁵³na⁴⁴u⁵³xu⁵¹paˊ⁰。

庚

1. □［o³⁵］是　其　的　书。（这是他的书。）

o³⁵zɿ⁵³tɕie⁴⁴tai⁵³ɕy³⁵。

2. 那　本　书　是　其　哥　哥　的。（那本书是他哥哥的。）

ŋ²²pã⁴⁴ɕy³⁵zɿ⁵³tɕie⁴⁴ko³⁵ko³⁵tai⁵³。

3. 桌　儿　上　的　书　是　底　个　的？（桌子上的书是谁的？）

tso⁵³lie²¹²ʑiɔ̃⁵³tai⁵³ɕy³⁵zɿ⁵³ta⁵³ko⁵¹tai⁵³?

4. 是　老　王　的。（是老王的。）

zɿ⁵³ləu⁵³uɔ̃²¹²tai⁵³。

5. 屋　里　头　坐　着　蛮　多　人，瞅　书　的　瞅　书，瞅　报　的　瞅　报，写　字　的　写　字。

u⁵³lei⁵³dau²¹²zo⁵³tɕi⁵³mæ²¹²to³⁵ŋ²¹², tsʻei⁵³ɕy³⁵ai⁵³tsʻei⁵³ɕy³⁵, tsʻei⁵³pau³⁵ai⁵³tsʻei⁵³pau³⁵, ɕie⁴⁴zɿ⁵³ai⁵³ɕie⁴⁴zɿ⁵³。（屋里坐着很多人，看书的看书，看报的看报，写字的写字。）

6. □［o³⁵］个　合　作　社　□个　是　主　任？（这个合作社，谁是主任？）

o³⁵　ko⁵¹ɣo²²tso⁵³ʑie⁵³ta⁵³ko⁵¹zɿ⁵³tsu⁴⁴iẽ²²?

7. 老　王　是　主　任，小　张　是　副　主　任。（老王是主任，小张是副主任。）

ləu⁵³uɔ̃²¹²zɿ⁵³tsu⁴⁴iẽ²², ɕiau⁵³tsã²¹²zɿ⁵³xu³⁵tsu⁴⁴iẽ²²。

8. 要 讲 其 的 好事，冇 要 讲 其 的 坏事。

iəu⁵¹tɕiɔ̃⁴⁴tɕie⁴⁴tai⁵³xu⁴⁴zai²², mau⁵³iəu⁵¹tɕiɔ̃⁴⁴tɕie⁴⁴tai⁵³ɕye²²zai²²。（要说他的好话，不要说他的坏话。）

9. 头 一回/上 次，是 底个 请 过 客？（上次是谁请的客？）

dau²¹²i⁵³ɣuei²¹²/ʑiɔ̃⁵³tsʻ1̩⁵¹, ʐ1̩⁵³ta⁵³ko⁵¹tɕʻiɔ̃⁴⁴ko⁵¹kʻa⁵³？

10. 是 我 请 过。（是我请的。）

ʐ1̩²²na⁴⁴tɕʻiɔ̃⁴⁴ko⁵¹。

11. 你是 讲/话着 底个？（你说的是谁？）

ni⁴⁴ʐ1̩⁵³tɕiɔ̃⁴⁴/ɣua²²tɕi⁵³ta⁵³ko⁵¹？

12. 我 讲 的 冇 是 你。（我说的不是你。）

na⁴⁴tɕiɔ̃⁴⁴a⁵³mau⁵³ʐ1̩⁵³ni⁵³。

13. 其那哺 见 的 是 老 张 嘞，冇 是 老王。

tɕie⁴⁴ŋ⁵³pu⁵³tɕiɛŋ⁵¹a⁵³ʐ1̩⁵³ləu⁵³tsã³⁵lie⁵³, mau⁵³ʐ1̩⁵³ləu⁵³uɔ̃²¹²。（他那天是见的老张，不是见的老王。）

14. 只要 其 肯来，我 就 冇 得 那招事 话 了。

ts1̩⁵³iəu⁵¹tɕie⁴⁴xã⁴⁴lie²¹², na⁴⁴dei⁵³mau⁵³tai⁵³ŋ⁵³ka⁵³zai²²ɣua²²liau⁵³。（只要他肯来，我就没的说了。）

15. 从 前 做过 也 冇 得 食得。（从前有的做，没的吃。）

zɔ̃²¹²ʑiɛŋ²¹²tso⁵¹ko⁵¹ie⁵³mau⁵³lie⁵³ie²²lie⁵³。

16. 现 在 只要 做就 有 食。（现在有的做，也有的吃。）

ɕiɛŋ³⁵dzai²²ts1̩⁴⁴iəu⁵¹tso⁵¹dei⁵³ɣau⁵³lie²²。

17. 三 个加 五个就 是 八个。（三个加上五个就是八个。）

sɔ̃³⁵ko⁵¹ka³⁵ŋ⁵³ko⁵¹dei⁵³ʐ1̩⁵³pie⁵³ko⁵¹。

18. 一 千 加两 千 一起 是 三 千。

i⁵³tɕʻiɛŋ³⁵ka³⁵nio⁵³tɕʻiɛŋ³⁵i⁵³tɕʻi⁵³ʐ1̩⁵³sɔ̃³⁵tɕʻiɛŋ³⁵。

19. 冇 管 吹 风下雨，下/使力做。（不管风啊雨啊，一个劲儿干。）

mau⁵³kuɔ̃⁴⁴tɕʻy³⁵xɔ̃³⁵ɣa⁵³y⁵³, ɣa⁵³/sai⁴⁴luei⁵³tso⁵¹。

20. 上 街买 葱啊蒜 啊也 方 便。（上街买葱啊蒜的，也方便。）

ʑiɔ̃⁵³ke³⁵mie⁵³tsʻɔ̃³⁵a⁰sɔ̃⁵¹a⁰ ie⁵³xuɔ̃³⁵biɛŋ²²。

280

21. 柴　啊　米　啊 油　啊 甚 个 □〔tsa⁵³〕有。（柴米油盐的，都有的是。）

ʑie²¹² a⁰ mi⁵³ a⁰ iei²¹² a⁰，ŋ⁵³ka⁵³tsa⁵³ɣau⁵³。

22. 写 字啊，算　 账　啊，其 样 样 □〔tsa⁵³〕来 得。（写字啊，算账啊，他样样都会。）

ɕie⁴⁴zʅ⁵³ a⁰，suɔ̃ŋ⁵¹tɕiɔ̃ŋ⁵¹ a⁰，tɕie⁴⁴iɔ̃ŋ⁵¹iɔ̃ŋ⁵¹tsa⁵³lie²¹²lie⁵³。

第九章　灌阳宅首土话语篇实录

语篇语料里，有些现象或者是借用的官话词，或者是土话音里掺杂着一些官话音素，比如声母、韵母、调值等。这是宅首土话语言社区人们讲话的一个特点，反映出土话与官话接触过程中的一些特殊音变现象。

第一节　故事

神　偷
zẽŋ²¹² t'au³⁵

从　前　有一个蛮　很的贼，　其　偷个蛮　多东西，
zõŋ¹² ziẽŋ²¹, ɣau⁵³ i⁵³ ko⁵¹ mæ²¹² xẽŋ⁵³ tai⁵³ zai²², tɕie⁴⁴ t'au³⁵ ko⁵¹ mæ²¹² to³⁵ ai³⁵ ɕi⁵³,
从　来　没　分人　抓着。　大口_{大家}也晓得是其　偷个，　就是
zõŋ¹² lie²¹ ma⁵³ paŋ³⁵ ŋ²¹² tsua³⁵ tɕi⁵³。da²² ɕi⁵¹ ie²² ɕiau⁴⁴ lie⁵³ zɹ⁵³ tɕie⁴⁴ t'au³⁵ ko⁵¹, dei⁵³ zɹ⁵³
拿其　冇　办法。　一传十，十传　百，传　到了　县老
nia⁵³ tɕie⁴⁴ mau⁵³ bæ̃ŋ²² xua²²。i⁵³ zuẽŋ²¹² zɹ²², zɹ²² zuẽŋ²¹² pa⁵³, zuẽŋ²¹² təu⁵¹ liau⁵³ ɣyẽŋ²² ləu⁵³
爷　那垲。县　老　爷就　口_把其　口_贼起来，和　其　话："我　听　着
ie²¹² ŋ⁵³ xai⁴⁴。ɣyẽŋ²² ləu⁵³ ie²¹² dei⁵³ ka⁵³ tɕie⁴⁴ au⁵¹ ɕi⁵³lie²¹², ɣo²¹² tɕie⁴⁴ ɣua²²："na⁵³ t'iẽŋ³⁵ tɕi⁵³
话你偷　东西蛮　很。"　口_这个贼　话："我是偷个得东西，我
ɣua²²ni⁵³ t'au³⁵ ai³⁵ ɕi⁵³ mæ²¹² xẽŋ⁵³。" o³⁵　ko⁵¹ zai²² ɣua²²："na⁵³ zɹ⁵³ t'au³⁵ ko⁵¹ tai⁵³ ai³⁵ ɕi⁵³, na⁵³

只 偷 个 富 人 的 东西, 从 没 偷 穷　 人 的 东西。"县 老 爷
tsɿ⁵³t'au³⁵ko⁵¹ xu³⁵ iẽ³²²tai⁵³ai³⁵çi⁵³, zõŋ²¹²ma⁵³t'au³⁵ʑiõŋ²¹²ȵiẽŋ²¹²tai⁵³ai³⁵çi⁵³。" yɣẽŋ²²ləu⁵³ie²¹²

思 过 一下, 就 话:"我 城　 墙　 上 挂 着 一 扇 锣,你 如 果 三 日
sai³⁵ko⁵¹i⁵³ ɣa²², dei⁵³yua²²: "na⁴⁴zẽŋ²¹²ʑiõŋ²¹²ʑiõŋ³⁵kua⁵¹tçi⁵³i⁵³ çi²²lo²¹², ȵi⁵³ʐy³²²ko⁵³sõŋ³⁵luei⁵³

里头 偷 个 去,我 就 冇 定 你 的 罪,　 冇 然, 我 就 抓 起 你
lei⁵³dau²¹²t'au³⁵ko⁵¹xu⁵¹, na⁵³dei⁵³mau³diẽ⁵³ȵi⁴⁴tai⁵³zuei⁵³, mau³iã̃ŋ²¹², na⁵³dei⁵³ tsua³⁵xi⁴⁴ȵi⁴⁴

来 定 罪。"□这 个 贼 话:"好! 三 日 就 三 日。" 县 老 爷 □让
lei²¹²diẽŋ⁵³zuei⁵³。" o³⁵ko⁵¹zai²²yua²²: "xu⁴⁴!sõŋ³⁵luei⁵³dei⁵³sõŋ³⁵luei⁵³。" yɣẽŋ²²ləu⁵³ie²¹² p'ie⁵¹

两 个 人 在 城 墙　 两 旁 傍 起 两 架 梯子,人 倚 在 梯子上
ȵiõŋ⁵³ko⁵¹ŋ²¹²die²²zẽŋ²¹²ʑiõŋ²¹²ȵiõŋ⁵³bõŋ²¹²bãŋ⁵¹xi⁴⁴ȵiõŋ⁵³ ka³⁵t'i³⁵lie³¹, ŋ²¹²ʑi⁵³lie⁵³t'i³⁵ lie³¹ʑiõŋ⁵³

守 着。一 日 过 去 了, 两　 日 又 过 去 了,□这 个 贼 还 冇 动 作,
sei⁴⁴tçi⁵³。 i⁵³luei⁵³ ko⁵¹xu⁵¹liau⁵³, ȵiõŋ⁵³ luei⁵³iəu³⁵ko⁵¹xu⁵¹liau⁵³, o³⁵ko⁵¹zai²²yai²²mau³dãŋ²²tso⁵³,

到 第三 日 半夜,还 是 冇 得 动 作。守 着 的 人 疲 得 不 行 了,
təu⁵¹di⁵³sõŋ³⁵luei⁵³ põŋ⁵¹ie²², yai²¹²ʑi⁵³mau³lie⁵³dãŋ⁵³tso⁵³。sei⁴⁴tçi⁵³te⁵³ŋ²¹²bie²¹²lie⁵³pu⁵³ʑiẽŋ²¹²liau⁵³,

在 梯儿　 上 打 起 瞌 睡 来 了。 两 个 人 先 后 从 梯儿 上
die²²t'i³⁵lie²¹²ʑiõŋ⁵³ta⁴⁴xi⁴⁴k'o⁵³suei⁵³lie²¹²liau⁵³。 nio⁵³ko⁵¹ŋ²¹²çiẽŋ³⁵yau⁵³zõŋ²¹² t'i³⁵lie²¹²ʑiõŋ⁵³

跌 到 地 里儿 了,　 心 思:我 就 靠 在 梯儿 旁 边, 瞅 你
die²²t'i³⁵lie²¹²ʑiõŋ⁵³ta⁴⁴xi⁴⁴k'o⁵³suei⁵³lie²¹²liau⁵³。 ti⁵³təu⁵¹duei²²lei⁵³lie²¹²liau⁵³, çiẽŋ³⁵sai³⁵: na⁵³dei⁵³k'u⁵¹lie⁵³t'i³⁵lie²¹² bõŋ²¹²piẽ³⁵, ts'ei⁴⁴ni⁵³

□□怎么 上去。哪 个 晓 得 两 个 人 都 入 着 过 了。□这 个 时 候,
tçi⁵³çie⁵³ʑiõŋ⁵³xu⁵¹。ta⁵³ko⁵³çiəu⁴⁴lie⁵³nio⁵³ko⁵¹ŋ²¹²təu⁵³nie²²tiəu⁵³ ko⁵¹liau⁵³。 o³⁵ ko⁵¹ʐ̩²¹²yau²¹²,

□这个 贼 轻 手 轻 脚 从 梯儿 上去 □把 锣 解 下 来 拿 走
o³⁵ ko⁵¹zai²²tç'iẽŋ³⁵sei⁴⁴tç'iẽŋ³⁵tçiəu²³zõŋ²¹²t'i³⁵ lie²¹²ʑiõŋ⁵³xu⁵¹ka⁵³lo²¹²ke⁴⁴ya⁵³lie²¹²nia⁵³tsau⁴⁴

过 了。第二晡 清　 早,□个 贼 拿 着 那 面 锣 走 到 县 衙门:"
ko⁵¹liau⁵³。di⁵³ȵi⁴⁴pu⁵³tçiẽŋ³⁵ tsau⁴⁴, o³⁵ko⁵¹zai²²nia⁵³tçi⁵³ŋ²³miẽŋ²²lo²¹²tsau⁴⁴təu⁵¹yẽŋ²²ia²¹²mãŋ²¹²: "

启 禀 县 老 爷,□面 锣 我 拿 来 了。" 县 老 爷 一 瞅 着,
tç'i⁵³piẽŋ⁴⁴yɣẽŋ²²ləu⁵³ie²¹², o³⁵miẽŋ²²lo²¹²na⁴⁴nia³lie²¹²liau⁵³。" yɣẽŋ²²ləu⁵³ie²¹² i⁵³ts'ei⁴⁴ tçi⁵³,

惊 过 一 跳。 县 老 爷 又 话:"锣 是 挂 在 墙　 上 的 东西,
tçiẽŋ³⁵ko⁵¹i⁵³t'iəu⁵¹。 yɣẽŋ²²ləu⁵³ie²¹²iəu³⁵yua²²: "lo²¹²ʑi⁵³kua⁵¹lie⁵³ʑiõŋ²¹²ʑiõŋ⁵³tai⁵³ai³⁵çi⁵³,

283

你 能 偷 得 走 我 身 上 的 东西 吗? 你 在 三 日 里 头 偷
ni⁵³nẽŋ²¹²t'au³⁵lie⁵³tsau⁴⁴na⁴⁴çiẽŋ³⁵ʑiõŋ⁵³tai⁵³ai³⁵çi⁵³ma⁰? ni⁵³die⁵³sãŋ³⁵luei⁵³lei⁵³dau²¹² t'au³⁵
走 我 著 着 这 条 裤 儿, 就 算 你 冇 罪。"□这个 贼 又 答
tsau⁴⁴na⁴⁴tiəu⁵³tçi⁵³o³⁵diəu²¹²k'u⁵¹lie²¹², dei⁵³ suõŋ⁵¹ni⁵³mau⁵³zuei⁵³。" o³⁵ ko⁵¹zai²²iəu³⁵to³⁵
应 过 其。 前 两 日 其 还 是 冇 子 动作, 第三 日 黑 底,
ãŋ⁵¹ko⁵¹tçie⁴⁴。ʑiãŋ²¹²niõ⁵³luei⁵³tçie⁴⁴ ɣai²¹²zɿ⁵³mau⁵³lie⁵³dãŋ⁵³tso⁵³, di⁵³sãŋ³⁵luei⁵³xai⁵³ ti⁵³,
县 老 爷 实 在 憋 得 很 了, 心 里 头 思, 我 就 是 打 下
ɣɣẽŋ²²ləu⁵³ie²¹²zɿ³²²dzai³⁵bie²²lie⁵³xẽŋ⁵³liau⁵³, çiẽŋ³⁵lei⁵³dau²¹²sai³⁵, na⁴⁴dei⁵³zɿ⁵³ta⁴⁴ɣa²²
眼 揉, 谅 你 也 偷 不 走 我 著 着 □这 条 裤。 就 □□这样,
iẽŋ⁵³ʑiau²¹², niõŋ²²ni⁵³ie⁵³t'au³⁵pu⁵³tsau⁴⁴na⁴⁴tçiəu⁵³tçi⁵³o³⁵diau²¹²k'u⁵¹。dei⁵³ o³⁵ çie⁵³,
其 迷 迷 糊 糊 入 着 过 了。 □这个 贼 就 在 这个 时 候 来 了,
tçie⁴⁴mi²¹²mi²¹² ɣu²¹²ɣu²¹²nie²²tiəu⁵³ko⁵¹liau⁵³。 o³⁵ko⁵¹zai²²dei⁵³die⁵³o³⁵ko⁵¹zɿ²¹²ɣau²¹²lie²¹²liau⁵³,
其 使 纸 包 了 着 一 包 狗 屎, 轻 轻 地 从 县 老 爷
tçie⁴⁴sai⁴⁴tsɿ⁴⁴piau³⁵lie²¹²tçi⁵³i⁵³piau³⁵kau⁴⁴sɿ⁵³, tç'iẽŋ³⁵tç'iẽŋ³⁵tai⁵³zõŋ²¹²ɣɣẽŋ²² ləu⁵³ie²¹²
裤 裆 里 塞 过 入 去。 县 老 爷 感 觉 到 裤 裆 里头 黏
k'u⁵¹tãŋ³⁵li⁵³sai⁵³ko⁵³luei²²xu²²。ɣɣẽŋ²²ləu⁵³ie²²kãŋ³⁵tçio³⁵təu⁵¹k'u⁵¹ tãŋ³⁵li⁵³dau²¹² niẽŋ²¹²
黏 乎 乎 的, 使 手 一 摸, 立 马 闻 着 臭 烘 烘 的, 莫
niẽŋ²¹²ɣu²¹²ɣu²¹²ti⁵³, sai⁴⁴sei⁴⁴i⁵³mo²¹², li⁵³ma⁵³uẽŋ²¹²tçi⁵³ ts'ei⁵¹xõŋ³⁵xõŋ⁵³ti⁵³, mo⁵³
非 是 自家 在 梦 底 下 泻 腹□? 急 忙 拿 裤 子 脱 下 来
xuei³⁵zɿ⁵³zɿ²²ka⁵³die⁵³mãŋ²²ti⁵³ɣa²²çie⁵¹pu⁵³kye⁵³? tçi⁵³mãẽŋ²¹²nia⁵³k'u⁵¹lie²¹²t'o⁵³ɣa²²lie²¹²
掼 □助词地 底, 揩 爽 利 身 上 又 蒙 起 眼 睛 入 着 过
kuãŋ⁵¹lie²¹²duei²²ti⁵³, tçie⁵³sõŋ⁴⁴luei⁵³çiẽŋ³⁵ʑiõŋ⁵³iəu³⁵miẽŋ²¹²xi⁴⁴iãŋ⁵³tçiẽŋ⁵³nie²²tiəu⁵³ko⁵¹
了。 □这个 时 候, □这个 贼 悄 悄 入 来 □裤 儿 拿 走 过
liau⁵³。 o³⁵ko⁵¹zɿ²¹²ɣau²¹², o³⁵ko⁵¹zai²²tç'iəu³⁵tç'iəu³⁵luei²²lie²¹²ka⁵³k'u⁵¹lie²¹²nia⁵³tsau⁴⁴ko⁵¹
了。 第二 晡 早 上 天 一 亮, 县 老 爷 还 在 迷 糊, □这个
liau⁵³。di⁵³ni²² pu⁵³tsau⁴⁴ʑiẽŋ²²t'iẽŋ³⁵i⁵³niõŋ²², ɣɣẽŋ²²ləu⁵³ie⁵³ɣai²¹²die⁵³mi²¹²ɣu²¹², o³⁵ko⁵¹
贼 走 得 其 面 前, 轻 轻 地 拍 醒 其, 问:"县 老 爷,
zai²²tsau⁴⁴lie⁵³tçie⁴⁴miẽŋ²²ʑiẽŋ²¹², tç'iẽŋ³⁵tç'iẽŋ³⁵te⁵³p'a³⁵çi⁴⁴tçie⁴⁴, mãŋ²²:"ɣɣẽŋ²²ləu⁵³ie²²,

你 的 裤 儿？" 县 老 爷 晓 得 □这个 贼 又 得 手 了， 还 是 话："
ni⁵³te⁵³kʻu⁵¹lie²¹²？" ɣɣẽŋ²²ləu¹ie⁵¹²ɕiəu⁴⁴lie⁵³o³⁵ko⁵¹zai²²iəu³⁵tai⁵³sei⁴⁴liau⁵³， ɣai²¹²ʐɿ⁵³ɣua²²："
前 面 两 样 东 西 是 死 东 西，你 能 偷 走 活 人 吗？"
ʑiẽŋ²¹²miẽn²² niõ⁵³ iõŋ⁵¹ai³⁵ɕi⁵³ʐɿ⁵³ suei⁴⁴ai³⁵ɕi⁵³， ni⁵³nẽŋ²¹²tʻau³⁵tsau⁴⁴ ɣo²²niẽŋ²¹²ma⁰？"
"几 是 个 活 人？" " 那 面 庙 里 头 有 个 □小 和 尚，你 能
tɕi⁴⁴ʐɿ⁵³ko⁵¹ɣo²²niẽŋ²¹²？" ŋ⁵³miẽn²²miəu⁵³lei⁵³dau²¹²ɣau⁵³ko⁵¹ ni⁵³ɣo²¹²ʑiõŋ⁵³， ni⁵³ nẽŋ²¹²
偷 出 来 吗？" "好 啊！" □这 个 贼 拿 着 个 大 袋 儿， 买 个 一
tʻau³⁵tɕʻy⁵³lie²¹²ma⁰？" "xu⁴⁴a⁰!" o³⁵ ko⁵¹zai²²nia⁵³tɕi⁵³ ko⁵¹da²²die²²lie²¹²， mie⁵³ko⁵¹i⁵³
包 糖， 慢 慢 地 来 到 庙 门 前。 □这 个 贼 拿 出 糖
pio³⁵dãŋ²¹²， mãẽn²²mãẽn²²te⁵³lie²¹²təu⁵¹miəu²² mãẽn²¹²ʑiẽŋ²²。 o³⁵ko⁵¹ zai²² nia⁵³tɕʻy⁵³dãŋ²¹²
边 走 边 食。 □小 和 尚 正 在 庙 门 前 扫 地， 瞅
piẽŋ³⁵tsau⁴⁴piẽŋ³⁵ie²²。 ni⁵³ɣo²¹²ʑiõŋ⁵³ tɕiẽŋ⁵¹die⁵³miəu²²mãẽn²¹²ʑiẽŋ²²səu⁵¹duei²²， tsʻei⁴⁴
着 □这 个 人 食 得 很 有 味 道， 思 得 颡 口 水，问 □这 个
tɕi⁵³o³⁵ko⁵¹ŋ²¹²ie²²lie⁵³xẽŋ⁵³ɣau⁵³uei²²dau⁵³， sai³⁵lie⁵³tʻuei³⁵xau⁴⁴suei⁴⁴， mãŋ²²o³⁵ ko⁵¹
贼："你 在 食 甚 个 东 西？ 甚 □ 好 食 冇？" "我 食 着 好 东 西 哦，
zai²²："ni⁵³die⁵³ie²²ŋ⁵³ ka⁵³ai³⁵ɕi⁵³？ ŋ⁵³ɕie⁵³ xu⁴⁴ie²²mau⁵³？" "na⁴⁴ie²²tɕi⁵³xu⁴⁴ai³⁵ɕi⁵³o⁰，
你 思 食 冇？" "我 思 食。"你 快 过 来， 我 分 你 两 颗。"
ni⁵³ sai³⁵ ie²²mau⁵³？" " na⁴⁴sai³⁵ie²²。"ni⁵³ kʻye⁵¹ko⁵¹lie²¹²， na⁴⁴pãŋ³⁵ni⁵³nio⁵³kʻo⁵³。"
□小 和 尚 食 完 糖， 又 问 其："还 有 冇？" " 有， 袋
ni⁵³ɣo²¹²ʑiõŋ⁵³ ie²²uẽŋ²¹²dãŋ²¹²， iəu³⁵mãŋ²²tɕie⁴⁴："ɣai²¹²ɣau⁵³mau⁵³？" "ɣau⁵³， die²²
儿 里 头 多 得 很，你 思 食 就 钻 了 袋 子 里 头 食 个
lie²¹²lei⁵³dau²¹² to³⁵lie⁵³xẽŋ⁵³， ni⁴⁴sai³⁵ie²²dei⁵³tsuõŋ³⁵lie⁵³die²²lie²¹²lei⁵³dau²¹²ie²²ko⁵¹
够。" □小 和 尚 就 真 的 拱 到 袋 子 里 头 去 过 了，
kau⁵¹。" ni⁵³ ɣo²¹² ʑiõŋ⁵³dei⁵³tɕiẽŋ³⁵te⁵³kõŋ⁵¹təu⁵¹die²²lie²¹²lei⁵³dau²¹²xu⁵¹ko⁵¹ liau⁵³。
□这 个 贼 □把 袋 儿 一 搐 就 扛 在 臂 头 上 就 走 了。 县
o³⁵ ko⁵¹ zai²²ka⁵³die²²lie²¹²i⁵³so⁴⁴dei⁵³ gõŋ²²lie⁵³pei⁵³dau²¹²ʑiõŋ⁵³dei⁵³tsau⁴⁴liau⁵³。 ɣɣẽŋ²²
老 爷 见 其 又 □把 □小 和 尚 偷 过 来 了， 话："我 □这 个
ləu⁵³ie²¹²tɕiẽŋ⁵¹ tɕie⁴⁴iəu³⁵ka⁵³ni⁵³ɣo²¹²ʑiõŋ⁵³tʻau³⁵ko⁵¹lie²¹²liau⁵³， ɣua²²："na⁴⁴o³⁵ ko⁵¹

县　　老爷　也　冇　当　了，　我　跟　你　做　贼　去　了。"□_这个贼话："
ɣyẽŋ²²ləu⁵³ie²¹²ie⁵³mau⁵³tɔ̃ŋ³⁵liau⁵³,na⁴⁴kẽŋ³⁵ni⁴⁴tso⁵¹zai²²xu⁵¹liau⁵³。"o³⁵ko⁵¹zai²²ɣua²²："

今　晡　黑　底　我　带　你　去　试　一　下。"　甚晡黑　底，□_这个　贼带　县
tɕi³⁵pu⁵³xai⁵³tei⁵³na⁴⁴die⁵³ni⁴⁴xu⁵¹sʅ⁵¹i⁵³ɣa²²。"ŋ⁵³pu⁵³xai⁵³tei⁵³，o³⁵ko⁵¹zai²²tie⁵¹ɣyẽŋ²²

老爷　来　到　一家屋去，　挖开　一个墙　窟，　两个人　钻　个
ləu⁵³ie²¹²lie²¹²təu⁵¹i⁵³ka³⁵u⁵³xu⁵¹，ye⁵³xai³⁵i⁵³ko⁵¹ʑiɔŋ⁵³　xuai⁵³，niɔ̃⁵³ko⁵¹ŋ²¹²tsuɔ̃ŋ³⁵ko⁵¹

入　去，　瞅　着一缸大酒，　其话："□_这　垲　有一缸酒，
luei²²xu⁵¹，ts'ei⁴⁴tɕi⁵³i⁵³kuɔ̃ŋ³⁵da²²tsei⁴⁴，tɕie⁴⁴ɣua²²："o³⁵　xai⁵³ɣau⁵³i⁵³kuɔ̃ŋ³⁵tsei⁴⁴，

□_{我们}两个喝两碗酒再去偷东西。"　贼　坐　在墙　窟　旁
nai³⁵　niɔ̃⁵³ko⁵¹xo⁵³nio³uɔ̃ŋ⁵³tsei⁴⁴tsai⁴⁴xu⁵¹t'au³⁵ai³⁵　çi⁵³。"　zai²²zo⁵³lie⁵³ʑiɔŋ²¹²xuai⁵³bɔ̃ŋ²¹²，

边，　让　县老爷坐在　对　面。　喝了两碗酒，　贼　就
piẽ⁵³ʑiɔ̃⁵³ɣyẽŋ²²ləu⁵³ie²¹²zo⁵³lie⁵³tuei⁵¹　miẽ²²。xo⁵³liau⁵³nio⁵³uɔ̃ŋ⁵³tsei⁴⁴，zai²²dei⁵³

故　意大声□_叫："再　喝　两　碗！"□_这一□_叫就惊　醒个主家，
ku⁵¹　i⁵³da²²çiẽŋ³⁵ai³⁵："tsai⁵¹　xo⁵³nio⁵³　uɔ̃ŋ⁵³！"o³⁵i⁵³ai⁵³dei⁵³tçiẽŋ³⁵çiẽŋ⁴⁴ko⁵¹tçy⁴⁴ka⁵³，

"有　贼　偷东西了，　快　都　来　捉贼。"　县　老爷　对贼
"ɣau⁵³zai²²t'au³⁵ai³⁵çi⁵³liau⁵³，k'ye⁵¹dei⁵³lie²¹²tso⁵³zai²²。"ɣyẽŋ²²　ləu⁵³ie²¹²tuei⁵¹zai²²

话："　我人　快点□_{助词}走！"　贼话："再　喝一碗吧。"□_这个
ɣua²²："nai³⁵niẽŋ²¹²k'ye⁵¹tiã⁴⁴　ka⁵³tsau⁴⁴！"zai²²ɣua²²："tsai⁵¹xo⁵³i⁵³uɔ̃ŋ⁵³pa⁰。"o³⁵ko⁵¹

时候，　主家出过个来，　贼一　瞅就一缩　身从　墙　窟
ʑʅ²¹²ɣau²¹²，tçy⁴⁴ka⁵³tç'y³⁵ko⁵³ko⁵¹lie²¹²，zai²²i⁵³ts'ei⁴⁴dei⁵³i⁵³səu⁴⁴çiẽŋ³⁵zɔŋ²¹²ʑiɔŋ²¹²xuai⁵³

翻　过　出去，　县　老爷还　没　钻出　墙　窟，　就□_被主
pãŋ³⁵ko⁵³tç'y⁵³xu⁵¹，ɣyẽŋ²²　ləu⁵³ie²¹²ɣai²¹²ma⁵³tsuɔ̃ŋ³⁵tç'y⁵³ʑiɔŋ²¹²xuai⁵³，dei⁵³pãŋ³⁵tçy⁴⁴

家□_摁到地底。主家拿来一个大袋儿，□_把县　老　爷
ka⁵³çia⁵³təu⁵³duei²²ti⁵³。tçy⁴⁴ka⁵³nia⁵³lie²¹²i⁵³ko⁵³da²²die²²lie²¹²，ka⁵³　ɣyẽŋ²²　ləu⁵³　ie²¹²

塞　到袋儿里头　挂　到　梁　上，　几个人使　棒　子你一棒
sai⁵³təu⁵¹die²²lie²¹²lei⁵³dau²¹²kua⁵¹təu⁵¹niɔ̃ŋ²¹²ʑiɔŋ⁵³，tçi⁴⁴ko⁵¹ŋ²¹²sai⁴⁴biɔ̃ŋ⁵³lie⁵³ni⁴⁴i⁵³biɔ̃ŋ⁵³

我一棒□_打过一顿。　县　老　爷在袋子里　头一直□_叫着：
na⁴⁴i⁵³biɔ̃ŋ⁵³xẽŋ⁵³ko⁵¹i⁵³tãŋ²²。ɣyẽŋ²²　ləu⁵³ie²¹²die⁵³die²²lie⁵³lei⁵³dau²¹²i⁵³ʑʅ²²ai³⁵tçi⁵³：

"莫　□_打了，莫　□_打了，我是大老爷。"这时，　贼　在　外□
"mie³⁵xẽŋ⁵³liau⁵³，mie³⁵xẽŋ⁵³liau⁵³，na⁴⁴ʑʅ⁵³da²²ləu⁵³ie²¹²。"o³⁵ʑʅ²¹²，zai²²die⁵³uei²²xau⁵³

放　过一把火，那一家人　就　出　去救火，　贼悄　悄　入屋，
pɔ̃⁵¹ko⁵¹i⁵³pa⁴⁴xo⁴⁴，ŋ⁵³i⁵³ka²²ŋ²¹dei²¹tɕ'y⁵³xu⁵¹tɕiei⁵³xo⁴⁴，zai²²tɕ'iəu³⁵ tɕ'iəu³⁵luei²²u⁵³，
□把县　老　爷　从　袋儿里　头　放　出　来，　再　□把　主家的老
ka⁵³ɣyẽ²²ləu⁵³ie²¹²zõŋ²¹²die²²lie²¹²lei⁵³dau²¹²pɔ̃⁵¹tɕ'y⁵³lie²¹²，tsai³⁵ka⁵³tɕy⁴⁴ka³⁵tai⁵³ ləu⁵³
太　爷装里去，拖着县　老　爷　逃过了。　主家救完
t'ai⁵¹ie²¹²tsõ̃³⁵luei²²xu⁵¹，t'o³⁵tɕi⁵¹ɣyẽ²² ləu⁵³ie²¹²diəu²¹²ko⁵¹liau⁵³。tɕy⁴⁴ka⁵³tɕiei⁵¹uẽ²¹²
火　回　到屋去，接着再　□打，　袋儿里头　的人大□叫：“莫
xo⁴⁴ɣyuei²¹²təu⁵¹u⁵³xu⁵¹，tɕi⁵³təu⁴⁴tsai⁵¹xẽ⁵³，die²²lie²¹²lei⁵³dau²¹²tai³⁵ŋ²¹²da²² ai³⁵：“mie³⁵
□打　了，　我是老　太爷。”□这　家　人大呛：“你这个贼，你才
xo⁴⁴ɣyuei²¹²təu⁵¹u⁵³xu⁵¹，tɕi⁵³təu⁴⁴tsai⁵¹xẽ⁵³，na⁴⁴ẓ̩⁵³ləu⁵³t'ai⁵¹ie²¹²。”o³⁵ka⁵³ŋ²¹²da²²tɕ'iã³⁵：“ni⁴⁴o³⁵ko⁵¹zai²²，ni⁴⁴zai²¹²
在　话是大老爷，□这时又话是老太爷，□打　死你！”□这
tsai⁵³ɣua²²ẓ̩⁵³da²²ləu⁵³ie²¹²，o³⁵ ẓ̩⁵³iəu⁵¹ɣua²²ẓ̩⁵³ləu⁵³t'ai⁵¹ie²¹²，xẽ⁵³ɕie⁴⁴ni⁵³！”　o³⁵
时，有人听　出　像是老太爷的　声气，　快上去□解
ẓ̩²¹，ɣau⁵³ŋ²¹²tɕ'iẽ⁵¹tɕ'y⁵³ziõ̃⁵³ ẓ̩⁵³ləu⁵³t'ai⁵¹ie²¹²tai⁵³ɕiẽ³⁵tɕ'i⁵¹，k'ye⁵¹ziõ̃⁵³xu⁵¹sau⁵³
开　袋儿瞅下，一瞅真个是啊! 就拿老人　家扶抵
xai⁵³die²²lie²¹²ts'ei⁵³ ɣa²²，i⁵³ts'ei⁵³tɕiẽ³⁵ka⁵¹ẓ̩²²a⁰! dei⁵³nia⁵³nõŋ⁵³niẽ²¹²ka³⁵ɣu²¹²dei⁵³
来。　县　老爷回　到衙门，　从　此再也冇敢追　究
lie²¹²。ɣyẽ²²ləu⁵³ie²¹²ɣuei²¹²təu⁵¹ia⁴⁴mã̃²¹²，zõŋ²¹²ts'i⁴⁴tsai⁵¹ie⁴⁴mau⁵³kã̃⁴⁴tsuei²¹²tɕiəu⁵³
□这个贼，也冇敢话要做贼。
o³⁵ko⁵¹zai²²，ie⁴⁴mau⁵³kã̃⁴⁴ɣua²²io²²tso⁵¹zai²²。

第二节　歌谣

1. 摇摇摆摆

摇　摇　摆　摆，
iəu¹²iəu²¹pie⁴⁴pie⁴⁴，
撑　船　过海。
tɕ'iã²¹²suẽ²¹²ko⁵¹xai⁴⁴。

磨 罢 刀 崽，

mo²¹²pa³⁵təu³⁵tai⁴⁴，

杀 了 螃 蟹。

çie³⁵liau⁵³pãŋ²¹²xai⁵³。

螃 蟹 摆 过 江，

pãŋ²¹²xai⁵¹pie⁵³ko⁵¹tɕiɔ̃⁵³，

夹 着 个 泥 蛄（鳝鱼）。

tɕia³⁵tɕi⁵³ko⁵¹ni³⁵ku⁵³。

2. 点点窝窝

点 点 窝 窝，

tiẽŋ⁴⁴tiẽŋ⁴⁴o³⁵o⁵³，

淘 过 下 锅，

di¹²ko⁵¹ʑia³⁵ko⁵³，

猫 女 食 饭，

mio²¹²luei⁵³ie²²bai¹²，

老 鼠 唱 歌，

ləu⁵³suei⁴⁴tɕ'iɔ̃³⁵ko³⁵，

唱 个 甚 个（什么）歌，

tɕ'iɔ̃⁵¹ko⁵¹ŋ⁴⁴ka⁵¹　　　ko³⁵，

唱 个 东 安 李 大 哥。

tɕ'iɔ̃³⁵ko⁵¹lãŋ³⁵a⁴⁴li⁵³da²²ko³⁵。

你 在 东 安 做 甚 个（什么）？

ni⁴⁴tsai⁵¹lãŋ³⁵a⁴⁴tso⁵¹ŋ⁴⁴ka⁵¹？

我 在 东 安 讨 阿 婆，

na⁴⁴tsai⁵¹lãŋ³⁵a⁴⁴t'əu⁴⁴a³⁵bo²¹，

有 钱 讨 个 黄 花 姐，

ɣau⁵³dʑiẽŋ²¹²t'əu⁴⁴ko⁵³ɣuãŋ³²xua³⁵tɕie⁴⁴，

无 钱 讨 个 赖 头 嫚。

mu¹²dʑiẽŋ²¹ t'əu⁴⁴ko⁵¹lie²²dəu²¹²mãŋ⁵³。

赖 头 嫚，

lie²²dəu²¹²mãŋ⁵³，

偷 米 养 鸡 嫚，

t'au³⁵mi⁵³iãŋ⁴⁴tɕi³⁵mãŋ⁵³，

鸡 嫚 不 下 卵，

tɕi³⁵mãŋ⁵³pu³⁵ɕiã³⁵nɔ̃ŋ⁵³，

气 死 你 个 赖 头 嫚。

tɕ'i⁵¹ɕie⁴⁴ni⁴⁴ko⁵¹lie²²dəu²¹²mãŋ⁵³。

3. 一路唱歌

一 路 唱 歌 一 路 来，

i⁵³liau²²tɕ'iɔ̃⁵¹ko³⁵i⁵³liau²²lie²¹²，

一 路 拿 花 一 路 栽。

i⁵³liau²²nia¹²xua³⁵i⁵³liau²²tɕie³⁵。

两 边 种 起 松 柏 树，

niɔ̃ŋ⁵³piẽŋ³⁵dʑiẽŋ⁵³xi⁴⁴sɔ̃ŋ³⁵pai⁵³ɕy³⁵，

中 心 留 路 等 妹 来。

tiɔ̃ŋ³⁵ɕi⁵³lei²¹²liau²²tãŋ⁴⁴mei²²lie²¹²。

4. 摇摇摇

摇 摇 摇，

iəu²¹²iəu²¹²iəu²¹²，

摇 到 外 婆 桥，

iəu²¹²təu⁵¹uei¹²bo²¹dʑiəu²¹²。

白 米 饭 菜 汤 淘，

ba¹²mi²¹bai¹²tɕ'ie⁵¹t'ɔ̃ŋ³⁵dəu²¹²，

大 人 食 过 做 事 去，

da¹²niẽŋ²¹ie²²ko⁵¹tsuo⁵¹zai²²xu⁵¹，

□ 人 食 过 又 来 要。

ni⁵¹niẽŋ²¹ie²²ko⁵¹iəu²²lie²¹²iəu¹²。

第三节 谚语

1. 重 阳 无 雨 瞅 十 三

   zõŋ¹²iõŋ²¹mu¹²y⁵³ts'ei⁴⁴zৄ¹²sõŋ³⁵

   十 三 冇 雨 一 冬 旱

   zৄ¹²sõŋ³⁵mau⁵³y⁵³i⁵³tãŋ³⁵ɣã¹²

2. 阳 鸟 叫 过 六 月 六

   iõŋ²¹²tiau⁴⁴tɕiəu⁵¹ko⁵¹lei²²y²²lei²²

   走 田 哥 哥 也 无 愁

   tsau⁴⁴diẽŋ²¹²ko³⁵ko⁵³ia⁴⁴mu¹²zei²¹

第十章　结语

　　本书主要利用田野调查所获的语料对广西灌阳宅首土话的语音、词汇、语法进行系统描写，并将宅首土话语音与北京音和《广韵》音系进行比较，揭示这个土话音系的一些特点。笔者在调查所获事实的整理、解释中，结合自己所学和查阅文献资料，有一些自己的心得，现记录如下：

　　1.通过对桂北方言研究成果的梳理，基本上已经明确：原来统称的桂北平话里，实际上包含两个有差别的方言：一个近于粤语，如兴安高尚，有内爆音，保留入声调，一个近于湘南土话，如本书调查的灌阳宅首。我们认为，桂北地处湘桂走廊，其间近于湘南土话的方言系经走廊的移民带入；而漓江水系与珠江水系贯通，有不少经珠江、柳江溯流而上的移民定居此地。桂北实际上是经由湘桂走廊南下移民和经由珠江、柳江北上移民的汇聚之地。所以可见此不同二系移民的方言特点：或基本同于湘南土话，或基本近于粤语。我们主张近于粤语的，沿用平话名称，以见粤语进入粤西后的变化。而基本同于湘南土话的，则沿用"土话"之名，以明其来源、系属，并与北上移民之"平话"区别开来，廓清以往研究"土话"亦称为"桂北平话"的弊病。

　　2.方言中有些读音是"逆向演变"。在同当地官话的接触过程中，宅首土话中原本一些已经脱落鼻韵尾的字，又产生鼻化韵母、鼻韵尾这样的读音。可以从不同读音所在词目的新旧上观察到其时间顺序。这类逆向演变中有类推，常常溢出原有的源类。调查过程中发现，与人们的生活关系密切的词读成阴声韵的，在宅土话中所占比例大，如只有阴声韵一个读音的：饭 ~吃~[bai²²]、杉 ~木~[ɕia³⁵]、粘 ~起~[lie²¹²]、瓮 ~子：坛子~[a⁵¹]、减[ka⁴⁴]、谭[dɔ²¹²]。有阴声韵和阳声韵异读或者阴声韵、鼻化韵和阳声韵异读的，其中读成阴声韵的都是该方言的口语词，如：今 ~晡：今日~[tɕi³⁵]、蚕[zɔ²¹²]、前 ~晡

［ʑi²¹²］、醒［çi⁴⁴］、平 ~铛 ［bie²¹²］、面 ~皮:脸 ［mi²²］、东 野~西:野兽 ［dai³⁵］、顶 ~时饭:中午饭 ［ti⁴⁴］、心 中~ ［çi³⁵］、旱 颈~:口干 ［ɣa⁵³］、请 ~客,~子:请帖 ［tɕ'i⁴⁴］、点 差~□kaɣ:差点儿,~下头骨:点头 ［tia⁴⁴］。这些读成阴声韵或者有阴声韵读音的字分布很广,包括中古鼻音韵尾咸、山、深、臻、江、宕、曾、梗各个摄的字。而且,在调查的过程中,我们还发现有阴声韵和鼻化韵两读,或者有鼻化韵和鼻尾韵两读的这些字的读音,被调查者通常在第一次读的时候读成阴声韵或者鼻化音,在第二次被询问的时候通常会带上鼻尾,如“蛮［mæ²¹²］/［mæn²¹²］,命［miẽ²²］/［miẽn²²］”,嫌［ɣiẽ²¹²］/［ɣiẽn²¹²］。我们推测这是因为在其音系中鼻音韵尾已经脱落,所以被调查者第一反应是发心里准备好的土话里的阴声韵读法,但是在被询问的时候,被调查者的“文化”让其领会这个发音受到质疑而调用其语用上常用的官话音,所以后来再读的时候便把鼻音韵尾加上了。这个过程实际上也是土话向官话靠拢的过程。我们认为,宅首土话阳声韵在脱落鼻音韵尾后,又因为跟灌阳官话“趋同”而复原成鼻化韵,进而跟普通话趋同而复原为鼻尾韵。这个现象容易让我们产生错觉,误以为它是正经由鼻化而渐次脱落鼻韵尾的一个演变进程,而实际上灌阳土话的鼻音韵正处于重新生成的过程。这是因仿拟普通话而出现的复原、增益现象,是一种逆向演变。故而宅首土话里,同一字在不同的词汇中有不同的读音,有的读成阴声,有的读成鼻化音或鼻尾韵,比如“顶”在“顶时、顶时饭”中读成阴声韵［ti⁴⁴］,“山顶、一顶(帽子)、屋顶、头顶”中“顶”读成鼻尾音［tiẽn⁴⁴］。“顶时饭”和“顶时”最常读成阴声,其他情况读成鼻尾音是受灌阳官话的影响而产生的新读音。“旱”在“颈旱□口干”一词中读阴声［ɣa⁵³］,在“天旱”中读鼻化音［xã⁵³］,在“旱土干泥土”一词中读成鼻音韵尾音［xãn⁵³］。“醒”在表示通常睡醒的“醒”和“醒酒”的“醒”有两个读音,前者读成［çi⁴⁴］,后者读成［çiẽn⁴⁴tsei⁴⁴］,“醒酒”这个词在土话中并不常用,而是直接用“醒”来表达,这类还有“山”“天”“生”“两”“卵”“零”等字。在这些有词汇条件的读音中我们发现方言中常用的词读成阴声或者鼻化音,而书面词汇或非常用词则一般读成鼻尾音。在调查过程中还发现,一个字在单读时读成鼻化音或鼻尾音,而进入一个词语时读成阴声韵。这显然是受到文化教育的影响,缘于识字教学过程官话的主导,而在土话词语里,官

话音读的渗透要少一些。这当中还透露出这样的信息，土话的传承中，传习、使用的人已经不能，也无意追究它对应的文字形式，通常是以声传意。因此，这类土话反倒能够不受文字音读官话化的影响而兀自独立、经久相传。如"请"单独时读音为 [tɕ'iẽ⁴⁴]，在"请客，下请子下请帖"读成阴声音 [tɕ'i⁴⁴]，在"请帖"中读音为 [tɕ'iẽ⁴⁴]。还有"东""犯""垫""边""咸""钱""认""板"等字。这种单读为鼻音韵尾音，在常用词汇中读音为阴声或鼻音韵尾音的现象，我们可以推测灌阳土话的鼻音韵尾正处于增生的过程，而不是处于脱落的过程。灌阳土话增生鼻音韵尾正是受灌阳官话所致，也就是我们所说的方言"趋同"现象。土话的逆向演变是跟官话趋同的一种方式。

3. 古音类相同今读不同的字音，有的是结构上的差异，源于不同的音变；有的是同一个音变下音值上的差异。可以据此考察其源上的远近，联系不同的系属。宅首土话是一个多源混成型的土话。其主体有两个：一是其所出河南一带的古方言，二是其所居之地的桂北土话。这两个主源本身也有难为的地方。究其所出，从语音上看，特点是浊声母清化、入声韵尾脱落，鼻音韵尾多有脱落，合口韵无论洪细都有变读撮口呼韵母的，无入声调；从词汇、语法上看，有近于客赣方言的现象。考其所居，桂北湘南土话都深受吴语影响：全浊声母系统保存，鼻韵尾脱落，入声韵尾合并为ʔ尾。

4. 变调模式可以用来观察词汇的层积。土话固有词的变调模式为一个类型，与接触过程中吸收的词汇变调模式不同。新近借入普通话词汇基本没有变调，就是两个字音的叠加。

5. 宅首土话里掺入的官话词汇的语音形式大体有三种情形：一是直接用官话读；二是就近吸收，即就着土话的声、韵、调里的一项或几项，加上官话字音的一项或几项。三是用土话字音读官话词。第一种大体相当于吴语对通语的吸收。吴语在的演变历史进程中，多次吸收通语，大体采取的是"双方言"策略，通语变了，它就弃旧用新。因此，吴语的地盘虽然不断被通语侵蚀，但核心区域始终保持着吴语的独立性。第二种类型大体相当于闽语，闽语的单字音多而复杂，层类多，远非文白二属可以概括。第三种类型则大体类似客家话，基于文字，容受通语。

6. 土话固有句式，发音人说的句调流畅，句子的结构意义层次清晰，而依照文本字面意义说出来的句子有明显的"生造"迹象，不通顺，句子的语义结构常有纠缭。从中亦可以观察层次累积。

　　方言学即语言学。宅首土话里蕴含的汉语演变、接触的事实和规律，还需深入考察它的源自、接触，联系汉语史和相关方言的演变事实，来做出解释。我们在完成宅首土话的调查整理后，又完成了全州庙头土话的调查。下一步拟对桂北地区南下、北上两个支系的方言做一个系统的调查，从而对这两个支系及其接触做出更加明晰的解释。

参考文献

一、专著类

［1］北京大学中国语言文学系语言学教研室.汉语方音字汇［M］. 2版重排本.北京：语文出版社，2003.

［2］鲍厚星.东安土话研究［M］.长沙：湖南教育出版社，1998.

［3］国家语言文字工作委员会.中国语言资源调查手册汉语方言［M］.北京：商务印书馆，2015.

［4］广西壮族自治区地方志编纂委员会.广西通志·汉语方言志［M］.南宁：广西民族出版社，1998.

［5］谢建猷.广西汉语方言研究［M］.南宁：广西人民出版社，2007.

［6］余瑾，等.广西平话研究［M］.北京：中国社会科学出版社，2016.

二、期刊类

［7］曹志耘.桂北"资全灌"土话记略［J］.方言，2006（1）.

［8］鲍厚星，陈晖.湘语的分区（稿）［J］.方言，2005（3）.

［9］黄启良.广西灌阳话的音系［J］.方言，2011（3）.

［10］王福堂.平话、湘南土话和粤北土话的归属［J］.方言，2001（2）.

［11］杨焕典，梁振仕，李谱英，等.广西的汉语方言（稿）［J］.方言，1985（3）.

［12］闫顺英.汉语方言的逆向演变·以广西灌阳方言为例［J］.桂学研究，2021（0）.

［13］庄初升.湘南桂北三种土话平话中古全浊声母今读送气与否的性质［J］.方言，2010（4）.